国家社科基金
后期资助项目

批评的权利
公民批评的法理与制度

侯健 著

上海社会科学院出版社
SHANGHAI ACADEMY OF SOCIAL SCIENCES PRESS

国家社科基金后期资助项目
出版说明

后期资助项目是国家社科基金设立的一类重要项目,旨在鼓励广大社科研究者潜心治学,支持基础研究多出优秀成果。它是经过严格评审,从接近完成的科研成果中遴选立项的。为扩大后期资助项目的影响,更好地推动学术发展,促进成果转化,全国哲学社会科学工作办公室按照"统一设计、统一标识、统一版式、形成系列"的总体要求,组织出版国家社科基金后期资助项目成果。

全国哲学社会科学工作办公室

中华人民共和国公民对于任何国家机关和国家工作人员，有提出批评和建议的权利；对于任何国家机关和国家工作人员的违法失职行为，有向有关国家机关提出申诉、控告或者检举的权利，但是不得捏造或者歪曲事实进行诬告陷害。

——《中华人民共和国宪法》第 41 条第 1 款

目 录

导论 改革开放以来的公民批评实践 …………………………… 1
  一、一个新的开端 ……………………………………………… 1
  二、三个发展阶段 ……………………………………………… 3
  三、公民批评的时代背景 ……………………………………… 8
  四、公民批评的法律之战 ……………………………………… 10

上编 法 理

第一章 宪法上的批评权利 …………………………………… 17
  第一节 民主的约定 …………………………………………… 17
  第二节 特别的地位 …………………………………………… 21
  第三节 复式的构成 …………………………………………… 27
  第四节 复合的性质 …………………………………………… 35

第二章 公民批评与臣民批评 ………………………………… 43
  第一节 臣民批评 ……………………………………………… 43
  第二节 公民批评 ……………………………………………… 46
  第三节 辨析与比较 …………………………………………… 48
  第四节 宪法的选择 …………………………………………… 51

第三章 公民批评的思想源流及意旨 ………………………… 54
  第一节 西方若干作者和法官 ………………………………… 54
  第二节 马克思主义经典作家 ………………………………… 61
  第三节 中国共产党主要领导人 ……………………………… 64
  第四节 两种不同的思想意旨 ………………………………… 73

第四章　批评权利的宪法价值 ……………………………………… 78
第一节　宪法广场上的"华表" …………………………………… 78
第二节　公权监督的权利机制 …………………………………… 80
第三节　公民之善的护养途径 …………………………………… 82
第四节　日常便捷的民主形式 …………………………………… 86

第五章　批评权利的法治化 ……………………………………… 94
第一节　批评权利法治化意义 …………………………………… 94
第二节　批评权利法治化概况 …………………………………… 98
第三节　批评权利的法律限度 …………………………………… 101
第四节　法治化的途径及原则 …………………………………… 107

下编　制　度

第六章　批评权与国家工作人员名誉权：民事侵权 …………… 115
第一节　名誉侵权的规范模式 …………………………………… 115
第二节　第 1025 条中的"公共利益" …………………………… 118
第三节　公共利益与权利平衡 …………………………………… 123
第四节　"为公共利益"的客观要素 …………………………… 129
第五节　"为公共利益"的主观要素 …………………………… 134
第六节　公共利益与公平 ………………………………………… 138

第七章　批评权与国家工作人员名誉权：诽谤犯罪 …………… 142
第一节　诽谤罪与宪法 …………………………………………… 142
第二节　刑事与民事 ……………………………………………… 145
第三节　自诉与公诉 ……………………………………………… 151
第四节　证明与推定 ……………………………………………… 152
第五节　合宪性控制的意旨 ……………………………………… 155

第八章　批评权与国家工作人员的隐私权 ……………………… 157
第一节　因人设制？ ……………………………………………… 157
第二节　统一的规范 ……………………………………………… 160
第三节　权利的界限 ……………………………………………… 162
第四节　合理使用问题 …………………………………………… 168

第九章　公民批评、寻衅滋事与公共秩序 … 170
第一节　寻衅滋事的公法处罚 … 170
第二节　公民批评与公共秩序 … 175
第三节　公民批评与虚假信息 … 178
第四节　虚假信息的治理思路 … 181

第十章　公民批评与国家秘密的法律保护 … 184
第一节　公民批评的信息基础 … 184
第二节　国家秘密保护对批评权的制约 … 187
第三节　从批评权看国家秘密法制的完善 … 191

第十一章　公民批评与司法价值的法律保护 … 198
第一节　公民批评与司法价值的张力 … 198
第二节　公民批评与诉讼秩序 … 200
第三节　公民批评与法官独立判断 … 206
第四节　公民批评与司法权威 … 212

第十二章　网络空间中的批评权利 … 218
第一节　技术赋权：权力还是权利？ … 218
第二节　网络空间中公民批评的形态 … 221
第三节　网络平台的言论管理逻辑 … 226
第四节　网络平台言论管理规则之完善 … 230

第十三章　批评权利的国家义务 … 235
第一节　国家义务体系 … 235
第二节　救济保护义务 … 237
第三节　畅通渠道义务 … 248
第四节　回应处理义务 … 252

结　语 … 258

参考文献 … 260

导论　改革开放以来的公民批评实践

一、一个新的开端

  本报讯　1979年11月25日凌晨3点30分左右,石油部海洋石油勘探局的渤海二号钻井船,在渤海湾迁往新井位的拖航中翻沉。当时船上74人,72人死亡。直接经济损失3 700多万元。这是世界海洋石油勘探史上少有的重大事故。

  该局的干部、工人、家属对这次事故反应极为强烈,认为这次事故决不是偶然的,而是领导上长期不重视安全生产、不尊重科学、不严格执行规章制度的必然结果。而该局领导上却不如实报告真实情况,竟用"突遇十至十一级大风,不可抗拒"的错误结论,强行统一思想,欺上压下,企图掩盖矛盾,推卸责任,并给事故调查设置许多障碍。职工、群众对此极为不满,强烈要求对事故主要责任者追究刑事责任,对其他负有重要责任的有关领导人员,也要按党纪、政纪严肃处理。

这是一篇报道的开头和结尾两段。这篇题为《渤海二号钻井船在拖航中翻沉》的报道发表在《工人日报》1980年7月22日头版头条的位置。[①] 当时阅读这篇报道的人们真切感受到一种非同以往的震动。我们再读一篇1980年报纸对于一种不正之风的批评,体会那种在改革开放初期阅读这种批评性报道时新鲜、充满希望的心情。

  在我们的现实生活中,还存在着一些搞特权的领导干部。当遇到这些人的时候,你该怎么办?……有一位就是商业部长王磊。他自

---

① 作者陈骥、牛风和。该报当日同一版面还发表了两位作者的题为《渤海二号钻井船翻沉事故说明了什么?》的评论。

1977年以来,到这里吃"客饭",有据可查的就达16次。以今年该部长吃的两次存有菜单的菜价计算,仅菜一项就是124.92元,而他自己只付给19.52元。如果以饭庄所有的"王磊部长饭菜一份"的单据计算,该部长吃"客饭"少付的钱数,就更可观了。对这些职高权大的"特殊宾客",丰泽园饭庄职工表面不敢吭声,背地里常议论:"哎!王磊部长又来吃客饭了,一顿饭菜几十元,付的不过是一碗汤钱!""这样的人领导搞四化,我们能有信心?"陈爱武心里更不平静。他想,纠正党内的不正之风,中央领导人应该带头,从中央领导做起。他决定向上反映。

这篇题为《敢于向特权挑战的人——记北京市丰泽园青年厨师陈爱武》[1]的报道同样引发广泛的关注。报道发表后两天,《中国青年报》又刊登了一则消息:"商业部长王磊同志16日听到报上发表对他的批评后,立即表示愿意改正错误,如数补足少付的钱款。王磊同志当天向中央纪律检查委员会作了检查。……当天还分别写信给北京市第一服务局和丰泽园饭庄。给服务局的信中说:'……对陈爱武这一行为,表示衷心感谢和高度敬佩'。"[2]

从历史的角度来看,这两篇报道可以说揭开了改革开放后一种新的监督方式的序幕,开创了一个四十多年来在中国社会不断加强的主题。这种监督方式以前在中华人民共和国成立初期一段时间内有过,但是这次出现在新的背景下,并具有新的特点。这一主题后来不断出现在人民代表大会、正式文件、报章,以及学者的著述中,被强调、探索和推动着。这就是"舆论监督"。

但是舆论监督是否就是公民批评的实践形态?这个问题在不同的时期有不同的回答。所谓公民批评是指公民和普通媒体人基于公民权利而对国家机关和国家工作人员的批评。在改革开放初期,舆论监督是以传统媒体为主体的监督,而传统媒体是掌握在党和政府手中的。这种形态的监督更多地基于一种权力而不是权利。但是显然,它包含了公民权利的萌芽,并且在实践中也向更多地表现为公民批评形态、更多地基于权利的方向发展演变。这就需要梳理改革开放以来公民批评实践的发展历程。

---

[1] 作者马北北,刊载于《中国青年报》1980年10月16日第1版。同年11月3日,《人民日报》刊出署名钟沛璋的评论员文章:《开一代民主新风——评厨师批评部长》。
[2] 《王磊同志认错 愿补足少付钱款》,刊载于《中国青年报》1980年10月18日第1版。《中国青年报》在此后几期中连续刊发了多篇文章和读者来信批评一些"不正之风"现象。

二、三个发展阶段

改革开放以来,公民批评实践可以分为三个发展阶段。第一阶段大致为1980年至20世纪末,传统媒体在舆论监督中发挥着主力军和主渠道的作用,公民批评随着传媒改革而起步和有所发展;第二阶段大致为21世纪伊始至2010年,互联网逐步发挥了主渠道的作用,公民批评逐渐成为舆论监督的基本内容;第三阶段为2010年至今,自媒体的广泛使用彻底改变了舆论监督的景观,公民批评稳定地成为主流。从主体看,公民成为主要、基本的批评者。从载体和渠道看,互联网以及自媒体成了公民发表批评性言论的主要、基本的平台。舆论监督进入公民批评的时代。

(一) 1980年至20世纪末:传统媒体作为舆论监督的主体和主渠道

1981年1月,中共中央《关于当前报刊新闻广播宣传方针的决定》肯定了新闻媒体发表批评性报道的做法,指出:"近年来,许多报纸刊物重视反映群众的意见和呼声,积极地开展批评和自我批评,增强了党和人民群众的联系,也提高了报刊和党的声誉。今后还要坚持这样做。各级党委要善于运用报刊开展批评,推动工作。"该决定还要求:"这种批评,必须在党的领导下进行。要注意方法和时机,要注意内外有别,坚持与人为善、治病救人。批评要选择典型事例,点名批评要慎重。事实一定要核对清楚。要事先听取党的有关部门的意见和被批评者本人的意见。在报刊点名批评比表扬的影响大得多,所以数量要有所控制,广播和电视则更要慎重。"

1982年12月4日,第五届全国人民代表大会第五次会议通过现行宪法,第41条规定:公民对任何国家机关和国家工作人员有提出批评和建议的权利。1987年中国共产党第十三次全国代表大会报告第一次在党的正式文件中使用"舆论监督"说法:"提高领导机关活动的开放程度,重大情况让人民知道,重大问题经人民讨论。……要通过各种现代化的新闻和宣传工具,增加对政务和党务活动的报道,发挥舆论监督的作用,支持群众批评工作中的缺点错误,反对官僚主义,同各种不正之风作斗争。"这次会议后掀起了批评性报道的热潮。例如对于大兴安岭火灾的报道,揭露了火灾中一些领导的官僚主义问题,推动了有关机关对于责任人员的追究。值得注意的是,1988年中共中央办公厅转发的《新闻改革座谈会纪要》要求,"特别重要的批评稿"需要征询有关部门和被批评者的意见,"受征询的组织和个人应尽快在合理期限内作出明确答复",放宽了对于批评性报道的限制。但是1989年以后,认为舆论监督会影响社会稳定的看法占据支配地位,批评性报道大为减少。

20世纪90年代初期舆论监督又逐渐兴盛起来。《人民日报》关于黑龙江双城堡火车站野蛮装卸的报道,《工人日报》关于一些单位浪费国家资财、管理混乱的批评,《经济日报》关于广州市工商局某分局要企业报销费用的报道,等等,在全国产生很大影响。1994年起,中央电视台在每晚黄金时间开设的《焦点访谈》节目把舆论监督推到了一个前所未有的受关注的高度。当时批评性报道占节目内容一半以上,其中对于"山西长治309国道乱收费""河南郑州张金柱交通肇事案""四川夹江打假案"的报道影响很大。1998年国务院办公厅查处6起严重违反国家粮食流通政策的案件,其中4件是由于《焦点访谈》的曝光而引起注意的。

20世纪90年代各地电视台除了在地方新闻中经常播发批评性报道,还开设了各种名称的专门的舆论监督节目。至90年代末,至少省级电视台的新闻频道基本上都有这样的专门节目。其他的传播媒体如报纸、广播也不甘落后。全国绝大多数省报都设有专版刊发批评性报道,舆论监督成了报纸的一项常规性工作。舆论监督呈现如火如荼之势。

舆论监督得到了党和政府的有力支持。1992年,党的十四大报告重申"重视舆论媒介的舆论监督,逐步完善监督机制,将各级国家机关及其工作人员置于有效的监督之下"。1997年,党的十五大报告指出:"我们的权力是人民赋予的,一切干部都是人民的公仆,必须受到人民和法律的监督。……把党内监督、法律监督、群众监督结合起来,发挥舆论监督的作用。"党和国家领导人经常强调舆论监督,表示对舆论监督的支持。1998年朱镕基总理给中央电视台《焦点访谈》题词:"舆论监督,群众喉舌,政府镜鉴,改革尖兵"①。

在这一阶段,传统媒体是舆论监督的主体和主要渠道。由于这一点,批评性报道受到宣传纪律的制约较多,但是在向宽松的方向发展。舆论监督的活动空间日益宽广。一些地方国家机关甚至出台了舆论监督保护条例或者新闻监督追查制度。也是由于这一点,舆论监督能够收到很好的效果。被媒体曝光的事情一般能够得到迅速的处理,人民群众把诉诸新闻媒体看作解决问题的途径,一般读者把媒体的批评当作代表了党和政府的态度。党和政府把舆论监督看作治理社会和下级国家机关的手段。当时在传媒的监督实践中流行这样一句话:"批评党中央要批评的东西,监督人民群众要监督的东西",概括了这一特点。所以在这一时期,舆论监督的活动整体上呈现出逐步发展的态势。20世纪80年代,舆论监督只是个别现象,不仅注重批评性报道的媒体较少且局限于报刊,而且批评性报道很少成为常规性

---

① 参见《朱镕基讲话实录》第三卷,人民出版社2011年版,第133页。

工作。批评的对象主要是官僚主义和不正之风,也就是违反纪律、政策、党的作风的行为,少数是一般的违法犯罪行为。20世纪90年代,舆论监督变得规模大、声势高。监督的内容涉及面广,不仅涉及具体的政府行为,而且涉及抽象的政府行为,主要针对腐败、权力滥用等违法犯罪行为。总之,经过了这段时间的发展,舆论监督作为一种权力制约的方式,得到党和政府的肯定和支持,得到广大人民群众的认可和欢迎。

这种舆论监督也存在着明显的局限。第一,纵向看,它形成中央媒体监督地方政府、上级媒体监督下级政府的局面。中央媒体倾向于关注省级以下的地方国家机关及其官员的所作所为。上级媒体倾向于关注下级国家机关及其官员的所作所为。第二,横向看,它形成所谓的"跨地区监督""跨系统监督"的格局。跨地区监督是一个地区的新闻媒体倾向于对发生在外地的人和事进行批评性报道。甲地的报纸倾向于报道乙地和其他地区的国家机关及其官员的不当行为,而乙地的报纸则倾向于报道甲地和其他地区的国家机关及其官员的不当行为。跨系统监督是一个系统的新闻媒体倾向于批评本系统之外的人和事,而对于本系统中可批评的人和事则讳莫如深,或者轻描淡写。

(二) 21世纪伊始至2010年:互联网发展为公民批评的主要渠道

尽管中国人通过互联网发出的第一份电子邮件在1986年,但是中国的互联网初具规模、作为有影响的舆论传播新平台大约在世纪之交。其时,上网用户形成了社会群体,相关管理机构、政策和制度建设也比较集中地出现。互联网深刻地改变着社会的方方面面,也改变着舆论监督机制。与报刊、广播电视等传统的大众传播机构相比,互联网表达结构具有以下两个方面的特点:第一是非垄断化和非集中化。在互联网上,网站和论坛数量众多。有一些大型的新闻或综合性网站,但是存在着更多的、各种各样的中小网站。互联网也不需要像广播电视媒体那样占据着有限的通信频率或频段,它的信息含量是无限丰富的。即使是大型网站,也不能够垄断言论表达的通道。第二是多对多的传播方式。这不同于传统媒体一对多的方式,改变了普通民众的受众地位,使他们能够参与发言。互联网逐步聚集起来一个规模巨大,具有一定的阅读、分析和批评能力,能够对公共事件迅速作出反应并形成舆论的网民共同体。互联网公共论坛大致位于家庭和生产这些私人领域与国家公权力领域之间,类似于哈贝马斯所说的公共领域。

具体而言,这一时期的公民批评主要有两个渠道。一是专门的舆论监督网站,例如"中国舆论监督网"、"中国反腐维权网"(后改名"中国清风网")、"我行贿了"、"公民反腐监督网"等。这些网站是反腐民间人士所创办和运行的。二是大型门户网站的电子公告栏[即"网络论坛"(BBS)]。当然,开办反腐网站所需费用、时间甚多,受到的限制多,多数难以长期维系。普通公民主要通过 BBS 发表言论。在效果方面,专门的舆论监督网站曝光的事件很少能够引起公众的注意。公众并不关注这些网站,关注这些网站的人主要是自认为遭受公权力非法对待的少数人。相比较而言,BBS 渠道的传播效果更好,所曝光的事件有机会引起一般公众的注意。21 世纪初的几乎所有重要的舆论监督事件最初都是在 BBS 上曝光的。

通常,一起舆论事件发展过程会经历以下步骤:首先,特定公民在网络上披露国家机关或国家工作人员的腐败或滥用权力行为。然后,这一信息引发了网民的关注、讨论,在网络上形成了一定的舆论。接着,传统媒体跟进报道或调查,与互联网合力推动舆论的升级,造成一定的压力。最后,相关国家机关启动调查程序,作出处理决定,回应舆论关切。一般来说,只有当传统媒体跟进报道,国家机关才会有所行动。2003 年 3 月在广州发生了大学生孙志刚因未携带身份证件而被收容,并在收容期间被殴打致死的事件。这一事件首先是在"西祠胡同"BBS 的讨论区"桃花坞"里曝光的,它引起了《南方都市报》的注意。4 月 25 日,该报发表了由记者陈峰、王雷合作完成的长篇报道《被收容者孙志刚之死》,引发了广泛的关注。互联网上就此事件展开了激烈的讨论和批评。许多网民诉说自己的类似经历,强烈要求废除收容遣送制度。互联网和传统媒体一起发力,最终使相关责任人员受到惩罚,国务院迅速颁布《城市生活无着的流浪乞讨人员救助管理办法》,取代《城市流浪乞讨人员收容遣送办法》。

(三) 2010 年至今:自媒体发展为公民批评的主要平台

自媒体(we media),又称"公民媒体"或"个人媒体",是指一些可以由普通民众单独使用的网络传播平台。自媒体仍然是互联网的一部分。它是建基于互联网渠道之上的信息传播平台,是互联网上信息交换趋向于个性化发展的产物。作为信息传播平台,BBS 和博客前已存在。但是,BBS 是一种在版主管理下的公共论坛,并不由创作者单独使用,不能够积累自己的创作内容和形成自己的特色;博客虽然是个性化的创作平台,但是由于在记录方式、信息分享等方面的限制,使用面并不普及。移动互联网的兴起催生了便捷、多元的表达方式,真正导致自媒体时代的到来。这个标志是微博的出现。2009 年 8 月新浪网推出"新浪微博",成为第一家提供微博服务的大型门户网站,微博为中文上网主流人群所关注和使用。2012 年 8 月中旬,微信推出了微信公众平台,进一步推进了自媒体的时代。目前,其他比较有影响的自媒体平台还有百家号、今日头条、搜狐号、大鱼号、企鹅号、抖音、趣头条等。自媒体时代是真正的公民批评时代。

自媒体具有平民化、自主化、多对多、便于使用的特点。自媒体是几乎每一个人都可以接触和利用的媒体。开办一个网站需要较大的费用，而自媒体普遍实行免费注册。在自媒体上，自己可以设计议题，可以自主地决定发言的内容，可以自由地传播所见所闻所思，可以积累自己的特色，形成自己的一片言论天地。自媒体进一步推进了互联网的多对多的特点。每一个人都是记者，每一个人也都是受众。一个人可以把信息传播给不特定的其他人，一个人也可以接受来自任何一个人的公开的信息。自媒体在移动互联网的技术条件下得到迅速发展，主流自媒体平台都开发了可安装于智能手机的应用程序，便于使用者随时随地记录、发布信息和接收、阅读他人信息，在很大程度上摆脱了对电脑这种不易携带的终端设备的依赖。

自媒体上的批评性言论可以分为两类：一类是对法律、政策或公共措施的批评。这类批评并不针对特定的国家工作人员或特定的国家机关，可以称为抽象的批评。批评的内容从简单表达不满的情绪到有条有理的分析评论，不一而足。另一类是针对特定的国家工作人员或国家机关的具体批评。批评的内容主要是指责有关对象存在违法、违纪或违背社会公德的行为。"网络反腐"概念流行于自媒体时代。网络反腐有广、狭两种含义。狭义是指公民通过互联网（包括各种自媒体）公开批评、指控国家机关或国家工作人员的腐败行为，以期引起公众和负有法定监督职责的国家机关的关注，使之得到处理。广义上还包括官方举报网站的举报、受理等活动。

在狭义层面，网络反腐亦称网络公开举报。这可谓最激烈形式的公民批评。为了使人们相信举报内容的真实性、引起公众的关注，举报者具以实名，还可能公开身份证号和手机号码。例如，2012年12月6日，时任《财经》杂志副主编的罗昌平在微博上向中纪委实名举报时任国家发改委副主任、国家能源局局长刘铁男涉嫌学历造假、巨额骗贷、对他人恐吓威胁等问题。2021年4月7日，一段实名举报视频在微博上@了河南省纪委监委的官方微博"清风中原"，并在网络上流传，引发热议。视频中，一名自称"河南省隆庆祥服饰有限公司总裁姜书敏"的女子，举着自己的身份证，"实名举报郑州中院原院长于东辉索贿500万元财物"。视频中，举报者还播发一段通话录音，说明被举报者进行索贿的事实。在前例中，2014年12月10日，河北省廊坊市中级人民法院判决刘铁男犯受贿罪，判处无期徒刑，剥夺政治权利终身。在后例中，2021年12月2日，河南省商丘市中级人民法院判决于东辉犯受贿罪，判处有期徒刑十四年。当然，并不是所有的公民批评都会获得国家机关的回应和处理。

在自媒体时代，从公开揭露，到形成舆论，到国家机关回应和处理，这一过程仍然遵循着舆论事件的一般发展规律。但是这里面有一个重要的变化。在此之前，在推动国家机关行动的综合力量中，传统媒体起到关键性的作用，通常是等到官方媒体特别是中央媒体对事件参与报道、表示态度，国家机关才对舆论事件予以回应和处理。而在自媒体时代，传统媒体所起的作用变弱了，自媒体上公民批评所起的作用增强了，传统媒体也主要是通过自媒体参与讨论，发表意见。自媒体在一定程度上拉平了公民与传统媒体在舆论场上的地位。

三、公民批评的时代背景

为什么改革开放以来公民批评会兴起并得到发展？这有着特定的时代背景。分析其背景因素，有助于我们深刻认识公民批评的当代意义。

第一，改革开放过程中出现了比较严重、比较普遍的公共权力滥用现象，而同时，公共机构内部的权力监督与制约机制不能充分发挥应有的作用。腐败分子不同于其他犯罪分子，他们既有权、有钱，还有势。纪检监察部门、政法部门在打击腐败犯罪的实际操作中，较之打击其他犯罪行为难度要大。政法队伍本身也存在着有法不依、执法不严，办人情案、关系案、金钱案等腐败现象。人们寄期望于社会舆论的监督机制，希望通过传播媒体和网络论坛公开揭露权力滥用现象，在社会中形成一种不利于所批评的现象的压力，促使当事人有所觉悟或者有关职能机关采取措施，以达到监督和制约的目的。

第二，公民批评得以存在和发展，离不开政治法律制度和意识形态的支持。《中华人民共和国宪法》（以下简称《宪法》①）第1条规定："中华人民共和国是工人阶级领导的、以工农联盟为基础的人民民主专政的社会主义国家。"第2条规定："中华人民共和国的一切权力属于人民。人民行使国家权力的机关是全国人民代表大会和地方各级人民代表大会。人民依照法律规定，通过各种途径和形式，管理国家事务，管理经济和文化事业，管理社会事务。"第1条规定意味着，人民当家作主，是国家的主人；国家是人民所有的、人民治理的、为人民服务的。在这样的国家里，法律和政策是人民意志的体现，人民的意志是法律和政策正当性的基础。如果人民不能监督"公仆"，就很难体现政体的民主性质。第2条规定意味着，所有的国家权力，不论是立法权、行政权还是司法权，都最终来源于人民；人民代表大会是人民

---

① 为表述简洁起见，下文省略规范性法律文件名称中可能有的"中华人民共和国"字样。

行使国家权力的基本途径和形式;除此之外,人民还可以通过其他"各种途径和形式"管理公共事务。对公权力进行监督,是人民管理公共事务的一种方式。《宪法》第 35 条规定公民有言论、出版、集会、结社、游行、示威的自由;第 41 条规定公民对于任何国家机关和国家机关工作人员有提出批评建议的权利。《宪法》的这些规定成为人们进行批评和监督的重要依据。

执政党非常重视民主监督和舆论监督。党的十六届六中全会通过的《中共中央关于构建社会主义和谐社会若干重大问题的决定》指出:"推进决策科学化、民主化,深化政务公开,依法保障公民的知情权、参与权、表达权、监督权。"党的十七大报告是这样表述的:"人民当家作主是社会主义民主政治的本质和核心。要健全民主制度,丰富民主形式,拓宽民主渠道,依法实行民主选举、民主决策、民主管理、民主监督,保障人民的知情权、参与权、表达权、监督权。"党的十八大及之后的报告都表示要更加注重健全民主制度,丰富民主形式,保证民主监督,加强舆论监督。

第三,公民批评是发生发展在改革开放以来公民民主意识、法律意识增长的背景之下的。改革开放以来,广大人民群众、媒体工作者以及国家工作人员的民主法治意识有了很大的提高。人们逐渐地、普遍地认识到,不受监督与制约的权力必然导致腐败,腐败损害了作为国家和社会主人的人民的利益。

人们要求了解国家机关及其官员的所作所为,要求知道和参与有关决策决定的过程,要求掌握国家机关及其官员适任与否的情况。人们希望表达他们所考虑的有关公共问题的意见建议,希望揭露他们知道的有关国家机关及其官员的不当行为,希望评论作为他们"公仆"的国家机关及其官员的功过得失。

第四,网络信息技术的进步推动了公民批评的发展。从辩证的角度来看,网络信息技术的社会政治功能是双重的,既有助于推动公民批评的发展,也有助于加强国家对公民批评的控制。有学者从政治社会学的角度出发,认为在条件具备的情况下,互联网能够在国家与社会之间相互进行赋权和改造,促进国家与社会的互动,提升治理的结构和水平。[①] 技术的社会政治功能不能脱离社会政治条件来判断。技术固然可以改变许多事物,包括社会的面貌和制度形态,但是技术不是在自然的真空中,而总是在一定的社会环境和政治结构中运行的。网络信息技术对公民批评的赋权功能,能否得到维护和保障,取决于有没有深厚的社会基础作为支撑。

[①] 参见郑永年:《技术赋权:中国的互联网、国家与社会》,邱道隆译,东方出版社 2015 年版,第 15 页。

梳理公民批评的发展过程，可以看出，言论表达和传播的渠道愈是多元、畅通、平民化，来自公众的监督愈是有力。现在，传统媒体失去了主场，但并没有退场，互联网站成为基本的平台，各种自媒体在不断发展。尽管还受到诸多的限制，但是一个总的情况是，相比以往，公民可以有更多、更为便利的表达渠道，更多的公民参与了网络表达。这也说明了，作为人民民主的日常形态，公民批评特别适合于中国的政治体制、大型国家和互联网时代（特别是自媒体的迅速发展）这样的社会、政治和技术背景，构成了民主监督的基本形式。

四、公民批评的法律之战

20世纪90年代以来，公民批评引发了法律之战，意即以公民或传媒为一方、以国家机关或国家工作人员为另一方的以法律为手段的斗争和较量。与公民批评的发展阶段大致对应，这一过程也可以大致分为三个阶段，即20世纪90年代至21世纪初的名誉权纠纷案件，21世纪伊始至2010年前后的诽谤、侮辱治安和刑事案件，2010年以来的寻衅滋事治安和刑事案件。

（一）20世纪90年代至21世纪初的名誉权纠纷案件

20世纪90年代至21世纪初，公民批评所引起的法律问题主要表现为名誉权纠纷案件。《民法通则》第101条规定，公民、法人享有名誉权，公民的人格尊严受法律保护，禁止用侮辱、诽谤等方式损害公民、法人的名誉。最高人民法院《关于贯彻执行〈中华人民共和国民法通则〉若干问题的意见（试行）》（法（办）发〔1988〕6号）第140条作了扩大解释，将宣扬他人隐私的行为界定为侵害公民名誉权的行为。为了给法院审判提供指引，最高人民法院分别于1993年、1998年出台了《关于审理名誉权案件若干问题的解答》（法发〔1993〕15号）、《关于审理名誉权案件中若干问题的解释》（法释〔1998〕26号）。

在法律上应对舆论监督、公民批评的主要方式是提起名誉侵权诉讼。原告是国家工作人员和国家机关，被告主要是传播媒体和新闻记者。有的国家机关也认为自己作为法人，享有名誉权，以名誉侵权诉讼应对舆论监督。此类案件在20世纪八九十年代零星发生，其数量在20世纪末期、21世纪初达到顶峰。"中国新闻侵权案例精选与评析"课题组收集整理了1985年至2009年间800件媒体侵权的案例，排除包含多个原告的案例18件，最后获得782起案例。其中，原告是国家公务员、其他类别的国家工作人员、国家机关的案例共97件（1995年至2005年间有71件），约占全部案例的12.4%。97件案例中，驳回原告诉讼请求的有47件，占比约48.5%；判定侵权成立的有46件,占比约47.4%;其他以调解等方式结案。① 这个调查报告所统计的是以传统媒体为单独或共同被告的侵权案件。这样的胜败率比例的背后因素是原告具有国家工作人员身份或是国家机关,而被告传统媒体属于宣传系统,具有官方色彩,代表政治正确性。另外,陈志武曾统计2003年6月之前的210起媒体侵权案件,发现,如果原告是行政官员(共39案例),媒体败诉的频率为71.79%。② "行政官员"属于前述"中国新闻侵权案例精选与评析"课题组统计报告所谓的"国家公务员"。也存在诽谤罪案件,例如1996年李某某(时任湖南莲花县法院院长)以诽谤罪对贺某某提起的诽谤罪刑事自诉案件,但是比较少见。

(二) 21世纪初十余年的诽谤、侮辱治安和刑事案件

提起名誉侵权诉讼,就意味着要与批评者对簿公堂。在民事审判程序上,原被告双方享有平等的诉讼地位和权利,进行平等的论辩。这也许是被批评者不愿意做的事情。在这种情况下,诽谤、侮辱治安管理处罚和刑事诽谤罪追诉就逐渐成为应对批评的手段。《刑法》第246条规定,捏造事实诽谤他人,情节严重的,处三年以下有期徒刑、拘役、管制或者剥夺政治权利。又规定,告诉的才处理,但是严重危害社会秩序和国家利益的除外。意即,对于诽谤罪,刑法规定了自诉与公诉两种追诉手段,从文义上看,自诉是一般手段,公诉是特别手段。

在21世纪初的十余年中,这类案件较多地发生。起初,有一些自诉案件,后来基本上是公诉案件。被告人主要是普通公民、记者,也有一部分是国家工作人员。国家工作人员涉嫌诽谤其他国家工作人员,而受到诽谤罪追诉。自诉人和被害人主要是党政领导干部。有一些案件由于受到广泛的关注和批评,在舆论压力下作撤案处理。③

---

① "中国新闻侵权案例精选与评析"课题组:《中国媒体侵权案件统计报告》(朱莉、杨慧臻执笔),载徐迅主编《新闻(媒体)侵权研究新论》,法律出版社2009年版。有关数据基于第64页表格"原告身份的变化"和第76页表格"不同原告身份裁判结果的比较"而汇总得出。该报告还统计了在国家公务员作为原告的案例中,不同级别国家公务员的裁判结果比较情况,总体上看:级别较高,胜诉概率较大;级别较低,败诉概率较大。参见该书第77页表格"如原告是国家公务员,不同级别国家公务员的裁判结果比较"。
② 参见陈志武:《媒体、市场与法律》,中国政法大学出版社2005年版,第95页。
③ 较受舆论关注的案件,主要有重庆彭水县秦中飞案(又称"彭水诗案",2006年)、山西稷山县薛志敏案(2007年)、内蒙古吴保全案(2007年)、陕西志丹县"短信诽谤案"(2007年)、辽宁西丰县赵俊萍案和"进京抓记者案"(2008年)、河南灵宝市王帅案(2009年)、山东曹县段磊案(2009年)、宁夏吴忠市王鹏案(2010年),等等。这里不再列出被害人的身份。有关这些案件的详细情况以及更多的类似案件,可参见雷丽莉:《从20起诽谤案件看公权力追究公民言论责任的路径》,《法治新闻传播》2010年第5辑,中国检察出版社2010年版,第42—46页。

考察诽谤罪的公诉实践，可以总结出这类案件自诉少、公诉多的几点原因。第一，出于一种高高在上的心理，国家工作人员不愿意在法庭里亲自面对作为被告人的批评者，与批评者辩论。这一点与名誉侵权民事诉讼手段被废弃的原因是一样的。第二，更重要的是，国家工作人员可以调动国家公权力资源，来实现自己惩罚批评者的目的。被批评者若是地方党政部门的主要负责人，或是地方政法部门的领导，可以授意或者暗示政法部门采取行动。政法部门难以违逆领导人的旨意，甚或主动采取行动，以投领导之好。第三，他们之所以可以这样做，还有制度上的原因。制度规定的含糊不清为这些行为提供了可能性。有关诽谤罪，刑法规定："告诉的才处理，但是严重危害社会秩序和国家利益的除外。"从这项规定可以看出，诽谤行为达到了"严重危害社会秩序和国家利益"的程度，是诽谤罪作为公诉案件来处理的条件。但是法律并未规定哪些情形属于"严重危害社会秩序和国家利益"。在某些官员看来，批评他们就是反对社会和国家，诽谤他们就是诽谤政府，危害他们的利益就是危害社会秩序和国家利益。

这种追诉手段由于涉嫌公权私用而广受批评。公安部2009年4月发布《关于严格依法办理侮辱诽谤案件的通知》，要求切实加强对办理侮辱、诽谤案件的执法监督。对于侮辱、诽谤案件，公安机关经过审查，认为具有严重危害社会秩序和国家利益的情形，需要追究刑事责任的，应当报经上一级公安机关同意后立案侦查；立案后需要采取强制措施的，应当在采取强制措施前报经上一级公安机关同意。对于可能引起较大社会影响的侮辱、诽谤治安案件，在作出行政拘留处罚决定前，应当报经上一级公安机关同意；对于不按照规定报告上级公安机关，或者不服从上级公安机关命令，违反规定对应当自诉的和不构成犯罪的侮辱、诽谤案件立案侦查的，要严肃追究有关责任人员和主管人员的相应责任。2013年9月，最高人民法院、最高人民检察院发布《关于办理利用信息网络实施诽谤等刑事案件适用法律若干问题的解释》（法释〔2013〕21号），第2条、第3条分别对《刑法》第246条第1款规定的"情节严重"、第2款"严重危害社会秩序和国家利益"作了界定，在一定程度上澄清了规范的模糊。再加上此类案件往往会引发媒体和舆论关注，致使相关处罚或追诉手段达不到效果，2010年后已比较少见。

（三）2010年以来的寻衅滋事治安和刑事案件

《关于办理利用信息网络实施诽谤等刑事案件适用法律若干问题的解释》同时也创造了一个应对公民批评的法律工具。第5条第2款规定，编造虚假信息，或者明知是编造的虚假信息，在信息网络上散布，或者组织、指使人员在信息网络上散布,起哄闹事,造成公共秩序严重混乱的,依照《刑法》第293条第1款第4项的规定,以寻衅滋事罪定罪处罚。刑法这一规定原是惩罚在"公共场所"、严重破坏"公共场所秩序"的起哄闹事行为。司法解释将寻衅滋事罪扩大适用于网络上散布虚假信息的行为。《治安管理处罚法》也有一个口袋型的规定,第26条在列举若干应受处罚的行为后,有一项"其他寻衅滋事行为"。

大致自2010年以来,寻衅滋事行政和刑事处罚逐渐成为主要的应对公民批评的法律手段。孙万怀、卢恒飞曾统计,在2013年1月1日至2013年10月10日间,经媒体报道、案情曝光的网络谣言案件有80起,涉及相关人员160人。在80起案件中,从内容上看,攻击政府的谣言,占比19%;攻击企业或个人的谣言,占比6%。从两位作者所举的例子可以看到,在有的个案中被攻击的个人是国家工作人员。其中,涉寻衅滋事罪被刑事拘留的,占11%;涉其他罪名(或所涉罪名不详)被刑事拘留的,占16%。其他皆以扰乱公共秩序为名给予行政处罚,其中被行政拘留的,占49%;被罚款、训诫或作出其他处罚的,占24%。①

姜瀛搜集分析了截至2017年11月30日的网络信息类寻衅滋事罪案例,共45份裁判文书。从所涉及的虚假信息类型来看,涉及"政府或公权力机关相关行为"信息的,共有27起案件,内容包括社会问题、腐败、政府补偿、暴力执法、公民维权、冤错案件、国家政策以及历史问题等;涉及个人名誉的,共计4起案件,包括法官名誉(办案不公、腐败)、记者名誉(报道不实、腐败)、村干部名誉("滥用权力、腐败""乱搞男女关系")。②

笔者通过威科先行法律信息库,以"寻衅滋事"为案由,以全文中包含"虚假信息"为关键词,以2019年8月9日至2022年8月9日为裁判日期范围,搜集到刑事裁判文书共222份,经过一一阅读检查,排除无关案例,将同一案件的一审、二审和再审统计为一个案例,共获得188件虚假信息类寻衅滋事罪案例。其中信息内容涉及国家机关(包括村委会和居委会)和国家工作人员(包括村委会和居委会干部)的案例,有142件,定罪率为100%;涉及国家机关的案例有120件,占全部案例约63.8%。另外,只涉及国家工作人员的案例有22件,只涉及普通公民的案例有42件,还有涉及对象和信息

---

① 参见孙万怀、卢恒飞:《刑法应当理性应对网络谣言——对网络造谣司法解释的实证评估》,《法学》2013年第11期。
② 参见姜瀛:《网络寻衅滋事罪"口袋效应"之实证分析》,《中国人民公安大学学报(社会科学版)》2018年第2期。

内容不明确的案例 4 件。①

　　刑法规定了诽谤罪、侮辱罪。这意味着,对于诽谤、侮辱他人的行为,应以诽谤罪、侮辱罪论处,不得以寻衅滋事罪论处。然而,司法实践依然存在以寻衅滋事罪处罚侵害国家工作人员名誉的行为。2015 年《刑法修正案(九)》增设了编造、故意传播虚假信息罪。司法实践依然运用寻衅滋事罪处罚其他的网络传播虚假信息行为。寻衅滋事罪作为一种口袋型罪名,其含糊的表述和宽泛的自由裁量的确比其他规定更方便利用来应对公民批评。

　　公民批评已经成为当代中国重要的社会政治和法律现象,需要进行理论上的总结、梳理和探讨。它引发了诸多的实践中的法律问题,也需要予以恰当地解决。

　　本书力图在现行宪法的基础之上把公民批评权利的主要法理和制度问题作为一个系统来研究。所关切的是《宪法》第 41 条公民批评权利的解释适用,以及依据宪法批评权的精神和原则对涉及公民批评的制度实践的合宪性审视。它包含了自上而下与自下而上这种双向的、类似阐释学循环的思考方式。在自上而下的思考中,关涉的问题是宪法批评权的精神和原则如何透过解释机制去渗透、制约具体的制度实践。在自下而上的思考中,关涉的问题是具体的制度实践如何符合、证立宪法批评权精神和原则,以及适当充实、塑造其规范内涵及范围。这首先需要分析宪法上的批评权条款。

---

① 针对国家工作人员和普通公民的虚假信息,如果涉嫌诽谤,应由被害人提起民事侵权诉讼或刑事自诉;"严重危害社会秩序和国家利益的",由检察机关提起刑事公诉。

上 编
法 理

第一章 宪法上的批评权利

中国宪法上的批评权利是一个被严重忽视的条款。在进入21世纪以来法学研究本土化意识日益增长的过程中，宪法文本逐渐受到认真的对待，许多宪法条款成为重要的研究对象。然而，《宪法》第41条公民批评权尚没有得到应有的重视。在实际上涉及公民批评的法律问题的研究成果中，通常把国外的有关理论和制度经验作为立论的基础。极少的有关监督权的研究成果也是把批评权与该条规定的其他监督权进行笼统研究，忽视了批评权的独特内涵和问题。这种状况与从20世纪以来蓬勃发展的公民批评实践不相适应，不能够满足实践对理论和制度的要求。实际上许多具体问题的研究深入下去，会触及宪法上的相关规定。宪法上的批评权是一个亟待研究的条款。

第一节 民主的约定

一、批评权入宪的过程及背景

在中华人民共和国的宪法史上，批评权入宪有一个过程。1954年《宪法》、1975年《宪法》、1978年《宪法》规定了言论、出版、集会、结社、游行、示威等自由，也规定了公民对于任何违法失职的国家机关工作人员，有向有关国家机关提出控告的权利，但是都没有规定批评权。[1]

1982年《宪法》第41条作了规定。这一条有三款：

中华人民共和国公民对于任何国家机关和国家工作人员，有提出

---

[1] 这几部宪法规定的"控告"权利扩展为1982年《宪法》第41条规定的"申诉、控告或者检举"权利。

批评和建议的权利;对于任何国家机关和国家工作人员的违法失职行为,有向有关国家机关提出申诉、控告或者检举的权利,但是不得捏造或者歪曲事实进行诬告陷害。

对于公民的申诉、控告或者检举,有关国家机关必须查清事实,负责处理。任何人不得压制和打击报复。

由于国家机关和国家工作人员侵犯公民权利而受到损失的人,有依照法律规定取得赔偿的权利。

其中,第1款规定了两组权利:"批评和建议的权利";"申诉、控告或者检举的权利"。

前辈学人肖蔚云教授曾参加1982年《宪法》起草工作,给后人留下了目前可见的、难得的有关宪法起草过程的资料。在谈到相关条款的起草情况时,他说:"这些有的是七八年宪法有的,有的规定是五四年宪法有的,有的规定是这次新加的,把这几年这几部宪法中比较能够适用的把它综合在一起,又加了一些新的内容。怎么写好这一条,'批评和建议'这都是新加的"[①]。

我们要理解1982年《宪法》为什么增加批评权的规定,需要将之放置于特定的历史背景和时代背景之下。

历史背景中有两个重要的方面,即两千多年的封建专制传统、新中国探索民主法制道路的经验和教训,特别是当时刚刚结束不久的"文化大革命"。在封建专制统治之下,普通民众是没有包括批评权在内的民主权利的。在统治集团内部,有所谓的谏议。谏议之效果,取决于统治者的个人品德和统治需要。谏议者通常要冒一定的风险。没有权利的保障,恩准并不可靠。"旧中国留给我们的,封建专制传统比较多,民主法制传统很少"[②]。这是新民主主义、社会主义制度所要反对的。中华人民共和国成立后颁布了一些鼓励、支持人民群众反映意见建议的政策,并收到很好的效果。然而后来法制虚无主义、反权利的"左"倾思潮逐渐抬头并占据了上风,对国家政治生活产生极大的负面影响。"文化大革命"盛行"无法无天"的"大民主"。1975年及1978年《宪法》有关"大鸣、大放、大辩论、大字报"的规定是对这一时期言论表达实践的承认和反映。当时那种群众性的言论表达实践包括了对国家机关和国家工作人员的批评活动,但是也充斥着诽谤、辱骂、诬告陷害

---

① 肖蔚云:《论宪法》,北京大学出版社2004年版,第77页。
② 《邓小平文选》第二卷,人民出版社1994年版,第332页。

等混乱现象。这种"大民主"形式实际上不利于民主的健康发展,又容易侵害公民正当权利。改革开放初期,邓小平总结了1949年以来的历史经验。他指出,解放以后,没有自觉地、系统地建立保障人民民主权利的各项制度,法制很不完备,也很不受重视。[1] 他特别注意总结"文化大革命"中"大民主"的教训。他说:"民主和法制,这两个方面都应该加强,过去我们都不足。要加强民主就要加强法制。没有广泛的民主是不行的,没有健全的法制也是不行的。我们吃够了动乱的苦头。"[2]

在时代背景方面,最为重要的是改革开放初期发扬社会主义民主、健全社会主义法制的要求和趋势。1978年12月中国共产党十一届三中全会确立了发扬社会主义民主、健全社会主义法制的方针。1980年9月8日第五届全国人民代表大会第三次会议通过决议,取消了《宪法》关于"大鸣、大放、大辩论、大字报"的规定。但是这是不够的。起草一部新《宪法》,成为落实十一届三中全会方针的关键,并为后来的民主法制建设奠定框架和基础。新《宪法》基本精神之一就是"发展社会主义民主,健全社会主义法制,保障人民的权利"[3]。肖蔚云提到,在起草过程中,"在第一次搜集全国意见时,大多数的意见都有'发扬社会主义民主','健全社会主义法制'这两条。我们就考虑如何想办法把这两条写上";"'公民的基本权利'一章也扩大了人民的民主权利。有的地方也有所限制,但总的看是明显扩大了"。[4] 批评权入宪就是扩大人民民主权利的一个体现和结果。

二、批评权入宪的意蕴

在这样的历史和时代背景下,批评权入宪就意味着宪法作出**两个方面的否定**:既否定封建专制传统中的无民主,也否定"文化大革命"中的"大民主"。批评权的价值意蕴需要从封建专制传统的对立面、"文化大革命"的对立面这样的两个对立面的角度来理解。

一方面,批评权是作为发扬社会主义民主的一个举措载入宪法的,社会主义民主是人民民主。人民民主观念颠倒了封建专制传统中父母官-子民的关系,把人民作为国家的主人,把国家机关和国家工作人员作为人民的公仆。我们发现宪法起草者正是放在这一关系中来理解批评权的。肖蔚云在解释《宪法》第41条时说:"怎么写好这一条,'批评和建议'这都是新加的,

---

[1] 参见《邓小平文选》第二卷,人民出版社1994年版,第359页。
[2] 《邓小平文选》第二卷,人民出版社1994年版,第189页。
[3] 肖蔚云:《论宪法》,北京大学出版社2004年版,第65页。
[4] 肖蔚云:《论宪法》,北京大学出版社2004年版,第111、112页。

我们老百姓对于国家机关工作人员,主人对仆人有意见当然可以提批评建议嘛,对'违法失职行为,有向国家机关提出申诉、控告或检举的权利。'这个大家觉得应当写"[1]。或许有人觉得:《宪法》已经有第 35 条规定言论自由,为什么还"应当写"批评权呢?世界上大部分的国家宪法以某种方式规定了言论表达自由,只有极少国家宪法作了类似批评权的规定。[2] 从言论表达自由的规定是否可以推导出批评性言论的自由呢?从逻辑及实际来看,不一定。宪法言论表达自由条款有两个解释方向,一个是包括批评性言论的自由,另一个是不包括。这种条款到底向哪个方向解释,所给予的自由程度有多大,取决于多种因素,不仅取决于政权是否具有民主属性,更取决于社会是否有普遍的民主观念。从宪法上一般性地承认言论表达自由到承认针对政府及其官员的批评性言论的自由,这之间可能有一个很长的历史过程。[3]《宪法》在第 35 条言论自由之外,又增加规定了批评权利,这就不存在朝哪个方向解释的麻烦了。这一明确规定凸显了《宪法》的民主性质,"发扬"了社会主义民主。

另一方面,人民批评公仆这种活动也需要法制化。首先,批评权入宪就是民主法制化的具体体现。权利本身是一种法律语言和思维。人民批评公仆的政治话语转变为公民批评国家机关和国家工作人员的法律话语。其次,把中华人民共和国成立以来支持、鼓励和调节人民群众反映意见建议的政策形式转变为公民批评权的法律形式。再次,《宪法》第 51 条规定了公民行使自由和权利的时候不得侵害国家、社会和集体的利益以及其他公民合法的自由和权利;并在第 38 条规定,公民的人格尊严不受侵犯,禁止用任何方法对公民进行侮辱、诽谤和诬告陷害。这正是针对"文化大革命"中"大民主"的弊害而规定的。

---

[1] 肖蔚云:《论宪法》,北京大学出版社 2004 年版,第 77 页。
[2] 参见 1977 年《苏维埃社会主义共和国联盟宪法(根本法)》第 49 条、1976 年《古巴共和国宪法》第 53 条。
[3] 以美国为例,美国 1791 年宪法修正案第 1 条规定:"国会不得制定法律……以削减言论或出版自由……"。尽管如此,1798 年联邦党人控制下的国会还是通过了《反煽动法》。该法规定,"任何人发表、出版任何针对联邦政府的虚假、诽谤性和恶意的言论,都应处 2 000 美元以下的罚款和 2 年以下监禁;运用言论蔑视、丑化总统和国会,或煽动美国人民对总统和国会的仇恨,均为煽动骚乱。"这项规定含糊笼统,界限不清,导致批评政府或总统极有可能构成刑事犯罪。第一次世界大战期间美国政府的《反间谍法》也导致为数众多的批评政府人士被控以犯罪。法律上的根本变化发生在 1964 年。在纽约时报公司诉沙利文一案中,最高法院的判决解释说,第一修正案的"核心意旨",是使公共官员执行公共权力的行为,接受人民最广泛的批评;批评政府是公民的一项崇高义务。参见 New York Times Co. v. Sullivan, 376 U.S. 275(1964)。

在这样的背景下,《宪法》第41条的批评权显然被置于民主法制化、法制民主化的辩证关系以及保障与限制的辩证关系之中。民主法制化、法制民主化相辅相成,不可分离。对公民批评既要充分保障,又要适当限制,保障与限制互为表里。

这种新型的国家与人民的关系可以用民主之约来概括。宪法批评权利的规定,对于公民而言,意味着一项**承诺**,国家保证公民可以在法律的范围内批评任何国家机关和国家工作人员,保障公民的民主地位。"一切权力属于人民",不应仅仅化约为普通公民的选举权。在选举日之后,在日常生活中,掌握决策权和管理权的是少数人所组成的国家机关。普通公民经常处于国家权力的支配之下,是国家管理的对象,甚至就像卢梭夸张的说法一样,"等于零"①。如何克服公民在选举之后便沦落为"零"的难题呢?一个重要的办法就是公民享有充分的批评权利,他们可以运用批评权利以监督和制约被委托出去的权力。当有这种权利的时候,他们在选举之后仍然可以制约政治的运作,掌握自己的命运。选举权是特定时刻的民主形式,批评权是日常时期的民主形式,二者相辅相成。另一方面,对于国家工作人员而言,这一规定意味着一项**要约**。任何人若试图成为国家工作人员即被推定接受了这种要约。他可以被认为已自动将他的品行置于公民的合法批评和质疑之下,以便获得对他的适任性的赞同。这项承诺与要约所构成的民主之约,也许就是我们理解宪法批评权规定的本质所在以及协调批评权与批评对象权益保障关系的根本原则。

第二节 特别的地位

批评权利的宪法地位,涉及两个问题,相较于《宪法》第35条言论自由,批评权利是特别规定吗?受宪法特别保护吗?

一、《宪法》第41条与第35条的结构关系

《宪法》第35条规定了言论、出版、集会、结社、游行、示威自由;第41条规定了对于任何国家机关和国家工作人员提出批评和建议的权利。那么,

---

① 卢梭曾批评英国的代议制度说:"英国人民自以为是自由的;他们是大错特错了。他们只有在选举国会议员的期间,才是自由的;议员一旦选出之后,他们就是奴隶,他们就等于零了。"([法]卢梭:《社会契约论》,何兆武译,商务印书馆1980年修订第2版,第124页。)

这两个条款之间是否为一般规定与特别规定的关系？这个问题可以转换为：在逻辑上，第35条（言论表达自由）与第41条（批评和建议权利）是包含关系还是并列关系？笔者认为，二者是包含关系，在逻辑上第35条的规定可以基本包含第41条批评和建议权利的规定。这里仅说批评的权利。从批评的内容上看，批评权是针对国家机关和国家工作人员提出批评性言论的权利。批评性言论是从内容角度划分的一种言论类型，属于第35条规定的"言论"范畴。从批评的方式上看，批评是通过什么方式提出的？在第41条的语境中，由于"批评"与该条当中分号（"；"）之后的"申诉""控告""检举"是并列关系，"批评"就不包括"申诉""控告""检举"等方式。"申诉""控告""检举"是直接向有关国家机关提出的。这里的"批评"可以理解为通过"申诉""控告""检举"之外的其他方式，也可以说是通过通常的言论表达方式，例如"言论""出版"等方式，提出批评。从实践来看，公民批评也基本上是通过这些方式提出的。因此，第41条批评权与第35条言论自由是特别规定与一般规定的关系。

由此可以看出，中国宪法蕴含着有关言论表达自由的双层逻辑结构。第35条是一般的规定，适用于多种多样的言论内容和表达形式。第41条是特别的规定，涉及在制宪者看来非常重要的言论类型：批评和建议。当然，属于特别规定的还有第47条的科学研究和文化活动自由。这不同于其他国家的宪法，它们通常仅仅一般性地规定言论表达自由，是一种平面结构。在这种双层逻辑结构中，公民对国家机关和国家工作人员提出批评性言论，既可以援引第35条，也可以援引第41条作为依据。这构成了法条竞合现象。按照特别规定优先于一般规定的法律适用原则，可以优先适用第41条来为公民的批评性言论辩护。

这一双层逻辑结构给人一种强烈的预判，即它同时也是双层保护结构，对于一般规定中的言论表达自由给予相对较弱的保护，而对于特别规定中的批评权给予相对较强的保护。有学者提出一条测定基本权利之宪法地位的定律，即基本权利的规范领域和保护程度之间存在反比关系：规范领域愈宽，保护程度愈低；规范领域愈窄，保护程度愈高。并根据这一定律推论出：《宪法》第35条规定的言论自由，其规范领域宽于《宪法》第41条规定的监督权，因此宪法对监督权的保护程度高于对言论自由的保护。[1] 这一结论是有道理的。这一定律也能够解释很多的法律规范现象。但是如果仅

---

[1] 参见杜强强：《基本权利的规范领域和保护程度——对我国宪法第35条和第41条的规范比较》，《法学研究》2011年第1期。

仅从这一定律推导出这一结论,还是薄弱的。从逻辑上说,特别规定还可能有其他解释方向,例如保护力度弱于一般规定,或者仅仅强调公民可以批评、不是不可以批评国家机关和国家工作人员。第41条批评权是否受到特别保护,不仅需要结合不同规范的逻辑关系,还需要结合其他因素——特别是规范的文义、所承载的价值期望——来判断;除了要使用系统解释方法,还需要使用文义解释、历史解释、目的解释等多种方法来阐释宪法的意图。

二、《宪法》第41条批评权利的规范解释

在宪法文义上,这个问题涉及对第41条但书规定的两种不同解读。这个但书规定是"但是不得捏造或歪曲事实进行诬告陷害"。这是特别限制,是一种宪法保留。可以设想有两种解读。第一种解读认为,《宪法》第41条对于批评权的规定有正、反两个方面,正面是确认公民的批评权利,反面是为这一权利的行使规定界限:"但是不得捏造或歪曲事实进行诬告陷害"。但书是适用于批评权的。按照这种解读,只要批评者没有捏造或歪曲事实,就不需要承担法律责任。而对于一般的言论表达自由,《宪法》第51条的规定"公民在行使自由和权利的时候,不得损害国家的、社会的、集体的利益和其他公民的合法的自由和权利",可以作为界限。这是一般限制。这意味着,比如过失传播虚伪事实,也在禁止之列。这样,宪法为批评权和一般的言论表达自由规定了不同的界限,批评权的界限宽松于一般言论表达自由的界限。也就是说,宪法为批评权提供更加有力的保护。第二种解读是《宪法》第41条仅仅规定了批评权利,没有规定界限,但书规定的特别限制仅适用于"申诉、控告或者检举的权利",而不适用于批评的权利。对批评权利适用一般限制,即《宪法》第51条规定的限制。这与宪法为一般的言论表达自由确立的限制是相同的。哪一种解读是正确的呢?

《宪法》第41条两组权利"批评和建议的权利""申诉、控告或者检举的权利",也许由于它们的功能相似性,制宪者将之规定在同一条款之中。在具体表述上,这两组权利用分号(;)分开,但书于第二组权利之后,其间是逗号(,)。从标点使用的通常规则来看,此条中分号之前已经有了一个逗号,用分号可以清晰表示公民有两组权利,但书规定前的逗号似乎表示它适用于紧密相连的"申诉、控告或者检举的权利"。从语言表述内容的关联性来看,但书内容"不得捏造或歪曲事实进行诬告陷害"中的"诬告陷害"似乎更多地与"申诉、控告或者检举"联系在一起,而不是与"批评和建议"联系在一起的。刑法中诬告陷害罪的客观特征是行为人捏造事实向司法机关或其他机关告诉。通常,以虚伪的事实向国家机关控告或者检举某人,称为诬告;以虚伪的事实公开批评某人,称为诽谤。①

我们再求助于制宪过程的有关史料。肖蔚云先生在回忆1982年《宪法》起草过程时有一段文字涉及第41条但书:

> 这儿还加了一句"但是任何人不得捏造或者歪曲事实蓄意进行诬告陷害"。原来就写了一个不得进行诬告陷害,有的同志就反对,说你前面写的控告或检举,接着又写诬告陷害,就把人家给堵回去了,人家就不敢了,怕说是诬告陷害,这个罪名不小,就影响控告或检举。后来觉得这两个现象都要防止,一种是的确有打击报复,人家控告检举就打击报复,这种现象是大量存在的;另一方面的确也有诬告陷害这样的情况,所以为了防止这种情况,不得诬告陷害也写上了。但是,考虑到比如说我去告某一个人,事实基本上是正确的,可能是我了解的不很全面,有的事实可能不完全正确,基本上是事实,我也没捏造,这种情况怎么办呢? 算不算是诬告陷害呢? 应当说不能算是诬告和陷害,基本上是事实,没有假造编造什么内容。我们为了更准确起见,免得影响公民控告或检举的权利,所以又加上了"不得捏造或者歪曲事实蓄意进行诬告陷害。"就是说你基本上对了,错了一点儿也没关系,但不是有意捏造的,不是故意的想搞你一家伙,不顾事实,这个含义就比较清楚了,不是故意想搞人家,无中生有。这两方面比较全面的写了一下。②

这段话透露出两点:第一,但书规定适用于"申诉、控告或者检举的权利";第二,人们在行使"申诉、控告或者检举的权利"时,不得"蓄意进行诬告陷害",意即如果不是捏造或者歪曲事实蓄意进行诬告陷害,就不承担法律责任。

1982年4月26日,全国人大常委会公布的《中华人民共和国宪法修改草案》关于这个但书的表述是:"……申诉、控告或者检举的权利。但是任何人不得捏造或者歪曲事实蓄意进行诬告陷害。"注意:但书之前是句号。最后通过的宪法正式文本主要作了两点修改:(1)把但书前的句号(。)改为逗号(,);(2)删除了"蓄意"一词。"蓄意"一词的删除没有大碍。"蓄意"一词乃属累赘,捏造或者歪曲事实、诬告陷害本身就是故意的。关键是,当

---

① 有关第41条但书的解读,笔者征询多位法律学人的意见,多数支持第二种解读,少数支持第一种解读。
② 肖蔚云:《论宪法》,北京大学出版社2004年版,第78页。

时的宪法修改委员会把句号改为逗号。这一标点的修改所造成的结果,在今天从文义上看,可能是改变了但书规定的适用范围。句号清楚地表明,但书规定适用于前面的所有权利,而逗号就会使人认为仅适用于"申诉、控告或者检举的权利",而不适用于"批评和建议的权利"。

对于这个但书,肖蔚云先生还有另一段回忆:

> 比如说在检举、申诉、控告的后面要加上"任何人不得捏造、诬陷和诽谤"。以后大家说,要保障人民的民主权利,可以申诉、控告,但后面又讲不得诬陷和诽谤,那么人家就不敢提意见了,提意见就是"诬陷"、"诽谤"。最后我们将这句话改了一下,"任何人不得捏造或者歪曲事实蓄意进行诬告陷害"。因为提意见、控告时,事实不一定百分之百的准确,或者基本上准确,也许个别事实上不太清楚,但不是有意把明明是白的偏说成是黑的。①

这段话提供了一个重要信息,即在宪法起草过程中,曾有过在但书中加上不得"诽谤"的表述。因为担心"诽谤"一词会造成误解,妨碍正常的批评和建议,后来没有采纳这一意见。其实,如果最后的文本是"不得捏造或者歪曲事实进行诬告陷害或诽谤",那么因为但书中有"诽谤"一词,就可以建立起但书规定与"批评和建议的权利"在内容上的联系,"批评和建议"对应着"诽谤"。这样但书规定就适用于"批评和建议的权利"。

三、批评权利的宪法地位

透过制宪史料,我们强烈感觉到,在宪法起草过程中,宪法修改委员会认为应当对公民的批评和建议持宽容的态度,以体现人民民主的基本原则并对国家权力进行监督。这种意见与自那时至今的社会和政治主流意见是一致的,即人民群众的批评和建议只要出发点是好的,不能予以苛责。1978年12月13日,邓小平在中央工作会议上发表《解放思想,实事求是,团结一致向前看》的著名讲话,提出了对人民群众意见的宽容问题:

---

① 肖蔚云:《论宪法》,北京大学出版社2004年版,第113页。蔡定剑提供的一则史料与此基本相同:"修宪草案原来的讨论稿中,对第1款的表述和现在有所不同,原来的规定是'不得诬陷和诽谤',后来,在修改的过程中,有些同志提出,申诉、控告、检举有时可能和事实有出入,但不一定是有意诬告。诬告一定是有意捏造或者歪曲事实的。因此,修改为'不得捏造或者歪曲事实进行诬告陷害'。修改后的规定突出了诬告陷害者的主观恶意。"(蔡定剑:《宪法精解》,法律出版社2006年版,第268页。)

人民群众提出的意见，当然有对的，也有不对的，要进行分析。党的领导就是要善于集中人民群众的正确意见，对不正确的意见给以适当解释。对于思想问题，无论如何不能用压制的办法，要真正实行"双百"方针。一听到群众有一点议论，尤其是尖锐一点的议论，就要追查所谓"政治背景"、所谓"政治谣言"，就要立案，进行打击压制，这种恶劣作风必须坚决制止。毛泽东同志历来说，这种状况实际上是软弱的表现，是神经衰弱的表现。①

1979年他又强调：

我们要广开言路，广开才路，坚持不抓辫子、不扣帽子、不打棍子的"三不主义"，让各方面的意见、要求、批评和建议充分反映出来，以利于政府集中正确的意见，及时发现和纠正工作中的缺点、错误，把我们的各项事业推向前进。②

显然，按照邓小平所说的"三不主义"，应当给予"批评和建议的权利"必要的、很大的宽容。这符合当时"发扬社会主义民主"的总基调。但是，是不是给予"批评和建议的权利"与"申诉、控告或者检举的权利"一样的宽容和保护，由于宪法的语言表述和标点使用问题，没有能够在宪法文义上明确地表示出来，而是蕴含在宪法的民主精神之中。

综合以上分析，有关"批评和建议的权利"的宪法限度或宽容度，以下两个选项都不可行。

选项1：给予"批评和建议的权利"与"申诉、控告或者检举的权利"一样的保护和宽容，但书适用于"批评和建议的权利"。这意味着，只要不是故意"捏造或者歪曲事实"，批评和建议的权利不受法律限制。

这个选项不符合《宪法》第41条的语法结构，也不符合制宪史料中把但书与"申诉、控告或者检举的权利"联系在一起表述的多处记载。

选项2：给予"批评和建议的权利"与第35条言论表达自由一样的保护，亦即受制于《宪法》第51条的限制性规定。这意味着，在公民批评中过失地发表或传播虚假的事实，就应当承担法律责任。

这个选项得不到宪法文本中批评和建议的权利规范与言论自由规范双

---

① 《邓小平文选》第二卷，人民出版社1994年版，第145页。
② 《邓小平文选》第二卷，人民出版社1994年版，第187页。

层逻辑结构的支持,也不符合当时主流的社会政治思想和意见。

适当的选项只能是选项3:对"批评和建议的权利"的宽容和保护程度低于"申诉、控告或者检举的权利",但是高于一般的言论自由的权利。这意味着,既不是只有故意"捏造或者歪曲事实"才负责,也不是过失发表或传播虚假事实就要负责,而是介于二者之间:其责任成立的主观条件应**高于**普通言论中同类型责任的成立条件,例如就民事侵权责任而言,如果通常情形下一般过失就构成诽谤,那么公民批评构成诽谤的主观条件应高于一般过失。

宪法包含着一种言论类型学。它具有这样一种意图,即根据言论的宪法价值,特别是对于民主政治运作的价值,对具有不同价值的言论给予不同程度的重视和保障,对与民主政治运作过程有密切关系的言论表达予以更大程度的重视和保障。批评性言论就是与民主政治的运作过程有密切关系的言论。1982年《关于修改中华人民共和国一九七八年宪法的报告》在谈到宪法修改草案第51条关于对自由和权利的限制时说:"只有广大人民的民主权利和根本利益都得到保障和发展,公民个人的自由和权利才有可能得到切实保障和充分实现。"这段话说明,包括批评权利在内的民主权利不仅本身就是一种价值,还具有维护其他宪法权利的制度性价值,应得到更大的保障和发展。① 批评权利享有或者说应当享有一种特别受保障的宪法地位。

第三节 复式的构成

这一具有特别宪法地位的权利有一个怎样的适用范围?也就是说,主体是谁?可以批评谁?可以批评什么?还需要进一步的分析。在这一问题上,作为释宪机关的全国人大常委会没有作过解释,也没有通过法律作出过具体界定。但是我们可以结合全国人大及其常委会所制定的其他法律对相

---

① 在20世纪50年代,中国共产党政法工作领导人董必武有一段话反映对自由加以分类保障的意图。他说:"我们人民民主政权是属于世界上最民主的社会主义的类型。人民在这个政权下,不仅有言论、出版、集会、结社、游行示威等各种自由,尤其是有反对帝国主义的自由,有反对剥削制度和压迫制度的自由,有反对侵略战争和维护世界和平的自由,有肃清社会前进道路上障碍物的自由,有随着生产发展改善物质文化生活的自由等等。像这类极广泛的自由是帝国主义统治下的人民绝对享受不到的"。[董必武:《进一步加强人民民主法制,保障社会主义建设事业》(1956年9月19日在中国共产党第八次全国代表大会上的发言),载《董必武政治法律文集》,法律出版社1986年版,第478—479页。]

关概念的界定、人民民主的理念、公民批评实践,在学理上进行阐释。

这一问题涉及宪法上批评权条款的调整范围(或曰"规范领域")。调整范围有别于保护范围。前者指哪些范围的行为可以援引批评权来辩护,后者指哪些范围的行为能够获得批评权的保护。确定具体言论属于批评权的调整范围,是它受到保护的前提。

一、批评权利的主体

宪法规定,"中华人民共和国公民对于任何国家机关和国家工作人员"有提出批评的权利。批评权的主体是"公民"而不是"国家机关和国家工作人员"。"国家机关和国家工作人员"是国家权力的主体,而不是公民权利的主体;他们在工作中对作为权力对象的公民依法进行的批评教育、训诫等,是行使权力而非权利的行为。当然,国家工作人员可以在一定条件下以公民的身份批评国家机关和其他的国家工作人员。

如何界定这里的"公民"? 这里的"公民"首先是指个体公民,即每个在法律上拥有中华人民共和国国籍的独立个体。公民是一个国家的基本构成要素,所有的组织、团体皆由公民构成。国家是公民所构成的政治共同体,国家权力源于构成国家的公民的委托或授权。即使在现代社会中各种类型的组织或团体发挥了巨大的作用,也不能说它们是国家权力基础和来源的构成部分。公民也是国家机关和国家工作人员行使权力的最基本、最广泛的对象。国家权力作用于一个组织、团体的结果最终是由个体公民来承担的。因此,个体公民是批评权主体的基本形式。

这里的"公民"是一个法律概念,还是一个道德概念? 作为一个法律概念,它是指具有中华人民共和国国籍的人,与外国人、无国籍人相对而言。作为一个道德概念,它不仅要求具有国籍这一形式条件,而且要求具有公共精神,特别是关心公共利益的精神这一实质条件,与私人相对而言。笔者认为,具有公共精神是宪法对批评者的道德期望,但不是宪法的规范要求。从理论上看,这一问题与批评权的规范意旨中公共利益与私人利益的关系有关。批评权的规范意旨是公共利益,但是它并不反对私人利益。公民在行使批评权时,可以追求与公共利益兼容的私人利益。耶林内克认为,个人权利的内容必然是个人利益,公法权利与私法权利的区别在于法律承认个人利益的动机,公法权利承认个人利益的动机主要是为了公共利益。[1] 批评

---

[1] [德]格奥格·耶林内克:《主观公法权利体系》,曾韬、赵天书译,中国政法大学出版社2012年版,第48页。

权就是这样的公法权利。在《宪法》第41条监督权清单中,公民可以为了自己的正当利益和合法权利而行使申诉、控告、检举权。也没有什么特别的理由限制公民只可以纯粹为了公共利益而行使批评和建议权。实际上如果把批评权的主体限制在具有公共精神、大公无私的公民的范围内,不仅难以具有法律上的可操作性,而且不利于实现批评权的规范意旨。

批评权的主体只能是公民个体吗?例如,选举权和被选举权的主体就只能是公民个体。批评权不同于选举权,一个公民可以独立表达言论,也可以与其他观点相同的公民联合起来表达言论。《宪法》第41条的"公民"宜作扩大解释。它可以包括由公民所构成的传媒组织和其他组织,甚至所有与国家机关和国家工作人员相对而言、接受治理的组织或团体。它们可以称为"拟制的公民"。这一解释主要有两个理由:其一,从公正的角度来看,所有受公权力行使行为影响的对象都应当有权利就相关权力行使状况表达批评、申辩、意见和建议。如果它们受到公权力主体的违法处理,而不能公开提出批评或申辩,显然是不公正的。其二,从批评权功能的角度来看,这一解释有助于更好地实现批评权的监督和制约国家权力功能。传媒组织按其性质来说是新闻专业机构,它既为其他公民提供表达的渠道,也可以以自己的名义进行新闻报道和舆论监督。这些组织享有多大的言论自由和批评权利,是一个具有争议的问题。相较于真正的公民,它们的权利应是有限的。特别是经济组织不能利用自己的经济优势地位影响、炒作或控制舆论。这些组织可以在依法核准的活动范围内,例如企业可以在依法核准的经营范围内,就自己的合法权利保障问题针对国家机关和国家工作人员的工作提出批评和建议。

二、批评权利的客体

批评权的客体可以理解为针对国家机关和国家工作人员的批评性言论。

(一) 什么是"批评"?

言论内容通常包括事实、意见、情绪。批评性言论的核心内容是有关国家机关和国家工作人员的负面事实信息;也包括针对负面事实的意见或评论和由负面事实引发的情绪。批评权意味着,既可以揭露负面事实,也可以针对负面事实进行评论或表达情绪。当然,法律可以针对不同的要素设置不同的界限,例如不能发表或传播虚假事实,不能表达侮辱性言辞等。

1. "批评"与"建议"

"批评"不同于"建议"。第一,在内容方面,批评包含着事实、意见和情绪，而建议是依据价值标准或利益立场提出的规范性主张，表示某事应该如何。第二，在标准和出发点方面，就批评中的意见而言，虽然通常所依据的标准是法律、公德等公共标准，以公共利益为出发点，但是也不排除可以是批评者的私人标准，以批评者的私人利益为出发点；建议总是依据公共标准或建议对象的标准，以公共利益或建议对象的利益为出发点。第三，在关联性方面，批评可能附带建议，或者隐含着建议；但是建议并不一定与批评相联系，或者不需要建立在批评的基础之上。第四，在法律后果方面，批评可能会导致批评对象提起民事侵权诉讼或刑事自诉，或者招致公权机关的行政或刑事惩罚；单纯建议的内容不会引起这些法律后果。

2."批评"与"申诉、控告或者检举"

"批评"与"申诉、控告或者检举"很难区分，它们都包含着对负面事实的指责和评论。但是区别它们又很有必要。

第一，在内容方面，"批评"的内容可以是合法性指责，即指责国家机关和国家工作人员行为不合法，也可以是合理性指责，即指责其不合理。"申诉、控告或者检举"的对象是"违法失职行为"，侧重于合法性指责。有一种观点在阐释批评权时认为，公民在国家政治生活和社会生活中，有权对国家机关和工作人员的缺点、错误提出批评意见。[1] 这种观点似乎把"批评"的内容局限于指责"国家机关和工作人员的缺点、错误"，这是一种狭义的解释。也有观点认为，批评是指"公民对国家机关和国家工作人员在工作中的缺点和错误、违法、失职、犯罪各种行为有提出批评意见的权利。这个批评是广义的"[2]。笔者认同广义的解释。狭义的解释不利于发挥批评权的宪法功能。按照这种解释，公民在公共媒体上向公众揭露国家机关或国家工作人员的违法失职行为，得不到宪法的支持，因为他提出的是合法性指责，超出了批评权的界限；他向公众而不是国家机关提出合法性指责，也不在"申诉、控告或者检举"权利的保障范围内，"申诉、控告或者检举"权利所保障的是向"有关国家机关"提出合法性指责。在公民批评实践中，人们普遍地把批评权作为行为的根据和辩护的依据，并不区别合法性指责与合理性指责。或许，在日常语言实践中，"批评"一词在多数时候（但并不总是）用于表示对不严重问题的指责，但是宪法上"批评"概念可以有不同于日常用语的含义。

第二，在渠道方面，当通过公共媒体表达有关国家机关和国家工作人员的负面事实和评论，可以归于"批评"。例如有人通过互联网公开举报某国

---

[1] 参见胡锦光、韩大元：《中国宪法》，法律出版社2018年第4版，第284页。
[2] 蔡定剑：《宪法精解》，法律出版社2006年版，第267页。

家机关或国家工作人员的违法乱纪行为,可属于宪法意义上的"批评"。而通过法定的申诉、控告、检举的渠道向有关国家机关提出的对国家机关和国家工作人员违法失职的指责,可归于"申诉""控告"或者"检举"。当然,批评不一定是通过公共媒体提出的,比如它还可以通过国家机关开辟的公民参与渠道提出,例如听证会、座谈会、论证会、信访、开放式征询意见渠道等。"批评"可以作扩大解释,即通过法定的申诉、控告、检举之外的其他渠道提出的对国家机关和国家工作人员的批评都可归于宪法上的"批评"。

第三,在获得回应和处理方面,第 41 条对于"批评"没有规定,而对于"申诉、控告或者检举"规定了"有关国家机关必须查清事实,负责处理"。对于"批评",有关国家机关是否查清事实、负责处理,取决于这种批评是否为国家机关所倾听到,并符合启动公权力的条件。

第四,在法律后果方面,"批评"如果不成立,可能引起对批评者的多种不利法律后果,例如民事上的名誉侵权诉讼、刑事上的诽谤罪追诉;而"申诉"如果不成立,则之前的决定继续有效,本身不会引起其他的不利法律后果,"控告或者检举"如果是"捏造或者歪曲事实进行诬告陷害",可能会导致国家机关的惩罚,但是一般不会引发被控告或检举的国家机关或国家工作人员提起民事侵权诉讼或刑事追诉。

可以用一个表格来直观地概括宪法上的"批评"与"申诉、控告或者检举"的区别。

表 1-1 宪法上"批评"与"申诉、控告或者检举"的区别

	"批评"	"申诉、控告或者检举"
内容方面	合法性指责、合理性指责	侧重于合法性指责
渠道方面	法定的"申诉""控告""检举"渠道之外的渠道,主要是公共媒体	法定的"申诉""控告"或者"检举"渠道,向有关国家机关提出
获得回应和处理方面	未必获得回应和处理	应当获得回应和处理
可能引发的法律问题和后果	可能引发名誉侵权诉讼以及行政、刑事处罚	除"诬告陷害"外,一般不会导致对申诉人、控告人或者检举人的不利法律后果

(二)谁是可批评的"国家机关"和"国家工作人员"?

第 41 条规定的是"任何国家机关和国家工作人员",明确地表达出要把

一切行使公权力的机关、组织和人员纳入批评对象范围的意图。

"国家机关"应是指宪法所规定的"国家机构"和有关组织法所规定的各级国家机关，包括各级国家权力机关、行政机关、司法机关、监察机关，即那些按照法律设立，制定或执行法律、政策的机构。"国家工作人员"应指在上述机关中从事公务、由公共财政支付薪金的人员，至少应当包括行政公务员、法官、检察官、监察官以及各级人民代表大会的代表。《公务员法》《法官法》《检察官法》《监察官法》以及《全国人民代表大会和地方各级人民代表大会代表法》分别界定了相关国家工作人员的概念，此不赘述。

以上对"国家机关"和"国家工作人员"的解释局限于具有法定职责的机关和人员的范围。解释宪法应当从宪法规定的意旨出发，结合具体国情来进行。宪法规定批评权，目的之一就是促进民主监督，规范权力的行使。那些依法被授权、被委托从事公务的社会组织都应是批评的对象。在中国的政治体制中，无论是具有法定职权的国家机关，还是依法被授权、被委托从事公务的社会组织，都在执政党的领导之下。执政党的各级组织实际拥有和行使着广泛的决策权力，也应是批评的对象。再进一步地引申，可对之提出批评的"国家机关"还应包括那些由公共财政提供活动经费和支付其组成人员薪金的机构，例如各民主党派、共青团、工会、妇联等团体。这些团体虽不被列入宪法规定的"国家机构"之中，但是其经费是由公共财政支付的，其活动影响到公共决策的制定和执行。"国家工作人员"也应作扩大解释，不仅包括法定机关的公职人员，而且包括执政党的各级干部以及所有依法从事公务的人员。现行《刑法》第93条对"国家工作人员"的定义可供借鉴："本法所称国家工作人员，是指国家机关中从事公务的人员。国有公司、企业、事业单位、人民团体中从事公务的人员和国家机关、国有公司、企业、事业单位委派到非国有公司、企业、事业单位、社会团体从事公务的人员，以及其他依照法律从事公务的人员，以国家工作人员论。"《监察法》第15条把监察对象界定为一切依法履行公职的人员。没有理由认为，《宪法》第41条"国家工作人员"的含义与刑法、监察法的界定会有什么不同。举重以明轻。既然刑法将并非国家机关中但也依照法律从事公务的人视为国家工作人员，并追究其职务犯罪行为，那么公民对他们进行批评也是允许的。在这一点上，宪法和刑法、监察法的目的是一致的，即通过一定的制度设置以防范权力的滥用，改进公务工作的不足，保护公共利益和公民的合法权益不受损失。

批评的对象是上述范围内依法从事公务的机关、组织和人员的行为。这种行为首先是他们的公务行为，也就是行使公权力、作出或执行公共决定的行为。可批评的行为不仅包括抽象行为,而且包括具体行为。抽象行为,亦即一切制定普遍性的公共决定的行为。抽象行为因为具有普遍适用的效力,所以如果出现错误,会给公共利益造成损失,侵害公民的合法权利。公民有权利了解公共决策的制定过程,有权利指出公共决策的不当之处,有权利提出改进的建议。公共决策民主化是决策科学化的重要条件;对决策实施监督,是决策民主化的一个重要途径。国家机关制定或修改宪法、法律、法规、规章和法律解释,确立国民经济和社会发展战略等行为,应当成为批评的对象。批评的对象还包括国家机关及其工作人员的具体行为。具体行为是针对特定事项的个别决定。这些决定和行为是否合法,自由裁量权的行使是否合理,是批评的重要内容。在法律实施过程中,某些地方和部门存在着有法不依、执法不严、违法不究、徇私枉法、以权压法、以言代法甚至知法犯法的现象。如果这些现象得不到揭露、批评和纠正,将会影响法律的实施和侵害公民的权利。

就国家工作人员而言,批评对象不仅包括公务行为,还应该包括有关公职适任性的私人行为。对公职适任性的判断不仅需要考察公务行为,还需要考察他们一定范围内的私人行为。体现在公务行为中的品质与体现在私人行为中的品质在大多数情况下是一致的。一个官员的私人品性经常具有公共意义,私人品德可能影响公共权力的行使。恩格斯曾论及个人私事的政治意义。他说,有人"坚持认为,私事和私信一样,是神圣的,不应在政治论争中加以公开",然而"如果这样无条件地运用这条规则,那就只得一概禁止编写历史。路易十五与杜芭丽或彭帕杜尔的关系是私事,但是抛开这些私事全部法国革命前的历史就不可理解"。[①] 恩格斯的话意味着,个人隐私一般应受到保护,但当个人私事与政治生活发生联系的时候,个人的私事就已经不是一般意义的私事,而属于政治的一部分,成为历史记载和新闻报道的内容。

三、批评权利的内容

权利的内容通常指构成权利整体的各分支权利或权能,也就是权利主体围绕权利客体所能够做出的行为类型。批评权的核心内容是公民对国家机关和国家工作人员表达批评性言论的权利。它主要是由这三部分构成的权利清单:(1)搜集、获取、了解有关国家机关和国家工作人员的信息;(2)发表有关国家机关和国家工作人员的批评性言论;(3)传播有关国家

[①] 《马克思恩格斯选集》第二卷,人民出版社 1972 年版,第 598 页。

机关和国家工作人员的批评性言论。简言之,批评权利主要包括获取信息权、发表言论权、传播言论权三项权能。发表言论权是核心权利,获取信息权是为发表言论权服务的,传播言论权是发表言论权的延伸。这里的获取信息权是消极意义上的、通过通常途径了解有关信息的权利。在政务信息公开法制中,公民享有一定范围的知情权,这是积极意义上的权利,当公民依法提出申请时,相关国家机关应当应其所请。当国家机关没有履行义务,我们说它侵害了公民的知情权而非批评权。

言论的内容通常划分为事实、意见、情绪。事实是对已发生或正在发生的事件的描述。意见是对事件包括行为人、内容、方式、结果等方面的评价。情绪是由事实和意见所引发的心理感觉的表达。批评性言论的内容也可以作如此划分。当公民享有发表批评性言论的权利,一个合理的解释是,公民有权在其批评性言论中描述有关国家机关或国家工作人员的事实、表达一定的意见以及抒发一定的情绪。

以上这些具体的权能都是消极的,即具有不可侵害性。作为基本权利,这种不可侵害性针对国家,国家负有不侵害的消极义务。作为普通法律权利,它针对包括国家在内的所有主体。那么,批评权主体可以请求国家担负某种积极义务吗?当然,当批评权受到侵害时,批评权主体可以请求国家制止和排除侵害。这是所有权利的题中应有之义。这里指的是,批评权主体是否可以请求国家担负例如回应批评性言论那样的积极义务。这个问题涉及批评权的性质。性质问题容本章下一节再作详论。这里可以预先表达一个结论,即当公民通过国家机关开辟的直通渠道表达批评性言论时,原则上国家机关负有回应的义务。这可以作为批评权的第四项权能,即(4)获得回应权:在一定条件下有权请求国家机关回应批评性言论。[①]

通过以上的分析,笔者认为批评权的主体并不限于个体公民,还包括所有受公权行为影响的组织,其客体不仅包括针对国家机关和国家工作人员公务行为的批评性言论,还包括针对国家工作人员的与其公职适任性有关的私人行为的批评性言论,其内容并不限于发表批评性言论的权利,还包括通过通常渠道获取有关信息、传播有关言论的权利以及在一定条件下请求国家机关回应言论的权利。批评权具有丰富的内涵,呈现出双层甚至多层的复式结构。

---

① 国内主流的基本权利教义学通常把基本权利分为"主观权利"和"客观法"两个层面。本章这里对批评权内容的分析是就作为主观权利的批评权而言的,国家对之负有不侵害的义务以及排除侵害的义务。当把批评权作为客观法,或作为宪法规范来看待时,国家负有更多的义务。有关分析参见本书第十三章"批评权利的国家义务"。

第四节 复合的性质

批评权是民主权利,具有政治权利的性质。通常,宪法教科书把批评权列入"监督权",而不是"政治权利"。这一分类法考虑到,如果列入"政治权利",被判处"剥夺政治权利"刑罚之人就丧失了批评权,然而他们应该有权就受到的不公正或不合法待遇表达批评意见。① 这一考虑自然是有道理的。但是这不妨碍我们在宽泛的意义上说批评权具有政治权利的性质,也就是说它是一种保障公民参与公共生活、参与公共事务治理的权利。这一点无须多加探讨。

需要探讨的是它是积极的还是消极的权利这一问题。

一、目前流行的观点

学界很少论及批评权,但是少有的几篇涉及批评权的研究成果却有一个共识,即都认为宪法中批评权是积极权利,或具有积极性质。

杜强强认为,1982 年《宪法》修改的主导思想之一,就是特别重视人民对国家权力的监督;对于监督权,宪法主要是从人民管理国家事务的角度,而不是从消极自由的角度来建构的。他从社会主义宪法特质和耶林内克的"主动身份"理论来论证:《宪法》第 41 条所规定的权利体现了人民对于国家事务的积极参与,彰显了人民对于国家事务管理的"主动身份",体现了人民当家作主的社会主义民主原则,充分凸显了社会主义宪法的特色,其属性显然不同于言论自由等消极权利。② 他讨论的《宪法》第 41 条权利包括批评权利。

何生根讨论了现行《宪法》第 41 条诸权利的权利属性。他引用霍菲尔德和米尔恩的权利理论,对这些权利予以定性。霍菲尔德认为"权利"一词包含"要求""特权或自由""权力""豁免"四种情形。米尔恩提出要求权、自由权、权力权和豁免权四个概念与之相对应。据此,何生根认为,中国现行《宪法》第 41 条权利是"权力权","权力性"是其本质属性;在此本质属性下,批评(建议)权具有积极的属性。他解释说,权力权即赋予权利人要求他

---

① 参见许崇德:《中华人民共和国宪法史》,福建人民出版社 2003 年版,第 790 页。
② 参见杜强强:《基本权利的规范领域和保护程度——对我国宪法第 35 条和第 41 条的规范比较》,《法学研究》2011 年第 1 期,第 13、14 页。

人为自己的目的做某事的资格,换言之权利人有能力决定与他有特定关系的某个别人的行为;它意味着权利行使所指向的特定对象的"责任",即权利人提出的"要求",特定对象有责任予以满足。他进而认为,根据权力权的积极属性,批评权要求国家对公民批评予以回应:

> 如果说批评权意味着公民有资格以批评方式参与国家意见之形成,那么,批评权不仅要保障"批评"这一"参与"行为,还应保障公民参与到了"国家意见之形成",前者应当由公民来判断,后者则由国家来证明,否则,批评权仍局限于它的消极性,再多的批评也不当然表明"国家意见之形成"有公民参与之功。"国家来证明"意味着国家必须对公民批评有接纳之诚意,无论是接受,还是拒绝,国家都应当对批评给予积极回应。所以,要考虑批评权的积极性就必须将国家的"回应"作为一项强制要求。①

李洋认为,《宪法》第41条监督权的规范内涵并不是保障公民"批评和建议"的言论自由,而是强调"批评和建议"对于政府决策的影响。他从宪法文本和实践两个方面提出论据:(1)现行《宪法》第27条第2款规定,"一切国家机关和国家工作人员必须依靠人民的支持,经常保持同人民的密切联系,倾听人民的意见和建议,接受人民的监督。"他认为,从语言逻辑和价值关联上看,这一款正好与《宪法》第41条组成了一个"表达—接受"的规范互动结构,从而确立了国家必须听取人民意见、接受人民监督的政治原则。(2)从当代中国"舆论监督"的实践来看,公众通过言论表达意见,期望引起国家对某一公共事务的关注与回应,以追求一定的政策效果。舆论监督的真正含义是公众舆论对政府决策产生实质性影响,而不仅仅是实现公民的言论自由。②

二、对上述观点的分析和商榷

以上学人所认为的,批评权不是从消极自由角度建构的,是积极权利或具有积极性质,是什么意思呢?这需要弄清权利的积极性、消极性等相关概念。可以归纳为以下几种含义:

---

① 何生根:《我国现行宪法第41条的权利属性》,《西部法学评论》2014年第1期,第78页。
② 李洋:《监督权的双重属性与重构——解读中国宪法第41条》,《西部学刊》2014年第7期,第75—80页。

第一种是以权利人行使权利的方式来界定权利的性质。行使权利的行为有两种方式：作为和不作为。作为是以积极的举措来行使权利，不作为是以消极的不举措来行使权利。通常认为，言论自由既包括发表言论的自由，也包括沉默的自由。发表言论就是积极的举措，沉默就是消极的不举措。言论自由的行使方式既有作为，也有不作为。按照这种界定，言论自由既具有积极的，也具有消极的性质。同样，发表批评性言论是积极的作为方式，如果据此认为批评权具有积极性质，毫无疑问是正确的。而且批评权似乎是一种只要公民行使它就只能采取作为方式的权利，批评本身就是一种积极的作为。

第二种以义务人特别是国家履行义务的方式来界定权利的性质。履行义务的方式也可以分为作为与不作为两种。对于所有的权利，国家和其他任何组织、个人一样负有不侵犯的不作为义务。但是与其他组织、个人不同的是，对所有的权利，为了防止权利受到侵害以及救济受到侵犯的权利，国家还负有保障的义务。《宪法》第33条规定，国家尊重和保障人权。尊重是国家不侵犯权利的消极义务，保障是国家保护权利不受他人侵犯以及救济受到侵犯的权利的积极义务。保障就要求国家采取积极的作为方式。如果从国家履行积极的作为义务来提供权利的保障这一点来界定权利的性质，那么可以说所有的权利，包括批评的权利，都具有积极的性质。

第三种是从权利人的意图及效果的角度来界定权利的性质。权利人的意图可以分为两种情况：一是权利人保护权利下的行为或状态不受干涉、强迫的意图；二是权利人实现权利下的目标或规划的意图。这就构成了观察和界定权利的两种不同视角。消极权利，依赖于第一个意图的存在和成就。积极权利，依赖于两个意图的存在和成就。在不同的视角下，同一权利会呈现不同的性质。例如健康权，从权利人保护身体健康不受侵害的意图角度来看，是消极权利；从权利人期望处于健康状态的意图角度来看，是积极权利。

就批评权而言，其意图也可以分为两个方面：一是发表批评性言论不受干涉、阻碍的意图；二是批评性言论到达期望中的国家机关或国家工作人员并被考虑、采纳或回应的意图。如果批评权的规范目的仅是支持和实现第一个意图，它就是消极权利；如果还支持和实现第二个意图，就是积极权利。前一个规范目的赋予国家不干涉和保障的义务，后一个规范目的不仅赋予国家不干涉和保障的义务，而且赋予国家考虑、采纳或回应的义务。上述学人强调公民批评对公共决策过程的影响，强调国家的特别作为义务，即国家机关考虑、回应公民批评，似乎是认为批评权具有后一个规范目的。如果这是批评权是积极权利或具有积极性质的意思,那么这一观点是不成立的。

我们从宪法文本、理论和现实几个方面阐述理由。

(一)宪法文本的阐释和分析

现行宪法文本主要有第41条、第27条等条款涉及这一问题。这些条款不足以支持批评权的积极观点。

1. 第41条并没有规定国家对公民批评予以考虑和回应的义务。通常用来支持积极权利观的是第2款的规定:"对于公民的申诉、控告或者检举,有关国家机关必须查清事实,负责处理。"显然,这一款并不涉及公民的批评、建议。公民的批评、建议,申诉、控告或者检举,虽然都规定在第41条,也经常合称"监督权",但是实际上宪法对这两组权利作了区别处理。

2. 第27条也没有规定国家倾听和接受公民批评的义务。第27条第2款规定:"一切国家机关和国家工作人员必须依靠人民的支持,经常保持同人民的密切联系,倾听人民的意见和建议,接受人民的监督,努力为人民服务。"这一款也经常被援引以支持积极权利观。需注意,这一款所说的是"**人民**",而非"**公民**"。在宪法中,人民和公民是两个不同的概念。

3. 联系第33条第2款国家尊重和保障人权来看批评权的性质,也不能得出积极权利观的结论。笔者认为,"保障"与"保证"有所区别。一般意义上的"保障"只是提供权利行使的条件,而保证是一种特别的保障,提供权利实现的条件。例如在私法关系中,一方当事人所享有的收取货款的权利,由国家予以保障,但是最终由另一方当事人的支付行为来保证。在保障体系中,国家是最重要的力量。认为批评权是积极权利,等于认为国家不仅保障批评权的行使,而且保证批评权的实现。宪法规定国家保障人权,并不意味着国家最终保证权利的实现。

(二)宪法理论的阐释和分析

宪法理论纷繁复杂。这里只涉及被引用来支持积极权利观的理论,主要是公民主动身份理论和人权与人民主权的关系理论。

1. 主动身份是耶里内克的公法权利理论中的概念,是指公民面对国家时的一种地位关系。耶林内克把个体公民与国家的地位关系界定为四种类型,即被动地位、消极地位、积极地位、主动地位。"主动地位与积极地位差异显著。它的直接内容不是针对国家的请求权,而是个人作为一种国家行为的可能客体被吸纳为国家机关的成员。主动地位与消极地位截然对立。基于消极地位,个人不受国家干涉;基于主动地位,个人为国家进行活动。主动地位与被动地位既有相似之处,又完全分离。被动地位意味着对高级意志的服从,而主动地位的最终目的在于形成这一高级意志。"①基于这种主动地位,个体公民参与形成国家意志。从这种地位中,可以引申出参政的权利。耶里内克采纳了卢梭的公意理论来对主动地位进行阐述。国家的意志作为一种公意,其本质是个体意志的整合,因此国家需赋予公民参与国家意志形成的能力,选举权被认为是个体居于此种地位的典型权利。就中国宪法而言,还有批评权。基于这种地位,个体公民只能请求参与国家意志的整合过程,发表意见建议,而无法请求个人的意见建议构成国家意志的一部分。耶林内克的公民身份理论不足以支持积极权利观点。

2. 人权与人民主权的关系理论也不足以支持积极权利观。人权与人民主权的关系,也就是人权与民主的关系,通常认为存在着紧张关系。哈贝马斯认为,这取决于从什么角度去理解这个问题,如果从商谈论的角度来理解,它们是统一的、互为前提的。人民主权与人权统一的中介是商谈性的立法过程:"人民主权与人权之间的那种所寻求的内在关系就在于,权利体系所显示的,恰恰是政治自主的立法过程所必需的交往形式本身得以在法律上建制化的条件。权利体系既不能被归结为对于人权的道德诠释,也不能归结为对于人民主权的伦理理解……私人自主与公共自主的同源性,只有在用商谈论来澄清自我立法这个意象之含义的时候才得到澄清,根据这个意象,法律的承受者同时也是这些法律的创制者。一方面,人民主权在商谈性意见形成和意志形成过程中获得法律形式;另一方面,人权的实质就在于这种过程得以法律建制化的形式条件之中。"②人权不是源于自然法则,而是源于民主商谈程序的肯认,而民主的合法性在于这一程序是由人权构成的,而不是由强力或其他因素构成的。

公民的批评权或许就位于人权与人民主权的中介环节。公民批评之所以是一种权利,主要根据在于民主,而民主之所以是民主,又在于批评权、言论自由、选举权等相关权利构成了它,或者说构成它的形式性和程序性条件。批评权、言论自由的具体功能在于推动公共领域的协商取得共识。"公共领域的协商形成共识后,经过机制或国家'公众信息流'传递给国家,传递的机制主要是选举与媒体。"③选举机制的核心是选举权,媒体机制的核心是言论新闻自由以及批评权。这一理论并没有涉及这些权利的性质问题,也很难从这一理论推导出积极权利的观点。

---

① [德]格奥格·耶林内克:《主观公法权利体系》,曾韬、赵天书译,中国政法大学出版社 2012年版,第126页。
②③ [德]哈贝马斯:《在事实与规范之间——关于法律和民主法治国的商谈理论》,童世骏译,生活·读书·新知三联书店2003年版,第128页。

（三）现实角度的分析

对所有的批评性言论给予回应不具有现实可行性。即使批评性言论发表于公共媒体，并存留于物质介质，国家机关主动作为，也很难发现所有的批评性言论。批评性言论与非批评性言论并非容易区分开来的。有时候客观的叙述，甚至赞美，实际上是一种批评。即使能够准确发现所有的批评性言论，如果要一一回应，也会耗费大量的人力物力，造成国家的沉重负担。

三、批评权的复合性质

笔者以为，批评权具有复合的性质，基本上是消极性质，兼具一定的积极性质。

（一）消极性质

批评权的基本性质是消极的。这意味着，公民可以自由地通过公共论坛（亦即通常的言论、传播渠道和平台）发表对于国家机关和国家工作人员的批评性言论，任何人不得非法干预、阻碍，当非法干预、阻碍发生的时候，国家有义务排除阻碍。

宪法文本没有规定国家机关对每一个公民批评性言论予以回应。《宪法》第41条规定了两组权利，一组是批评、建议的权利，一组是申诉、控告、检举的权利。对第一组权利，宪法没有规定国家机关的回应义务。对第二组权利，宪法规定，"有关国家机关必须查清事实，负责处理"。"必须查清事实，负责处理"在解释上，可以解释为包括受理、调查、处理、回复等义务。显然，第一组权利并不对应着这些义务。

（二）积极性质

宪法上的批评权也具有一定的积极性质。这种积极性质并不是单纯从《宪法》第41条的文本内涵阐释而出的，而是把第41条置于宪法的整体结构语境下，从该条与其他相关条文的外部联系中阐释而出的。也由于源自外部联系，它是一种次要的性质。

最重要的是《宪法》第2条第3款和第27条第2款。前者规定，人民依照法律规定，通过各种途径和形式，管理国家事务，管理经济和文化事业，管理社会事务。后者规定，一切国家机关和国家工作人员必须依靠人民的支持，经常保持同人民的密切联系，倾听人民的意见和建议，接受人民的监督，努力为人民服务。

前一款规定了"人民"依法管理公共事务的权利，后一款规定了一切国家机关和国家工作人员的接受和辅助人民管理的义务。我们可以发现批评权与这两款之间的明显联系；对国家机关和国家工作人员提出批评和建议，应该是前一款中的"各种形式"之一,借以表达批评性言论的公共论坛以及其他渠道应该是前一款中的"各种途径"之一。而批评性言论应该属于后一款中的"意见"。

我们可以从这些条款的相互联系中推导出国家、国家机关对批评权所负有的三项积极义务:

第一,国家有义务维护公共论坛的健全、通畅,以及开辟直通国家机关的渠道,以便人民表达批评性言论和其他有关公共事务的言论。当人民享有通过批评和建议等形式管理公共事务的权利的时候,国家相应地负有上述义务,就好像公民在行使选举权时国家负有组织选举工作、接受选举结果的义务一样。这一义务是国家在宪法上所负有的对于人民的义务。国家的这一义务是由所有类型的国家机关所担负的,其中全国人民代表大会及其常务委员会是主要的担负者,因为第2条第3款规定的是人民"依照法律规定",行使管理权利。全国人民代表大会及其常务委员会担负着制定有关法律,特别是有关"各种途径和形式"的法律的义务。而每一类型国家机关则有义务在宪法赋予的工作职责范围内开辟直通渠道,以便人民针对其工作提出批评和建议。

第二,当众多的、彼此之间无特定联系的公民通过公共论坛表达了对某一国家机关或国家工作人员职责事项的批评和建议,以至于构成了集合形态的人民的舆论,有关国家机关负有倾听、回应的义务。第27条第2款是这一义务的根据。那么,如何判断公民批评构成了人民的舆论,宪法本身没有,也不会作详细的规定。这一问题可以由法律规定,但是似乎更适宜由不同类型的国家机关在宪法法律赋予的职责范围内制定有关新闻发布、舆论回应的规定。

第三,当个体公民通过国家机关开辟的直通渠道表达批评性言论时,在原则上国家机关负有回应的义务。如果开辟直通渠道是可以从第2条第3款和第27条第2款中推论出的国家机关义务,那么一个进一步的合理推论就是对通过这一渠道而来的针对本机关工作的批评和建议的回应义务了。如果没有这一义务,这一渠道将失去它的大半宪法功能,公民即使提出了意见建议,也很难享受到与公民地位相适应的尊严感。

这三项义务都要求国家、国家机关采取积极的作为,都具有积极的性质。这些义务通过对人民的积极承诺,间接地赋予了作为人民之一员的个体公民的批评权一定程度的积极性质。在这一意义上,可以认为,批评权并不像普通言论的自由那样是比较纯粹的消极自由。

总之,批评权的基本性质是消极性的,也兼有一定的积极性。在个体公民层面上,批评权本质是自由权,而不是请求权。个体公民不能要求国家机关回应批评性言论、按照批评性言论的内容为或不为特定行为。当批评权的行使受到非法干预或阻碍,可以请求负有法定保护职责的国家机关履行保护的职责。但是当公民批评汇聚成为"人民的意见和建议",以及公民在国家机关开辟的直通渠道中提出批评和建议,国家机关应当负有回应的义务。

第二章　公民批评与臣民批评

宪法批评权是一种革命性的政治法律思想，它意味着对传统的封建政治法律思想的否定。在古代中国，在公共权力系统内存在着谏议和奏议制度，专门的谏官和一定级别的官员可以向上级官员直至君主陈述为政得失，献计献策①，普通臣民通常无此资格。然而，在传统思想中却蕴含着一种理想的批评模式，在这种理想的模式中普通民众可以提出批评。这种理想在今天仍然具有一定的影响。宪法批评权也蕴含着一种理想的批评模式。这两种理想模式是不同的，本章把它们分别概括为基于民本主义的臣民批评与基于民主主义的公民批评。许多人把它们混淆在一起，或者至少在某些方面混淆在一起。把它们区别开来，有助于准确把握宪法所蕴含的公民批评理念。

第一节　臣　民　批　评

一、臣民批评的理念

普通民众批评政府及其人员作为一种思想，并非仅仅出现在今天。我们可以从中国古代文献中找到许多有关重视民间舆论思想的论述。这些论述为今天重视民意批评的人们乐于引用。"防民之口，甚于防川；川壅而溃，伤人必多。民亦如之。是故为川者，决之使导；为民者，宣之使言。……民之有口也，犹土之有山川也，财用于是乎出；犹其有原隰衍沃也，衣食于是乎生。口之宣言也，善败于是乎兴。行善而备败，所以阜财用衣食者也。夫民

---

① 古代中国的监察、谏议制度，大致分别属于以权力制约权力、以道德制约权力的制度，总体上都属于统治系统内部的自我监督制度。参见本书第四章第二节"公权监督的权利机制"的分析。

虑之于心,而宣之于口,成而行之,胡可壅也?若壅其口,其与能几何?"(《国语·周语上》)把百姓的意见看作成功或败亡的原因,而且只有重视百姓的意见,才能行善而备败,民富而国强。古人甚至把百姓的舆论上升到一个形而上的高度:"天视自我民视,天听自我民听"(《尚书·泰誓》),把民意看作天意。

我们也能找到一些重视臣民批评的实践,它们一直被传为美谈。

> 郑人游于乡校,以论执政。然明谓子产曰:"毁乡校,何如?"子产曰:"何为?夫人朝夕退而游焉,以议执政之善否。其所善者,吾则行之;其所恶者,吾则改之。是吾师也。若之何毁之?我闻忠善以损怨,不闻作威以防怨。岂不遽止?然犹防川,大决所犯,伤人必多,吾不克救也。不如小决使道。不如吾闻而药之也。"然明曰:"蔑也今而后知吾子之信可事也。小人实不才。若果行此,其郑国实赖之,岂唯二三臣?"
>
> 仲尼闻是语也,曰:"以是观之,人谓子产不仁,吾不信也。"(《左传·襄公三十一年》)

这是著名的"子产不毁乡校"故事。类似的故事还有一些。子产是春秋时期郑国的大夫。《史记》记载,子产"为人仁爱人,事君忠厚"(《史记·郑世家》)。乡校是古代地方开办的学校,是人们聚集的场所。对当时郑国的民众在乡校里议论执政这一件事,有人提出反对意见,要求毁掉乡校,禁止人们议论朝政。子产却认为群众议论朝政是好事,既可以使执政者看到自己的优点和缺点,有利于发扬成绩、改正错误,又可以使群众的意见得到及时发泄,避免意见积累多了闹出大事。正是由于子产这种海纳百川、有容乃大的胸襟,他在郑国推行的改革能够顺利进行,并使郑国的人民群众由反对变为拥护,从而为郑国的振兴打下坚实的基础。

《史记》称道子产"为相一年,竖子不戏狎,斑白不提挈,僮子不犁畔。二年,市不豫贾。三年,门不夜关,道不拾遗。四年,田器不归。五年,士无尺籍,丧期不令而治"(《史记·郑世家》)。子产值得后人的敬佩。这种乡校内的批评的确起到了辅政促治、敦风化俗的良好效果。但是我们也看到,这种乡校议政之所以存在,有赖于像子产这样的开明领导人的重视,"人存政存,人亡政息"。当子产去世的时候,"郑人皆哭泣,悲之如亡亲戚",并担忧:"子产去我死乎,民安将归?"(《史记·郑世家》)

子产阐明了不毁乡校的道理,展示了一名政治家广开言路、集思广益、以民为本的宽广胸怀。这些道理包括两点:其一,臣民批评可以献计献策,起到镜鉴的作用,有助于推进富民强国的事业;其二,它可以排遣民间的不满,起到安抚民众的作用,有助于稳定统治秩序。这两点理由很好地概括了古代社会中臣民批评的作用,后世那些重视臣民批评的政治家、思想家以及能够在一段时间内开放言路的统治者也主要是看到了这些作用。这就是乡校议政会得到像子产这样的开明领导人重视的原因。①

这种批评模式体现了古代的民本主义观念。民本主义观念强调以民为本,强调官吏要倾听人民的意见,为民作主。② 臣民批评的这种民本主义观念包含着一种理想的批评模式。

二、臣民批评的模式

乡校是民本主义的臣民批评的典型场所。人们在一个开明领导人的召集下,来到乡校。这些人往往是经过批准发表意见的人们。人们在乡校中按照既定的座位坐好,按照既定的次序发言。他们怀着一种献计献策的热情发表意见。即使批评性意见,也是抱着对领导人尊敬的心情发表的。渴望自己的意见能得到领导人的青睐,是与会者最大的心愿。领导人是会议的主持者,是会场秩序的维护者;是会议基调的确定者,是大家意见的集中者。他可能首先有一个讲话,最后有一个总结。他决定谁可以发言以及发言的主题和时间长短。他可能是刚刚放下手头的工作,风尘仆仆地赶赴会场。他胸中装着广大臣民的愿望和疾苦,牢记有关实施仁政的古训。他有对工作精益求精的上进心,有善于纳谏、从善如流的博大胸怀。他对自己和下属有着严格的要求,他需要听取子民对他们工作的意见。在他的主导之下,臣民们在乡校中举行了一场有序、充实和有益的会议。这可以称为批评的"**民本模式**"。

这种模式的最大特色就是,臣民批评是政府进行吏治和管理社会的工具。批评的对象、内容、限度和时间取决于政府的意愿和需要。这个政府有

---

① 按照《史记》记载,西汉孝文皇帝就是一位追随子产、颇具古之贤风的皇帝:"上曰:'古之治天下,朝有进善之旌,诽谤之木,所以通治道而来谏者。今法有诽谤妖言之罪,是使众臣不敢尽情,而上无由闻过失也。将何以来远方之贤良?其除之。民或祝诅上以相约结,而后相谩,吏以为大逆,其有他言,而吏又以为诽谤。此细民之愚,无知抵死,朕甚不取。自今以来,有犯此者勿听治。'"(《史记·孝文本纪》)汉文帝在其他方面也堪称道德楷模。

② 学界关于"民本"思想或民本主义的理解有基本共识,通常指主要由儒家提出和论述的以"民惟邦本"为核心的政治价值法则以及在君主制之下对统治者的"贵民""爱民""恤民""护民"等道德要求。这里不再做知识考古的调查。对相关传统经典论述所作的梳理和概括,主要可参见梁启超:《先秦政治思想史》,东方出版社1996年版,前论第三章"民本的思想";金耀基:《中国民本思想史》,法律出版社2008年版;王来金:《"民主"与"民本"概念辩证》,《社会科学》2000年第4期。

一个掌握权力的开明领导人。开明领导人愿意倾听人民的呼声,当他了解到臣民疾苦的时候,愿意"为民做主",平屈申冤,解救人民于水火之中。他需要通过臣民批评了解社会和基层官员的真实情况,以弥补通过官方的渠道所获得的信息的不足,需要通过舆论唤起基层官员勤政廉政的责任心和事业心。他对官吏的腐败和麻木不仁不满意,对整顿吏治不懈怠。但是领导人也是批评的发起者和领导者;尽管他非常谦逊,欢迎而且也会认真接受民众的批评,但是从实际情况看来,他一般不会也不需要受到舆论的监督。这种监督有民众的参与,实际上是一种自上而下的监督。其次,解决臣民批评所暴露的问题,在根本上依赖领导人的关注。相关问题引起领导人的关注,领导人作出指示,于是处理程序迅速被启动,甚至在部分情况下,一些程序被逾越或省却,问题很快得到解决。这种模式的生命系于领导人之一身,它的效果也取决于领导人对于问题的关注程度和处理问题的决心。

在这种批评模式中,人们可以发表意见,并非因为他们有发表意见的自由,而是因为他们得到了这样的恩准。人们可以发表意见,也并非因为这是一种内在的权利,而是因为这样做有一些外在的功用。

第二节 公 民 批 评

一、公民批评的理念

在实行民主原则的国家里,批评政府呈现一种什么样的模式和景观呢？我们需要首先简要分析一下民主的政治意涵。

民主观念的核心是公民与政府之间的关系。这种观念认为,政府是建立在人民的同意与授权的基础之上的,政府是人民的代理人或人民的公仆;政府存在的目的在于维护公共利益和促进公民福祉的扩大。同时,民主观念认为,广大公民对于影响到他们的利益的公共决定都有发言和直接或间接参与的权利。

既然政府是人民的公仆,因为人民的同意和为了人民的幸福而存在,由选举产生,向人民负责,所以人民批评政府为理所当然。任何一个批评政府及其官员的人都是在行使着自己的权利,这一权利源于他作为其中一分子的一个整体的"当家作主"权力。他有权利检察"仆人"的过错,并对他认为不当的行为提出批评。在现代社会里,在大多数情况下,公民由于人数太多而不能亲自行使权力,不得不把权力委托给通过选举产生的政府机构及其官员。这种检察和批评是公民在将权力委托给政府之后的一种保留的权利,是为了制约所委托的权力的一种必要的措施。这种必要的措施,对于全体公民而言,是整个民主权力的一部分;对于个体公民而言,是整个民主权利的一部分。所以,批评国家机关及国家工作人员的权利,是民主的题中应有之义。

二、公民批评的模式

我们也可以设想一个实行民主制度的乡村(或社区)。在这个乡村中,人们团结起来共同管理乡村的一切公共事务。但是由于人数还是较多,他们建立一些乡村公共机构,选举其中的部分居民作为公共官员。乡村的议事堂是乡村的公共论坛,是举行乡村会议的地方。在乡村会议上,全体成年居民聚集在一起讨论和决定有关公共利益的事项,包括公共官员们对于公共事务的处理情况。大家选出其中一位与会者作为主持,他的任务仅限于维持会议秩序。每一个居民都有资格参加会议,因为每一个人都是家乡的主人。每一个居民都有权利和义务独立思考,抒发自己对于公共事务的意见;都可以把他所见所闻的有关公共权力的行使情况告诉大家;都可以评论公共机构和公共官员们的所作所为。会议的最终目的是投票作出明智的决定,以决定如何维护和促进公共利益以及如何使公共机构和公共官员更好地维护和促进公共利益。因此,只要不是故意捏造事实,只要不是肆意的人身攻击,每一个人都可以畅所欲言、各抒己见,以家乡主人的姿态评说他们所选出的公共机构和公共官员。不应因为某人的意见被认为是不利于维护公共机构的威严的,不应因为某种批评被掌握权力的人认为是不明智的,就禁止它发表出来。公共机构和公共官员接受了严格的质疑、批评和审查。而作为主人的居民们经过一个完整的思考过程,作出一个建立在充分信息的基础之上的,考虑周详、处理得当的决定。权力的不当行使被及时制止,公共利益得到妥善维护,乡村团结稳定、欣欣向荣。这就是民主制度下批评政府的理想模式。我们可以简称为"**民主模式**"。

民主模式不仅仅是为了论证的需要而设计出来的理论构造,我们可以在当代中国的民主实践中找到例证,例如村民自治制度。广西壮族自治区河池市宜州区屏南乡合寨村是中国村民委员会制度的发源地。1980年2月5日,合寨村选举产生了中国第一个"村民委员会";1982年,又选举产生了自己的"村民议事会"。随后,由合寨村首创的村民委员会在全国迅速推广。1982年"村民委员会"写入当年《宪法》,1988年又写入了《村民委员会组织法》。在多年的乡村自治实践中,合寨村始终坚持三个"群众说了算"原则,即机构组成由群众说了算,重大事项由群众说了算,工作成效由群众说了算。① 广西壮族自治区河池市合寨村的村民委员会制度与安徽省凤阳县小岗村的家庭联产承包责任制,一个关乎政治,一个关乎经济,都是自发自生的制度。它们引发了当代中国农村两次举世瞩目、影响深远的历史性变革。在合寨村创造的村民议事会制度中,村民议事会经常开会审议乡村的管理措施。村民们关心自己的乡村,熟悉乡村的事务,能够很容易地指出其问题和缺点。在会议上,人们畅所欲言,除了服从会议秩序,并没有什么特别的限制。每个人都可以本着真诚的原则,发表他的所见所闻所思,评论乡村自治的得失。即使他对事实的表述有错误或意见有所失当,也不担心会受到惩罚。其他人可以纠正、补充他的事实,发表不同的看法。这表明人民是具有自治能力的,真正有生命力的民主制度是从本土生长出来的。

尽管基层民主是国家民主的基础,但是国家毕竟不同于一个小小的乡村。乡村制度不能全部照搬到国家之中。在一个略略复杂一点的国家中,都不可能实行乡村的直接民主制。但是这并不妨害民主模式的原则的有效性。当乡村放大到一个国家的时候,乡村会议扩散为各种形式的言论渠道,例如人民代表大会、听证会、新闻媒体、讲坛、会议、出版物以及互联网、自媒体等。人们不能聚集在一起开会,但是可以通过有关媒体发表有关公共事务的意见。人们不能共同决定一项有关公共利益的事项,但是可以建立立法、司法、行政等公共机关并委托它们作出这些决定。人们不会放弃"当家作主"的地位,他们永远保有这两种权利,它们是不可剥夺的:每一个公民都拥有选举权以决定公共机构和公共官员的去留,每一个公民都拥有言论自由特别是批评性言论的自由以便在平时掌握、影响和制约公共权力的行使情况,也为在选举时作出明智的决定奠定充分、健全的信息基础。所以当乡村放大为一个国家时,人民的民主地位不应因此有所改变,公民批评的民主模式仍是有意义的。

第三节 辨析与比较

民本模式是臣民批评的理想模式,其实在古代中国极少实践过②,但是

---

① 参见王海波:《合寨村首创"村民自治":焕发乡村治理新活力》,《当代广西》2021年第12—13合期,第32—33页。
② 对有关原因的简要分析,参见郭铁成:《"不毁乡校"何以成绝响?》,《粤海风》2010年第2期。唐代韩愈不吝赞美子产,主张恢复古代的乡校传统。他之所以这样做,是有感于普通官吏和民众无从向决策层提出意见建议的现状。贞元十六年(公元800年),韩愈在《归彭城》一诗中写道:"前年关中旱,闾井多死饥。去岁东郡水,生民为流尸。……我欲进短策,无由至彤墀。"

它却是根深蒂固的有关民众批评政府的传统观念,至今仍具有一定的影响力①。我们需要比较它与民主模式的异同。

如果都付诸实践的话,它们呈现一定程度相似的活动外观,例如民众可以发表针对政府的批评性言论。在领导人高度重视的条件下,民本模式可能会运行得更有效率,批评活动开展得更加热烈。但是它们有重要的区别。

就批评主体而言,在民本模式下是经过选择的少数人,他们被认为有能力参政议政,发表有质量的言论;也有分寸感,能够发表合宜的言论。合宜的言论出于尊敬、感激、献计献策的心理,讲求精巧的措辞,把握适当的分寸,在指出缺点、错误之前先作充分的总体性肯定,把批评性言论附后于赞美与感恩的辞藻。在民主模式中,批评主体是所有公民,他们依据法律享有平等的发表批评性言论的权利,同时他们平等地受法律的规制。只要在法律的范围内,他们可以表达不满甚至愤怒,可以不必修饰言论,可以作坦率的,甚至尖锐的议论。

就批评对象而言,在民本模式下,总是会有些机关及人员,特别是最高统治者被排除在可批评的对象范围之外。他们是具备善德又有权威的人,自然不需要成为批评的对象,批评恰恰会损害其权威,而其权威又恰恰是批评得以展开并发挥作用的前提条件。即使他们有些错误、不足,也应当"为尊者讳",努力维护和塑造他们在道德、能力上完美的形象。在民主模式中,所有的国家机关及工作人员都不过是人民的仆人,应当接受批评,没有人享有特权、成为例外。支撑民本模式批评对象范围的是一种道德等级论。圣君贤主秉有永远不会变化的善良道德本性,而普通官吏和臣民则具有普通的道德本性,可能会犯错,但是犯错之后能够改好。② 民主模式的背后是平等的道德本性观念,每一个人都有可能犯错,因此都需要接受批评。

在民本模式下,批评是政府管理社会和进行吏治的工具。在民主模式中,批评是公民治理政府和公共事务的工具,是公民对于被委托行使权力的政府官员的一种制约方式。接受公民的批评,不仅是政府官员的义务,而且是他们表明自己适任性的条件。领导人也不可能是公民批评的领导者,相反,他们是公民批评的焦点和重要对象。他们要为政府的整体状况对公民

---

① 对当代儒家的民意表达观点的分析,可参见[美]安靖如:《当代儒家政治哲学:进步儒学发凡》,韩华译,江西人民出版社2015年版,第87—94页。有关新儒家的"乡校"理想的分析,可参见颜炳罡:《"乡村儒学"的由来与乡村文明重建》,《深圳大学学报(人文社会科学版)》2020年第1期。

② 唐代韩愈曾撰有《子产不毁乡校颂》《潮州请置乡校牒》等文章,力主恢复儒家的乡校传统。从这位儒家代表人物的思想来看,乡校与其说是民众议论的场所,不如说是教化民众的场所。

负责,接受批评。

在民本模式下,批评者所期望的是引起领导人的注意,所期盼的是领导人运用他那巨大的权力,一举解决所批评的问题。问题之解决,具体可能通过法定的途径,也可能通过法外的或临时性的措施。在民主模式中,批评者所期望引起的是公众的注意,所期盼的是在舆论的压力下法定的负责机构启动解决问题的法定程序。通过选举机制发挥作用,是批评性言论发挥作用的最终途径。在一个民主社会里,一届政府和官员的命运受制于选民的投票,舆论的揭露和批评自然影响选民对他们的评价。这样,一任官员不仅可能要求自身勤政廉政,而且可能要求自己的下属官员勤政廉政,因为下属官员的不当行为影响到上级官员的声誉,从而影响到他们在新一轮选举中的命运。

在民本模式下,臣民批评之所以重要,是因为它可以献计献策,有助于形成明智的公共决策;可以为公共机构和公共官员提供一种镜鉴作用,有助于制约权力的滥用;可以避免积怨过多酿成不堪收拾的结果,有助于形成生动活泼、团结向上的大好局面;等等。民主模式也承认、重视公民批评的这些工具性价值,但是并不仅仅从外在的角度来看待公民批评。公民可以批评政府,并非仅仅因为公民能够发表从政府角度看来正确的批评性意见,能够配合政府的工作,而且因为它是公民的内在的民主权利。

民本模式下,对运作事项的调整,例如发言主题、发言者、形式和内容要求,更多是通过政策或临时性安排。议程的启动和关闭依系于领导人的态度和权衡。当领导人重视的时候,人们可以在一定范围内发表批评性的言论;而当领导人转移注意力的时候,就必须闭口缄默。而民主模式更有可能运用法律调整批评机制的运作以及批评性言论所涉及的各种价值关系,界定批评权利的限度。

这两种模式的主要区别,列表如下:

表 2-1 批评的民本模式与民主模式的主要区别

	民 本 模 式	民 主 模 式
批评主体	经过选择的臣民	所有的公民
批评对象	一定范围内的国家机关及人员	所有的国家机关和国家工作人员
批评的限度	合宜的言论	合法的言论
批评的依据	恩准	权利

续表

	民本模式	民主模式
批评的价值	外在价值	内在和外在价值
作用机制	诉诸领导人	通过法律程序和机制
调整形式	政策或临时措施	法律
观念基础	民本主义观念	民主主义观念

第四节 宪法的选择

中国现行宪法所包含的批评观念是民主主义的公民批评,而非民本主义的臣民批评,所倾向的模式是民主模式而非民本模式。

首先,宪法规定了人民主权原则:"中华人民共和国的一切权力属于人民"(第2条);规定了民主集中制原则:"中华人民共和国的国家机构实行民主集中制的原则。全国人民代表大会和地方各级人民代表大会都由民主选举产生,对人民负责,受人民监督"(第3条)。对政府的批评置于这一宪法原则下来理解,它一定是民主主义的公民批评,而非臣民批评。

它是民主自治的具体方式。普通公民行使权利,发表个人的批评意见,而这些意见所批评的主要不是别的什么行为,而是行使公共权力的行为。政府机构的行为,或以政府机构名义做出的行为,则是行使公共权力的行为。例如人民代表大会通过一项法律或法规,法院依据事实和法律审判案件,工商行政管理机关依据法律查处假冒伪劣商品,公共治安机关作出一个处罚决定。这些都是国家机关管理社会、管理公共事务的活动。但是公民可以发表意见,认为这项法律或法规的制定不甚合理,应予改进;认为司法机关或行政机关的决定出现错误,应予纠正。这些意见似乎不过是一个意见,而实际上它们是——如宪法所说的——"人民依照法律规定,通过各种途径和形式,管理国家事务,管理经济和文化事业,管理社会事务"(第2条)的具体体现,包含着重大的民主意义。同样,公民对于国家工作人员的批评,在性质上也不等同于对于其他公民的批评,这是对于"公仆"的批评,是公民所进行的管理社会、治理国家的活动的组成部分。

其次,在批评权主体和批评对象方面,宪法否认、拒斥任何特权的观念和做法,以坚定、明确的态度规定广泛的批评主体范围和无例外的批评对象范围,内含一种普遍、平等的批评观念。

批评权的主体是极广泛的,所有具有中华人民共和国国籍的人都有批评的权利。根据通常的理解,即使被剥夺政治权利的公民也可以行使批评的权利。这是一种不可剥夺的公民权利。

批评的对象是无例外的。宪法如此规定公民权利:"公民对于任何国家机关和国家工作人员,有提出批评和建议的权利"(第41条),这里的用词是"**任何**"。如此规定国家机关和工作人员的义务:"一切国家机关和国家工作人员必须依靠人民的支持,经常保持同人民的密切联系,倾听人民的意见和建议,接受人民的监督,努力为人民服务"(第27条),这里的用词是"一切"。没有国家机关或国家工作人员可以享有特权,可以免于公民批评。宪法否认那种"为尊者讳"的观念和做法,拒绝那种以公共利益为理由掩饰尊者的缺点和错误的利益衡量思维。在公民批评与"为尊者讳"之间,宪法已经作出选择。

再次,宪法上的公民批评是一种内在的权利,它反对从单纯工具主义的角度来理解公民批评。

公民皆可批评国家机关和国家工作人员,不因性别、职业、家庭出身、教育程度等而有所区别。公民具有不同的参政议政能力,但是这并不影响他们享有平等的批评权利。无论是宪法文本还是制宪史料,都无丝毫显示依据批评性言论价值而将批评权等级化的意图。宪法拒绝任何先定的观念。所有的公民仅仅因为是公民而享有批评权利。一则批评性言论的价值不是以批评者的身份来确定的。所有的批评性言论都可以发表出来,经过讨论和辨析,最后形成"人民的意见和建议",作为国家施政的依据。宪法甚至透露出这样的意图,在一定条件下批评者无须为错误的批评负责。

宪法的民主原则支持公民批评的内在权利观。所谓民主,就是取得人民的同意和满意的公共治理。民主的实质是治理对象可以表示"**不同意**""**不满意**"。"不同意""不满意"要比单纯的"同意""满意",更能体现公民的主体地位、人民的主人地位。选举单位对人大代表的罢免、人民代表大会及其常务委员会对国家工作人员的罢免、人民代表对国家机关的质询,就是表示"不同意""不满意"。普通公民可以表示对国家机关和国家工作人员"不同意""不满意"吗?根据现行宪法,是可以的,这就是批评权利。批评权利就是公民对国家机关和国家工作人员表示"不同意""不满意"的权利。

在民主治理中,公共问题不能都还原为科学问题,还原为事实判断。还有价值选择问题。对于公共行为或决策,一个人可以从科学的角度提出批评意见，另一个人可以从价值的角度提出批评意见。即使一个政府行为从科学角度来看是站得住脚的，仍可以从价值的角度表示"不同意"或"不满意"。① 公共选择应首先厘清其中的科学问题，但最终是价值性的。专制就是专制者依据个人价值进行选择，民本是圣君明主参考民众意见建议、依据所估计的社会价值作出选择。民主是每一个公民依据自己的价值准则进行选择，但是以多数人的意见为准。批评权利的内在性直抵宪法民主性的本质。

还有其他的理由支持对宪法批评权利作民主主义的理解，不过以上几条理由已经很充分了。宪法在总体上否定了臣民批评观念及其理想模式——民本模式。在这一意义上，批评权利代表了一种革命性的政治法律思想。当然，民本模式还可能具有某些具体的、可供借鉴的因素，例如为政者应当虚怀若谷，善于倾听和包容各种不同意见；应当主动调查研究，及时了解民众的疾苦和需求。宪法把这些传统的政治道德创造性地转化为第27条所规定的国家机关和国家工作人员的义务，以支持和配合公民批评权利的行使。

---

① 例如一个地方政府拟引进一个化工项目。有科学证据表明该项目低毒或无毒，且能创造一定工作岗位和税收。但是大多数居民仍然表示反对。居民有没有权利表示反对？政府如何作出决策？这取决于对宪法的民主原则及批评权规范的理解。

第三章　公民批评的思想源流及意旨

宪法批评权条款的设计者是马克思主义者,他们一定了解马克思主义理论家有关公民批评、人民监督的思想,并以此为基础来设计这一条款规范、赋予内涵。要理解宪法批评权所蕴含的理想批评模式,就必须研究其理论基础。公民可以批评政府,是一种民主思想。从历史上看,这种民主思想首先出现于西方作者的著述之中。作为对这一思想历史来源的交代,也需要有所涉及,同时有助于通过对照来呈现马克思主义经典作家相关思想的发展和不同特点。马克思主义经典作家批判地继承了公民批评思想,从人民民主的角度论述了公民批评、人民监督。探讨这一思想的源流及意旨是本章的主旨。

第一节　西方若干作者和法官

密尔顿的《论出版自由》和洛克的《论宗教宽容》是发表于17世纪英国革命时期的著名作品。虽然它们反对政府对思想和信仰的控制,但是并没有强调舆论或报刊对于制约政府权力的作用。1689年英国《权利法案》旨在限制国王权力、保障议会权利,也没有提及国民言论或新闻自由。洛克认为,当政府滥用权力、违背社会的委托时,社会有推翻政府的权利。如果通过武器批判的权利是成立的,推导出通过言辞批评的权利在逻辑上并不困难。

18世纪英国已经有不少作者投身于批评国王政府的实践中,发表了大量的论证言论或新闻自由之制约权力价值的文章。比较有影响的有五位:加图(Cato),约翰·威尔克斯(John Wilkes),笔名分别为Father of Candor和Junius的两位作者。加图是两位合作者的共用笔名。加图在18世纪20年代以书信的形式发表了一系列的政论文章,抨击当时首相沃波尔(Robert

Walpole)的腐败和专制的执政活动,阐发了自由民主的政治观念。他的文章在英国本土和美洲殖民地广泛流传,其影响据说超过洛克的《政府论》。①在加图一封题为《论言论自由》的书信中,有一些当时被广为引用的名言:"没有思想自由,就没有智慧;没有言论自由,就没有政治自由。"因为言论自由具有抵制暴政和腐败的作用,"任何试图颠覆自由制度的统治者必须首先摧残言论自由,这种自由对于暴君来说是一种欲除之而后快的事物。……那些有罪的人只害怕言论自由,因为言论自由将他们的阴谋勾当和卑鄙行径暴露在光天化日之下。……因此,那些专制的当权者非常仇恨言论自由和报刊的特许权,总是竭力加以压制。"②威尔克斯是18世纪英国报人和下议院议员。他主编的刊物《北不列颠人》因为鼓吹言论自由和抨击国王政府的所作所为而被查封。他则被控以煽动性诽谤罪而受到通缉,逃到海峡对岸的法国之后,仍然坚持斗争。

围绕威尔克斯事件,英国本土出现了许多匿名的小册子作者,就自由批评和煽动性诽谤罪的关系加以讨论。Father of Candor 和 Junius 的文章最受欢迎。Father of Candor 写道:"对一个特定个人的私人品行进行诽谤","是应受惩罚的,但是当被指控为诽谤性的言论涉及政府时,事情就完全不同了;因为一般而言,国家的兴衰往往依赖于政府的行为,因此每一个人都有了解、思考和发言的权利"。③ Junius 认为:"必须给予讨论公共事务的言论一定的自由空间,否则新闻自由便无益于社会。针对私人的恶意诽谤必须受到法律的制裁,而针对政府官员品行的评说应当得到鼓励。有些人认为我们的报刊不是针对坏人和坏政府的制约力量。他们对英国宪政一无所知。当议会屈于国王政府淫威、奴颜婢膝的时候,如果不是报刊的制约作用,不是报刊在人民中唤起的抵制精神,官员们就可以肆无忌惮、为所欲为了。"④在公民批评思想的推动下,诽谤法作了逐步的革新。传统上,陪审团仅可以裁决被告人是否发表涉讼言论这一事实,并不决定被告人是否有罪。1770年,刊登 Junius 文章的报纸发行人被司法大臣起诉犯有煽动诽谤罪,但

---

① Clinton Rossiter, *Seedtime of the Republic: The Origin of the American Tradition of Political Liberty*, New York: Harcourt, Brace & World, 1953, p.141.
② L. W. Levy, ed., *Freedom of the Press from Zenger to Jefferson*, New York: Bobbs-Merrill Company, 1966, pp.11-14.
③ Father of Candor, *An Inquiry into the Doctrine Lately Propagated Concerning Libels, Warrants, and the Seizure of Papers*, New York: Da Capo Press, 1970, pp.30-31, cited in Vincent Blasi, "The Checking Value in First Amendment Theory", *American Bar Foundation Research Journal*, Vol.2, No.3, 1977, pp.521, 531.
④ C. W. Everett, ed., *The Letters of Junius*, London: Faber & Gwyer, 1927, pp.8-9.

陪审团经过讨论后裁定当事人无罪。1792年,英国国会通过《福克斯诽谤法》(Fox's Libel Act)。法案规定,任何诽谤案件必须由陪审团裁决被告人罪名是否成立。①

在公民批评的实践中,新闻媒体的作用变得重要。18世纪,英国议会一直以维护自身权威为由,声称有权惩罚报道议会活动的媒体和新闻人士。但是这种主张和做法受到越来越大的挑战。1771年2月5日,下议院重申报刊不得报道议会新闻。若干报刊无视禁令,甚至将这次对禁令的重申也报道出来。下议院意欲惩罚违反禁令的报人,这些报人受到伦敦市民、市政府和部分议会人士的支持和保护。最后,下议院不得不放弃这种企图。整个行动和事件过程刊登在伦敦各大报刊上,下议院无力再去采取限制和惩罚措施,但是也未废除禁令。自此,报刊获得了报道议会活动的事实上权利。到19世纪,记者旁听和报道议会会议的权利得到了越来越广泛的接受。1803年下议院承认他们可以占据议会中楼上旁听席的后排,1831年建立了专供记者使用的旁听席。② 英国传统政治法律思想相信,公共权力易于被滥用,而制约权力滥用的较好方式是设置对立面,赋予其一定的制约能力。在革命后英国政制发展的过程中,报刊和反对党逐渐发展成为制约政府权力的两支重要的制度性力量。反对党有"国王陛下的反对党"(His Majesty's Opposition)之称。③ 新闻界人士则有"第四等级"(The Fourth Estate)之称。"第四等级"说法的首创者据说是爱德蒙·伯克(Edmund Burke,1729—1797)。英国历史学家卡莱尔称:"伯克说,议会中有三个等级;但是,在那边的记者席上,有一个比他们所有人都重要得多的第四等级。这不是一种比喻或诙谐的说法;这是一个实在的事实,在这个时代对我们来说非常重要。"④ 按照18世纪英国的情况,议会中的三个等级大概是指僧侣

---

① 宪法学者戴西在评论这部法案时说:"因此,在英格兰,言论自由不过是说出由12个零售商人组成的陪审团认为说出和写出来有利的任何事情的权利"。[A. V. Dicey, Law of the Constitution (9th ed.), London: MacMillan, 1950, p.242.]
② 新闻史家希伯特在评论这些变化时认为,"公开透明的报道,报纸编辑的公开且常常激烈尖锐的批评,公众团体的直接和持续的压力,所有这些都推动了议会从一个不受制约的机构转变为负责任的民意机构。媒体向公众报道议会行动和意见的自由是朝着更广泛和更直接的民主迈出的重要一步。"(Fredrick Seaton Siebert, Freedom of The Press in England: 1476-1776, Urbana: University of Illinois Press, 1965, pp.356-363.)
③ 反对派的存在和作用发展为英国宪法惯例,而且得到成文法的承认,参见[英]詹宁斯:《法与宪法》,龚祥瑞、侯健译,生活·读书·新知三联书店1997年版,第62、119页。
④ 转引自Potter Stewart, "Or of the Press", Hastings Law Journal, Vol.26, No.3, 1975, pp.631, 634。戴维·朗伊(David Lange)认为,爱德蒙·伯克并不是最早以"第四等级"形容新闻媒体的人,最早者应为麦考利(T. B. Macaulay),参见David Lange, "The Speech and Press Clauses", UCLA Law Review, Vol.23, 1975, p.90。有关谁最早提出"第四等级"说〔转下页〕

贵族、世俗贵族和下议院议员。"第四等级"的说法反映了当时公民批评的观念变化：专业、独立的新闻媒体被认为具有重要的甚至核心的制约公权力作用。

上述英国作者的书信、文章和小册子等在美洲殖民地广泛流传，具有影响。《纽约周报》就是当时一家以批评政府而闻名的报纸。1735年，这家报纸发表了一系列激烈批评市政当局及总督的文章，印刷商约翰·曾格（John Zenger）被指控犯有煽动性诽谤罪。在传统诽谤法中，真实不是抗辩事由，相反存在"愈近真实，诽谤愈大"的法律格言。公诉人极力主张按照诽谤法给曾格定罪，甚至法官也指示陪审团依法裁决。律师汉密尔顿（Andrew Hamilton）作为辩护人，从政治理论和既往判例中阐幽抉微，力证当公共权力机构有不当行为时，媒体有批评和监督的权利，真实是正当抗辩事由。最终陪审团作出了无罪裁决。① 裁决受到广泛的欢迎，推进了批评政府观念的传播。这一案件成为美国新闻自由历史上的重大事件。

在美国革命前后，麦迪逊（James Madison）、杰斐逊（Thomas Jefferson）都论及自由媒体对于公共权力的监督与制约作用。作为美国宪法第一修正案的作者，麦迪逊认为，"在美国，行政机构不被认为是不会犯错误的，立法机构也不被认为是万能的。它们都是经由选举产生的，都是负有责任的。在这种情况下，给予媒体一定程度的自由就是自然的和必要的。"批评政府官员的自由对于选民恰当行使选举权来说，是至关重要的。② 杰斐逊认为，新闻自由所具有的"对公共机构进行严格监督的作用，以公众舆论法庭的审判形式实现着和平变革，避免了革命的产生"③。杰斐逊区分两种类型的权利，一类是个人保有的权利，其享有与政府的目的并非不相容；另一类权利则构成"某种保障，经验证明这种保障可使人们特别有效地抵御侵害"。他举例说："例如，在前一类中有信仰自由；后一类中有获得陪审团审判的权利、人身保护令和新闻自由"。④ 他相信，真正的人类统治是凭真理和理性，

〔接上页〕法的中文研究文献，参见张妤玟：《谁提出第四等级的报刊观念——从埃德蒙·伯克到托马斯·卡莱尔》，《国际新闻界》2010年第5期；谢吉：《到底是谁最早提出"第四等级"？》，《国际新闻界》2012年第6期。

① 具体的审判过程，可参见〔美〕理查德·克鲁格：《永不消逝的墨迹——美国曾格案始末》，杨靖、殷红伶译，东方出版社2018年版，第307页。

② Marvin Meyers, ed., *The Mind of the Founder: Sourses of the Political Thought of James Madison*, Indianapolis: Bobbs-Merrill Co., 1971, p.331.

③ L. W. Levy, ed., *Freedom of the Press from Zenger to Jefferson*, New York: Bobbs-Merrill Company, 1966, p.376.

④ L. W. Levy, ed, *Freedom of the Press from Zenger to Jefferson*, New York: Bobbs-Merrill Company, 1966, pp.341-342.

而非强力和欺骗;新闻自由是迄今为止所找到最有效的通往真理的道路,它能够揭示统治的真相,加强用理性来考验一切的习惯,这有助于防止政府专制、腐败和对人民的欺骗。他也知道,报刊会歪曲事实,造谣中伤,但是他相信人民有辨别能力,真理最终战胜谎言。① 一些研究者认为,杰斐逊曾提出,新闻媒体代表了立法、行政、司法三种权力之外的第四种权力。② 囿于资料所限,笔者没有能够查阅到这一说法的直接依据。可以想见,英国"第四等级"的说法会在美洲大陆流传。由于美国宪法反对贵族制,并建立了典型的三权分立制度,"第四等级"的说法可能演变为"第四权力"的说法。但是杰斐逊是否是这一说法的首创者,并不确定。

在说法变化的背后,不变且得到强化的是重视专业、独立的新闻媒体之批评政府、制约权力作用的观念。这一观念成了美国宪法中新闻自由条款的权威解释。美国宪法第一修正案规定,国会不得制定剥夺言论或出版自由的法律。既规定言论自由,也规定新闻自由。它们的关系是一个需要解释的问题。

1974 年,美国联邦最高法院大法官斯图尔特(Justice Potter Stewart)在耶鲁大学法学院发表题为《论新闻自由》("Or of the Press")的演说,阐述宪法中新闻自由条款的规范意旨以及有组织的新闻媒体在美国宪法所建立的政府体系中的作用。他认为:"新闻自由条款实质上是宪法的结构性(structural)规定。权利法案中的大部分其他规定皆是保障个人的特定自由和权利,如言论自由、信仰自由、获得辩护的权利、不得自证其罪的权利,等等,然而新闻自由条款旨在保障一种机构。简言之,新闻媒体是唯一明确受到宪法保障的有组织私人企业。"③斯图尔特认为,在建立联邦政府的立法、行政、司法三种官方机构时,制宪者特意建立了一个内部竞争体系,而同时规定新闻自由的目的在于给予新闻媒体一种机构上的自主地位(institutional autonomy),以作为对于上述三种官方机构的额外制约,使人民免于专制统治。斯图尔特总结了将新闻媒体作为制约政府的力量的观念,回应了一百多年前伯克的说法。

他还认为,对新闻自由的其他一些理解是错误的。例如一种通常的理

---

① [美]托马斯·杰斐逊:《杰斐逊选集》,朱曾汶译,商务印书馆2011年版,第565—566页。
② 例如童兵:《从人民民主的高度推进舆论监督的意义及举措》,《中国人民大学学报》2008年第2期。
③ Potter Stewart, "Or of the Press", *Hastings Law Journal*, Vol.26, No.3, 1975, pp.631, 633.美国宪法第一修正案规定:Congress shall make no law abridging the freedom of speech or of the press。斯图尔特即以其中的"or of the press"为题发表演讲。

解是,新闻自由只是新闻媒体的言论自由。的确,由于言论自由条款,包括新闻媒体在内,所有人都可以得到保障。但是如果新闻自由只意味着新闻媒体的言论自由,那将是宪法上的冗余。他诉诸宪法历史,1776 年至美国宪法起草期间,许多州宪法都载有保护新闻自由的条款,但同时不承认一般言论自由。通过将这两项保障纳入第一修正案,制宪者非常清楚地认识到两者之间的区别。还有其他理解也是不准确的,例如认为宪法保障新闻自由的唯一目的是确保媒体成为一个中立的公共论坛,一个"思想的市场",一个社区的海德公园角落;或者认为新闻媒体是人民与其当选领导人之间的中立信息渠道。当然,如果一家报纸想成为一个中立的"思想的市场"和公共论坛,这是它自己的事,或许是取得商业成功所必需。但这是一个政府不能根据宪法强加的选择。斯图尔特认为,这些理论没有充分重视新闻机构的自主权,而这正是宪法所要保障的。"新闻自由意味着对政府进行有组织的、专业的审查。"①

斯图尔特的理解代表了美国联邦最高法院的主流意见。在一些案件中,美国联邦最高法院表达了类似认识,例如新闻界的特殊功能是"在唤醒公众对公共事务的兴趣、揭露公职人员和雇员中的腐败方面发挥强大的促进作用"②;充当"政府官员滥用权力的有力监督者"③;"通过让警察、检察官和司法程序接受广泛的公众监督和批评来实现正义"④。1971 年,在五角大楼文件案中,大法官布莱克发表了被广泛引用的如下观点:"在第一修正案中,开国元勋们为新闻自由提供了必要的保护,使其能够在我们的民主中发挥重要作用。新闻界是为被统治者服务,而不是为统治者服务。取消政府审查新闻的权力,以便新闻界永远可以自由地批评政府。新闻界受到保护,公开政府机密并向人民通报。只有自由、无拘束的媒体才能有效地揭露政府的欺骗行为。新闻自由的首要责任是防止政府任何部门欺骗人民,将人民送往异国他乡,充当炮灰。"⑤

在美国学术界,持类似观点的代表人物主要有布拉西(Vincent Blasi)、尼默(M. B. Nimmer)等人。布拉西提出一个著名的第一修正案制约价值理论。他认为,第一修正案的主要意旨和价值在于制约政府权力的滥用。与斯图尔特大法官一样,布拉西主要强调新闻媒体而不是普通公民的作用。

---

① Potter Stewart, "Or of the Press", *Hastings Law Journal*, Vol.26, No.3, 1975, pp.631, 634.
② Estes v. Texas, 381 U.S.532, 539 (1965).
③ Mills v. Alabama, 384 U.S. 214, 219 (1966).
④ Sheppard v. Maxwell, 384 U.S. 333, 350 (1966).
⑤ New York Times Co. v. United States, 403 U.S. 713, 717 (1971).

他认为,宪法对表达自由的承诺包含着复杂的价值观,然而新闻自由最重要的价值观是遏制官员滥用权力的内在倾向。① 布拉西阐释了这一特别宪法地位背后的考虑因素。他认为,在18世纪,也许有可能通过业余的、临时的抗议方法来唤起民众反对某一特定官员或政策。然而,在20世纪这几乎不可能做到。现代政府规模庞大,所处理的事务高度复杂,导致公共管理的专业化和政府官僚的职业化。这就需要组织良好、资金充足、专业的批评家作为一种对抗政府的力量,这些批评家能够获得足够的信息,对政府的行动作出判断,也能够将他们的信息和判断传播给公众。"政府官员只能被其他拥有类似专门化权力、技能和态度的精英群体有效地制约。一个这样的群体在存在有组织反对派的政治背景下是由少数派的党干部构成的。……另一个发挥制约价值的精英反对力量几乎可以肯定是专业媒体。"②

那么,这一特别宪法地位意味着什么?按照美国司法界和主流政治法律思想的看法,可以从两个方面加以说明。第一,它意味着,应当在法律上维护新闻媒体的自主地位,尤其防止受政府控制。新闻媒体作为有组织私人企业,按照自由市场法则来运营,既不允许由政府直接所有或控制,也不允许政府通过财政或税收手段来间接干预或影响媒体的运营。同时,新闻媒体的自主地位也对抗着公众接近使用媒体权的诉求,以及政党竞选人或受到媒体批评的人依据所谓的公平原则行使答辩权的诉求。第二,这未必意味着第一修正案赋予新闻媒体多于普通公民的宪法特权。特别地位不等于优先地位。在诽谤法中,美国联邦最高法院从没有明确表示《纽约时报》案判例③中确立的实际恶意(actual malice)规则仅仅适用于以传播媒体为被告的诽谤案件,而不适用于以普通公民为被告的诽谤案件。该院也拒绝认为,新闻记者具有不向陪审团透露消息来源以及进入政府机构采访的特权。政府机构接受或允许谁采访,是一种自由裁量权,而非义务。

---

① Vincent Blasi, "The Checking Value in First Amendment Theory", *American Bar Foundation Research Journal*, Vol.2, No.3, 1977, pp. 521, 538.

② Vincent Blasi, "The Checking Value in First Amendment Theory", *American Bar Foundation Research Journal*, Vol.2, No.3, 1977, pp. 521, 564.

③ New York Times Co. v. Sullivan, 376 U.S. 254(1964). 在1974年"格茨案"[Gertz v. Robert Welch, Inc., 418 U.S. 323 (1974)]中,鲍威尔大法官表示应当给予媒体特别保护。但是在接下来一些案件中,包括布伦南在内的其他大法官都认为,在诽谤案件中,被起诉的公民个人,也应与媒体享有同样的宪法地位。刘易斯认为,《纽约时报》案判例本身已经解决了这个疑问,当时被警察局长沙利文起诉的,除了《纽约时报》,还有四位黑人牧师,布伦南大法官确立的新宪法规则自然也适用于他们。参见[美] 安东尼·刘易斯:《批评官员的尺度——〈纽约时报〉诉警察局长沙利文案》,何帆译,北京大学出版社2011年版,第262页。

第二节　马克思主义经典作家

马克思主义经典作家,从狭义上讲,仅指马克思和恩格斯;从广义上讲,还包括其他重要的马克思主义理论家。这里取狭义解。马克思、恩格斯的著述包含着有关报刊监督、人民监督的思想。他们生活在资本主义国家,一生的许多时间投身于报刊编辑活动,利用现代报刊制度,以报刊为武器,推动工人运动的发展,反对资本主义制度。他们对19世纪及之前的资产阶级主流政治法律思想是了解的,他们是认同公民有权批评政府的民主原则的,但是与上述作者相比,有根本的不同和重要的发展:其一,在资本主义国家,工人阶级报刊对政府的批评并不是资产阶级权力制衡制度的组成部分,而是服务于工人阶级的事业,为普通民众服务;其二,在工人阶级政权中,人民是监督的主体,人民监督对于防止政权变质和腐化有非常重要的作用。

一、在资产阶级国家中报刊的监督职责

马克思、恩格斯非常重视报刊的监督作用,把对国家机关、公务人员、社会活动家的监督视为报刊的首要职责。在这方面,马克思、恩格斯都有过论述。

马克思在给《总汇报》编辑的信中写道:"当《总汇报》履行在我看来是报刊的首要职责,即揭发招摇撞骗的职责时,决不会有碍于我尽力帮助它。"①马克思这里所说的是针对社会活动家的监督。马克思主编的报纸就是如此。当有消息说巴枯宁是俄国间谍时,马克思立即在《新莱茵报》上予以发布。他说:"我们这样做只不过是尽一个公众报刊的义务,一个公众报刊对社会活动家是应该严格监督的。"②马克思提到对公职人员的监督:"报刊不仅有权利而且有义务严密地监督人民代表先生们的活动。"③马克思把监督看作报刊的使命之一:"报刊按其使命来说,是社会的捍卫者,是针对当权者的孜孜不倦的揭露者,是无处不在的耳目,是热情维护自己自由的人民精神的千呼万唤的喉舌。"④

---

① 《马克思恩格斯全集》第十四卷,人民出版社1956年版,第755页。
② 《马克思恩格斯全集》第十二卷,人民出版社1998年版,第328页。
③ 《马克思恩格斯全集》第五卷,人民出版社1958年版,第203页。
④ 《马克思恩格斯全集》第六卷,人民出版社1961年版,第275页。

恩格斯认为,"报刊的首要职责——保护公民不受官员逞凶肆虐之害"①。为了发挥报刊的这种监督作用,就应当允许报刊自由报道它所发现的事实。"如果禁止报刊报道它所目睹的事情,如果报刊在每一个有分量的问题上都要等待法庭的判决,如果报刊不管事实是否真实,首先得问一问每个官员——从大臣到宪兵,——他们的荣誉或他们的尊严是否会由于所引用的事实而受到损伤,如果要把报刊置于二者择一的地位:或是歪曲事件,或是完全避而不谈,那末,……出版自由就完结了。"②

鉴于报刊的这种监督作用,马克思称报刊是政治生活中的"第三种权力"。他在《1848 年至 1850 年的法兰西阶级斗争》一文中,批判法国秩序党提出的新闻出版法关于"每一篇文章都要有作者署名"的规定时,指出:"当报刊匿名发表文章的时候,它是广泛的无名的社会舆论的工具;它是国家中的第三种权力";"报纸是作为社会舆论的纸币流通的",纸币价值取决于自身,而不是它的拥有者的名声和地位。③ 这里所说的"第三种权力",是与当时法国的立法权力、行政权力相对而言的。笔者以此为例,并不是主张在社会主义社会,也简单袭用报刊是国家中的第三种权力这个提法,而是想说明马克思对于报刊监督作用的重视。

马克思、恩格斯强烈批判反动政府针对报刊的文字检查制度和搜查、查封报馆行为,强烈批判针对报刊编辑和作者的打击、迫害行为。马克思、恩格斯以及他们编辑的报刊因为发表文章,勇敢、深刻地揭露和批判一些侵害人民利益、维护反动统治的制度和做法,而成为这些行为的受害者。

这里面有一个问题,即在资产阶级掌握政权的国家里,一个工人阶级的报刊是否负有监督当时国家活动的义务?笔者认为是可以这样理解的。尽管工人阶级报刊的最终使命是唤起工人阶级去破坏旧制度基础,但是报刊通过揭露和抨击当时政府的邪恶行为,一是可以保护人民的利益不至于受到更大的侵害,二是有助于揭露旧政府的本质,提高人民的觉悟。在工人阶级受压迫的国家里,报刊可以"为它周围左近的被压迫者辩护"④。这一点说明了马克思、恩格斯的报刊监督思想与一般资产阶级学者的观点是不同的。

二、在工人阶级掌权的国家中的人民监督

对一个工人阶级掌握政权的国家,是否还需要监督呢? 在 1871 年的法

---

① 《马克思恩格斯全集》第六卷,人民出版社 1961 年版,第 280 页。
② 《马克思恩格斯全集》第六卷,人民出版社 1961 年版,第 285 页。
③ 《马克思恩格斯全集》第十卷,人民出版社 1998 年版,第 232 页。
④ 《马克思恩格斯全集》第六卷,人民出版社 1961 年版,第 277 页。

国,巴黎工人举行起义,推翻了资产阶级统治,建立起第一个无产阶级革命政权——巴黎公社,提供了直接的经验和研究对象。马克思、恩格斯认为,在工人阶级掌握政权的国家里,国家官吏也有蜕化变质的可能性,人民作为国家的主人有权进行监督。

恩格斯写道:"公社一开始想必就认识到,工人阶级一旦取得统治权,就不能继续运用旧的国家机器来进行管理,工人阶级为了不致失去刚刚争得的统治,一方面应当铲除全部旧的、一直被利用来反对工人阶级的压迫机器,另一方面还应当保证本身能够防范自己的代表和官吏,即宣布他们毫无例外地可以随时撤换。"①恩格斯认为,即使国家政权一开始是为了社会的共同利益,但是在时间的推移中,为了追求自己的特殊利益,也会从社会的公仆逐渐变成社会的主人。"为了防止国家和国家机关由社会公仆变为社会主人——这种现象在至今所有的国家中都是不可避免的,——公社采取了两个可靠的办法。第一,它把行政、司法和国民教育方面的一切职位交给由普选选出的人担任,而且规定选举者可以随时撤换被选举者。第二,它对所有公职人员,不论职位高低,都只付给跟其他工人同样的工资。"②

马克思在《法兰西内战》中赞同巴黎公社的这种态度和做法:"公社可不像一切旧政府那样自诩决不会犯错误。它把自己的所言所行一律公布出来,把自己的一切缺点都让公众知道。"③巴黎公社也是会犯错误的,但是公社欢迎人民来监督它的错误。

马克思、恩格斯没有详细论述巴黎公社的具体监督措施及实践。公社愿意公开自己的缺点,同时又实行普选方法,选举者可以随时撤换不称职的人。可以想见,公社必定允许甚至鼓励工人和市民批评公社及公职人员的工作。这种批评可以在相关的会议,例如在选举的会议上,提出来。公社在短暂的存在期间,面对敌人的围攻,忙于组织紧张的战斗,可能无暇颁布正式的法令去规定公民的监督权利及界限。

如何在工人阶级掌握政权的国家中进行监督,马克思、恩格斯的直接论述虽然不多,但是可以给予我们很大的启示。这些启示就是,即使在工人阶级掌握政权的国家,由于国家机关和干部有可能从社会公仆堕落为社会主人,由于他们有可能制定错误的政策和作出不适当的决定,也需要进行监督。马克思、恩格斯从社会主人和公仆的关系看待和界定人民与公社的关

---

① 《马克思恩格斯文集》第三卷,人民出版社2009年版,第110页。
② 《马克思恩格斯文集》第三卷,人民出版社2009年版,第110—111页。
③ 《马克思恩格斯文集》第三卷,人民出版社2009年版,第384页。

系,认为人民有权利监督公社,公社有义务接受监督。这种监督不同于资产阶级国家监督的地方是,它是人民监督,人民是监督的主体和基本力量,人民的共同利益是监督的旨归。

第三节　中国共产党主要领导人

一、"窑洞对"与毛泽东的人民监督思想

有关毛泽东的人民监督思想,最著名的故事是如何跳出历史周期率支配,或称"窑洞对"的故事。① 1945年7月,当时国民参议会参议员黄炎培先生访问延安,为新气象所感染,实际上他又担心这种新气象能维系多久。有一回,毛泽东问他感想如何。他说他生六十多年,耳闻的不说,所亲眼看到的,真所谓"其兴也勃焉""其亡也忽焉",一人、一家、一团体、一地方乃至一国,不少单位都没有能跳出这周期率的支配力。"大凡初时,聚精会神,没有一事不用心,没有一人不卖力。也许那时艰难困苦,只有从万死中觅取一生。既而环境渐渐好转了,精神也就渐渐放下了……一部历史,最终'政息宦成'的也有,'人亡政息'的也有,'求荣取辱'的也有。总之,没有能跳出这个周期率。中共诸君从过去到现在,我略略了解的了,就是希望找出一条新路,来跳出这个周期率的支配。"毛泽东答道:"我们已经找到新路,我们能跳出这个周期率。这条新路,就是民主。只有让人民来监督政府,政府才不敢松懈;只有人人起来负责,才不会人亡政息。"跳出周期率支配的途径就是人民监督,自然也包括人民对政府的批评。

黄炎培所说的历史"周期率"指古代中国朝代更替、治乱兴衰的周期性轮回困境。在两千多年封建社会历史中,不存在真正意义上的人民批评,是王朝灭亡的重要原因。对君主或朝政的批评主要有两种,一是谏议,二是清议。前者为官员向君主陈述朝政得失,后者为士人议论政治和朝政人物。普通民众有冤情,可提起诉愿,平时无从表达对朝政的批评或建议,在不堪忍受压迫和剥削之时起而反抗,希望皇帝明智或有好皇帝来实行统治。按照中国共产党的政治理想,是要在其领导下建立人民民主专政的政府,政府官员是人民公仆,为人民服务,使人民过上幸福生活。这是根本不同于封建专制统治的新制度,自然就允许甚至鼓励人民去监督和批评政府。人人起

---

① 黄炎培:《延安归来》,载《80年来:黄炎培自述》,文史资料出版社1982年版,第148页。

来负责,每个人都积极监督和批评政府,形成风气,防患于未然,促使政府克服缺点和不足,按照毛泽东的设想,就避免了"其亡也忽焉"的命运。毛泽东非常重视批评,不仅重视党内的批评与自我批评,而且重视人民群众对党和政府的批评。本章主要涉及后一方面。

毛泽东清醒地认识到,党员干部和政府官员是会变质的,是会发生错误的。在1949年之前,毛泽东就非常警惕革命胜利后可能滋生的骄傲自满、贪污腐化现象。在党的七届二中全会上,他提出,"务必使同志们继续地保持谦虚、谨慎、不骄、不躁的作风,务必使同志们继续地保持艰苦奋斗的作风。"1964年1月,他在一次谈话中说:"人是会变化的,革命者也会发生变化。没有群众监督和揭露,他们可能进行贪污、盗窃,做投机生意,脱离群众。如果我们和我们的后代不能时刻提高警惕,……各级领导权不是掌握在真正的马克思主义者手里,而被修正主义者所篡夺,则我国还可能要走一段资本主义复辟的道路。"①群众批评有助于使党员干部保持优良作风。

具体而言,群众批评在不同的时期服务于不同的政治需要,有不同的对象和内容。在"文化大革命"之前,群众批评主要是针对党和政府中存在的官僚主义、贪污腐败、不认真执行上级政策等问题。"文化大革命"开始后,群众批评转变为群众批判,主要是针对"党里、政府里、军队里和文化领域的各界里的资产阶级代表人物""走资本主义道路的当权派"和"反革命的修正主义分子",针对的是他们的"错误的"理论、路线、方针、政策。

群众批评的主体是谁?在毛泽东时代,强调人民与敌人之分、人民内部矛盾与敌我矛盾之分。"谁是我们的敌人?谁是我们的朋友?这个问题是革命的首要问题。"毛泽东在1949年就提示了联合政府的政策原则:"(对于反动派)实行专政,实行独裁,压迫这些人,只许他们规规矩矩,不许他们乱说乱动。如要乱说乱动,立即取缔,予以制裁。对于人民内部,则实行民主制度,人民有言论集会结社等项的自由权。选举权,只给人民,不给反动派。"②"我们的制度就是不许一切反革命分子有言论自由,而只许人民内部有这种自由。"③"人民"群众是批评的主体,不包括"敌人"。一旦被判定为"敌人",就被剥夺了表达和申辩的机会。在"文化大革命"中,对于"敌人",不仅施以批判的武器,还可能施以武器的批判。

群众批评采取了信访、报刊投稿、群众运动等形式。1950年4月19日,

---

① 逄先知、金冲及主编:《毛泽东传》,中央文献出版社2003年版,第1338页。
② 毛泽东:《论人民民主专政》,载《毛泽东选集》第四卷,人民出版社1991年版,第1475页。
③ 毛泽东:《驳"舆论一律"》,载《毛泽东选集》第五卷,人民出版社1977年版,第157页。

经过毛泽东改定的《中共中央关于在报纸刊物上展开批评和自我批评的决定》指出,为防止"被严重的官僚主义所毒害,不能完成新中国的建设任务",要"在一切公开的场合,在人民群众中,特别在报纸刊物上展开对于我们工作中的一切错误和缺点的批评与自我批评";"吸引人民群众在报纸刊物上公开地批评我们工作中的缺点和错误,并教育党员,特别是党的干部在报纸刊物上作关于这些缺点和错误的自我批评"。1951 年 5 月 16 日,毛泽东作出批示:"必须重视人民的通信,要给人民来信以恰当的处理,满足群众的正当要求,要把这件事看成是共产党和人民政府加强和人民联系的一种方法,不要采取掉以轻心、置之不理的官僚主义态度"。为了落实毛泽东的批示,1951 年 6 月 7 日政务院颁布《关于处理人民来信和接见人民工作的决定》,要求建立起常规性的信访渠道,即县(市)以上各级人民政府在一定部门内由专人负责处理人民群众来信,并设立问事处或接待室,接见人民群众。①

群众运动是毛泽东时代所创造的最具有特色的群众批评和表达形式。它是广大群众参加的、比较具有规模和声势的政治和社会运动,是中国共产党在那一时期进行社会治理和政治动员的基本形式。例如"三反""五反"运动、整风运动、"反右倾"运动、"大跃进"运动、"文化大革命"等。运动的各种会议、集会、游行、口号、标语、非正式出版物和大字报,是群众表达的具体形式。1957 年 10 月 13 日,毛泽东在最高国务会议第十三次会议上总结了当时整风运动中群众的表达形式。他说:"现在整风找出了一种形式,就是大鸣,大放,大辩论,大字报。这是群众创造的一种新形式","这种形式,可以很快普及,很快学会,几个月就可以学会"。② 大鸣、大放、大辩论、大字报得到提倡,在后来的"文化大革命"中广泛流行。1975 年《宪法》把这种形式合宪化,第 13 条规定:"大鸣、大放、大辩论、大字报,是人民群众创造的社会主义革命的新形式。"1978 年《宪法》第 45 条将其作为公民的基本权利来规定,即公民有运用"大鸣、大放、大辩论、大字报"的权利。

---

① 这一决定还要求人民政府建立有关信访的登记、研究、转办、检查、催办、存档等各项制度,并定期总结。它还要求有关机关对信访人予以回复,规定对于人民群众所提问题的处理结果,应及时通知本人;若有特殊情况不能及时处理,应告知来信本人及原交机关。值得注意的是,这一决定还规定,对报纸刊物所载人民群众的批评或意见,各有关机关或工作人员须认真研究处理,并应在该报刊上作公开的答复或检讨。
② 毛泽东:《坚定地相信群众的大多数》,载《毛泽东选集》第五卷,人民出版社 1977 年版,第 480 页。

二、民主法制(治)化与改革开放以来中共主要领导人的人民监督思想

邓小平继承了毛泽东的人民监督思想,但是有很大的不同和发展。邓小平是从日常政治、公民权利、民主与法制关系这三个相互联系的角度来认识和看待人民监督的。关于民主和法制,邓小平有两个重要反思和一个重要命题。一是对古代中国旧传统的反思。他指出:"旧中国留给我们的,封建专制传统比较多,民主法制传统很少。"① 二是对中国共产党领导下的新传统的反思。他指出:"解放以后,我们也没有自觉地、系统地建立保障人民民主权利的各项制度,法制很不完备,也很不受重视。"② 他特别反思"文化大革命"中"大民主"的经验教训。他说:"民主和法制,这两个方面都应该加强,过去我们都不足。要加强民主就要加强法制。没有广泛的民主是不行的,没有健全的法制也是不行的。我们吃够了动乱的苦头。"③ 基于两个反思,他提出一个重要的命题,即"发扬社会主义民主,健全社会主义法制,两方面是统一的"④。社会主义民主和社会主义法制不可分离,必须同时做好民主法制化和法制民主化这两方面的工作("两手抓")。这个命题是改革开放后民主和法治建设的指导思想。民主法制化意味着要从日常政治的角度来看待人民监督,人民监督服务于日常政治的需要,而不是服务于阶级斗争或路线斗争。这进一步意味着,要建章立制,建立稳定的人民监督制度。如此就需要在法律中赋予人民以监督权利,同时使人民的监督行为受法律的制约。

邓小平人民监督思想奠定了改革开放以来认识、理解和建构人民监督的理论基础和基本框架。邓小平之后,中共领导人江泽民、胡锦涛、习近平继承老一辈领导人的人民监督思想,并结合新的形势加以运用和拓展,丰富、发展和深化了中国共产党的人民监督思想。我们主要从以下三个方面阐述改革开放以来中共主要领导人有关人民监督,特别是有关公民批评的思想。⑤

---

①② 《邓小平文选》第二卷,人民出版社1994年版,第332页。
③ 《邓小平文选》第二卷,人民出版社1994年版,第189页。
④ 《邓小平文选》第二卷,人民出版社1994年版,第276页。
⑤ 在笔者阅读范围内,没有发现中共主要领导人使用过"公民批评"或"公民批评权利"的表达式,他们使用过许多相近、相关的词语,例如"人民监督""群众监督""群众批评""舆论监督""互联网监督""民主监督"等。他们主要是在党的会议上的讲话中、在党的文件或党刊文章里论述相关问题的,使用的是政治、政策的语言和概念。但是我们不能说他们没有论述过公民批评相关问题。这些词语,从它们的语境来看,相近于或包含着公民批评的含义。"群众批评""舆论监督"与"公民批评"含义相近,"人民监督""群众监督"〔转下页〕

第一,改革开放以来中共主要领导人从日常政治的角度认识、看待人民监督、公民批评的重要价值和战略地位。

邓小平认为,人民监督、群众批评是防止权力过分集中、推动政府改进工作、发扬社会主义民主的重要手段。他基于对党的曲折历史特别是对"文化大革命"的反思,指出权力过于集中是党和国家政治生活中的重要问题。所谓"权力过分集中的现象,就是在加强党的一元化领导的口号下,不适当地、不加分析地把一切权力集中于党委,党委的权力又往往集中于几个书记,特别是集中于第一书记,什么事都要第一书记挂帅、拍板。党的一元化领导,往往因此而变成了个人领导"①。他认识到,权力过分集中是许多错误和问题的根源。在革命时期,权力高度集中是进行阶级斗争和武装斗争的需要,但是在和平的建设时期,它就会产生很大的弊害。"对这个问题长期没有足够的认识,成为发生'文化大革命'的一个重要原因,使我们付出了沉重的代价。"②它"容易造成个人专断,破坏集体领导,也是在新的条件下产生官僚主义的一个重要原因"③。他所考虑的是,如何在"和平的建设时期",通过群众批评防止权力过分集中,制约权力滥用和监督官僚主义。

改革开放的过程出现了腐败的现象,这在20世纪90年代变得严重。江泽民非常强调舆论监督的反腐败价值。他提出:"反对腐败是关系党和国家生死存亡的严重政治斗争"④。他在接受美国记者采访时指出:"必须用法治的办法、用舆论监督的办法、用教育的办法逐步地把它解决。"⑤这是清醒的认识和精辟的概括。

胡锦涛则从构建社会主义和谐社会的角度提出了人民群众的利益表达问题和民主"四权"。在胡锦涛任职总书记期间,2004年党的十六届四中全会《关于加强党的执政能力建设的决定》第一次明确提及利益表达问题,提出:"建立健全社会利益协调机制,引导群众以理性合法的形式表达利益要求、解决利益矛盾,自觉维护安定团结。"2006年党的十六届六中全会《关于构建社会主义和谐社会若干重大问题的决定》提出:"推进决策科学化、民主

〔接上页〕"民主监督"大致包括《宪法》第41条所说的公民"批评""建议""申诉""控告""检举"。"民主监督"在有的语境下指人民政协的监督,但是在更多的地方等同于"人民监督"或"群众监督"。

① 《邓小平文选》第二卷,人民出版社1994年版,第328—329页。
② 《邓小平文选》第二卷,人民出版社1994年版,第329页。
③ 《邓小平文选》第二卷,人民出版社1994年版,第321页。
④ 江泽民:《高举邓小平理论伟大旗帜,把建设有中国特色社会主义事业全面推向二十一世纪——在中国共产党第十五次全国代表大会上的报告》,1997年9月12日。
⑤ 新华社:《江泽民主席接受美国记者采访》,《光明日报》2000年9月5日,第1版。

化,深化政务公开,依法保障公民的知情权、参与权、表达权、监督权。"

习近平总书记从党的建设的战略高度出发,精确地界定了人民监督的民主地位和价值。第一,人民监督是全过程人民民主的重要组成部分。全过程人民民主包括人民依法实行民主选举、民主协商、民主决策、民主管理、民主监督。第二,人民监督是跳出历史周期率的第一个答案。这第一个答案是在延安的窑洞里找到的。在党的二十大报告中,习近平指出,"经过不懈努力,党找到了自我革命这一跳出治乱兴衰历史周期率的第二个答案"①。第二个答案不意味着第一个答案不再重要。第一个答案是第一答案。因为"自我革命"不是"自说自话、自弹自唱";"不搞闭门修炼、体内循环"。② 要"始终保持同人民群众的血肉联系,始终接受人民批评和监督"③。提出两个答案旨在更加全面、辩证、系统地回答历史周期率的问题。两个答案是内在统一的。自我革命实质是人民中的先进分子进行自我革命,直接目的是确保党能够长期执政,最终目的是维护人民利益。把人民监督看作"第一个答案"是重视人民群众历史作用的体现,是人民立场的体现,这同样从根基上确保了监督的人民性。④

第二,改革开放以来中共主要领导人从权利的角度来认识和看待人民监督、公民批评,认为人民监督、公民批评是民主权利,强调权利的保障。

邓小平指出,"让群众有充分的权利和机会,表达他们对领导的负责任的批评和积极的建议"⑤;要允许人们表达不同的意见,"一个革命政党,就怕听不到人民的声音,最可怕的是鸦雀无声"⑥。允许群众批评,允许存在不同意见,有利于预防和改正工作中的错误。他说:"我们要广开言路,广开才路,坚持不抓辫子、不扣帽子、不打棍子的'三不主义',让各方面的意见、要求、批评和建议充分反映出来,以利于政府集中正确的意见,及时发现和纠正工作中的缺点、错误,把我们的各项事业推向前进。"⑦他揭示了那种抓辫子、扣帽子、打棍子做法背后是一种恶劣的政治思维。"一听到群众有一点议论,尤其是尖锐一点的议论,就要追查所谓'政治背景'、所谓'政治谣

---

① ③ 习近平:《高举中国特色社会主义伟大旗帜,为全面建设社会主义现代化国家而团结奋斗——在中国共产党第二十次全国代表大会上的报告》,2022年10月16日。
② 《习近平谈治国理政》,外文出版社2014年版,第377—378页。
④ 参见徐世甫:《中国共产党跳出历史周期率"两个答案"的内在统一性》,《毛泽东邓小平理论研究》2022年第11期,第26页。
⑤ 《邓小平文选》第二卷,人民出版社1994年版,第257页。
⑥ 《邓小平文选》第二卷,人民出版社1994年版,第144—145页。
⑦ 《邓小平文选》第二卷,人民出版社1994年版,第187页。

言'，就要立案，进行打击压制，这种恶劣作风必须坚决制止。"①对人民群众提出的意见和思想问题，只能采取民主手段，不能采取压制、打击手段。宪法规定的公民权利，必须坚决保障，任何人不得侵犯。群众批评是社会主义民主的重要体现，必须加以重视和保障。"我们要创造民主的条件……宪法和党章规定的公民权利、党员权利、党委委员的权利，必须坚决保障，任何人不得侵犯"；"要切实保障工人农民个人的民主权利，包括民主选举、民主管理和民主监督"；"要使我们的宪法更加完备、周密、准确，能够切实保证人民真正享有管理国家各级组织和各项企业事业的权力，享有充分的公民权利，要使各少数民族聚居的地方真正实行民族区域自治，要改善人民代表大会制度"。②

邓小平虽然还主要使用"人民""群众"等的政治话语，但是已经开始使用"公民"一词。比如批评"公民权利义务观念薄弱"的现象，提出"公民在法律和制度面前人人平等"，要保证人民真正"享有充分的公民权利"。"权利"是邓小平较多使用的一个词语。他赋予权利以个体性，即权利是公民个人行使的权利，例如他提出"要切实保障工人农民个人的民主权利，包括民主选举、民主管理和民主监督"。可以说，邓小平推动了改革开放后群众批评向公民批评的内涵和话语转变。

江泽民使用较多的是"舆论监督"这一词语。他并不单纯从工具的角度认识舆论监督，也不认为舆论监督的主体仅限于新闻媒体及新闻工作者。在一次关于党的新闻工作的讲话中，他表示："广大人民群众享有依法运用新闻工具充分发表意见、表达自己意志的权利和自由，享有对国家和社会事务实行舆论监督的权利和自由。"③人民群众享有对国家事务的舆论监督权利，相当于公民的批评权利。

在胡锦涛任职总书记期间，人民群众的民主权利被概括为"知情权、参与权、表达权、监督权"。这四种民主权利相提并论，成为很长一段时期内流行的民主权利概括方式。监督权自然包括公民的批评权利。

习近平总书记说："我多次强调，要把权力关进制度的笼子里，一个重要手段就是发挥舆论监督包括互联网监督作用。"④同时，他也多次强调，权力

---

① 《邓小平文选》第二卷，人民出版社1994年版，第45页。
② 《邓小平文选》第二卷，人民出版社1994年版，第144、146、399页。
③ 江泽民：《关于党的新闻工作的几个问题——在新闻工作研讨班上的讲话提纲》，1989年11月28日，载新华社新闻研究所编：《新闻工作文献选编》，新华出版社1990年版，第197页。
④ 《习近平谈治国理政》第二卷，外文出版社2017年版，第337页。

是人民赋予的,各级党政机关和干部都是人民的公仆。① 这就是把人民作为治理的主体。这两部分的强调结合在一起,可以引申出以人民权利制约国家权力的理念。

习近平重视在新的技术条件下拓展人民监督、公民批评的新渠道。2016年4月19日,在中央网络安全和信息化工作座谈会上的讲话中,习近平把网民比作"草根",互联网比作"草野","老百姓上了网,民意也就上了网"。他要求各级干部经常且善于从互联网上了解民情民意,对网络言论要包容和有耐心。他说:

> 网民大多数是普通群众,来自四面八方,各自经历不同,观点和想法肯定是五花八门的,不能要求他们对所有问题都看得那么准、说得那么对。要多一些包容和耐心,对建设性意见要及时吸纳,对困难要及时帮助,对不了解情况的要及时宣介,对模糊认识要及时廓清,对怨气怨言要及时化解,对错误看法要及时引导和纠正,让互联网成为我们同群众交流沟通的新平台,成为了解群众、贴近群众、为群众排忧解难的新途径,成为发扬人民民主、接受人民监督的新渠道。②

在这次讲话中,习近平提及一个不认同的观点和一个反对的观点。前者是"一个调子、一个声音"。他说:"形成良好网上舆论氛围,不是说只能有一个声音、一个调子,而是说不能搬弄是非、颠倒黑白、造谣生事、违法犯罪,不能超越了宪法法律界限。"后者是"一封了之、一关了之"。他说:"有一种观点认为,互联网很复杂、很难治理,不如一封了之、一关了之。这种说法是不正确的,也不是解决问题的办法。"③

第三,改革开放以来中共主要领导人从社会主义民主与法制关系的角度去认识、保障和规范人民监督、公民批评。

邓小平强调群众监督的制度建设,这相比以前的做法是极其重要的不同。在毛泽东时代,是否允许和谦虚倾听群众批评是作风问题,是思想、态度问题。在邓小平这里,更是一个制度问题。在他看来,制度问题更带有根本性、全局性、稳定性和长期性。制度是群众批评的保障。他说:"要有群众

---

① 例如习近平:《摆脱贫困》,福建人民出版社2016年版,第29页;习近平:《之江新语》,浙江人民出版社2017年版,第55页。
②③ 习近平:《在网络安全和信息化工作座谈会上的讲话》,2016年4月19日,人民网,2016年4月26日,http://jhsjk.people.cn/article/28303771。

监督制度,让群众和党员监督干部,特别是领导干部。"①注意,这里他说的是要有群众监督的"**制度**",而不是仅仅表示要有群众监督。他慨叹,解放以后没有自觉地、系统地建立保障人民民主权利的各项制度。②改革开放则开启了公民权利的制度建设的新时期。

制度也是对群众批评的规范。邓小平多次、明确反对用群众运动的方法去解决问题。他认为,用大搞群众运动的办法,而不是用透彻说理、从容讨论的办法去解决群众性的思想教育问题,不是用扎扎实实、稳步前进的办法去解决现行制度的改革和新制度的建立问题,从来都是不成功的。"批评的方法要讲究,分寸要适当,不要搞围攻、搞运动。"③民主法制化就是把民主的政治社会关系和活动制度化、常规化、规范化。群众批评的制度化是民主法制化的重要组成部分。

后来在话语方式上,把"法制"改为"法治"作为国家治理的基本方略。法治对于人民监督、公民批评的两项基本功能定位一直没有变化,意即保障人民监督、公民批评的顺利进行,同时规范人民监督和公民批评中损害公共利益和其他公民合法权益的行为。习近平多次指出,推进全面依法治国,坚持以人民为中心,保证人民依法享有广泛的权利和自由、承担应尽的义务,根本目的是依法保障人民权益。④ 其中自然包括人民所享有的宪法上的批评权利。

既然是制度建设,就应注意系统性问题。这一点,邓小平已经注意到,他说,要系统地建立保障人民民主权利的各项制度。江泽民、胡锦涛、习近平都强调各种不同监督形式要相互配合,形成合力。习近平法治思想贯彻系统的观点,强调制度建设的顶层设计以及各项制度的分工配合。他多次提出要做好监督体系顶层设计,强调监督制度的系统性和有效性。例如,在2015年9月十八届中央政治局第二十六次集体学习会上,习近平指出:"各方面监督要严起来、实起来。无论党内监督,还是群众监督、社会监督、舆论监督,加强和改进的空间都还很大,有大量工作要做。要总结经验,健全体制机制,使各种监督更加规范、更加有力、更加有效"⑤;在2016年1月十八届中央纪律检查委员会第六次全体会议上的讲话中,习近平再一次强调"要

---

①② 《邓小平文选》第二卷,人民出版社1994年版,第332页。
③ 《邓小平文选》第二卷,人民出版社1994年版,第390页。
④ 参见习近平:《坚定不移走中国特色社会主义法治道路,为全面建设社会主义现代化国家提供有力法治保障》,《求是》2021年第5期。
⑤ 中共中央文献研究室编:《习近平总书记重要讲话文章选编》,中央文献出版社、党建读物出版社2016年版,第266页。

把党内监督同国家监察、群众监督结合起来,同法律监督、民主监督、审计监督、司法监督、舆论监督等协调起来,形成监督合力,推进国家治理体系和治理能力现代化"①。

第四节　两种不同的思想意旨

可以想见,宪法批评权条款的设计者不仅对西方资产阶级主流政治法律理论中有关公民批评的论述和思想有所了解,更是对马克思主义人民监督理论熟稔于心。作为设计者,他们的了解肯定比本章所概括的更广泛,理解也更深刻。

在范畴上,公民批评属于人民监督。这些有关公民批评的论述和思想需要放在人民监督理论中去理解。人民监督是一个内涵和外延更广泛的概念。人民监督通常指人民群众或普通公民对国家机关和国家工作人员的监督,广义的人民监督还包括国家权力机关对其他国家机关和国家工作人员的监督,但是国家权力机关和人民代表同时也是普通公民监督的对象。除了公民批评,申诉、控告、检举等也是人民监督的形式,但是申诉、控告、检举等形式在封建社会中也是允许的。所以公民批评是人民监督的主要形式,公民批评思想是人民监督理论的主要组成部分。

这些论述和思想比较全面,和谐一致,与西方的相关论述和思想有根本不同。或许我们可以从以下方面加以概括和把握:

第一,在监督必要性方面,马克思主义人民监督理论认为,国家工作人员以及由他们组成的机构是会发生错误的,不仅其思想道德会发生变化,而且其知识和能力也可能会出现局限和不足。但是他们不像一般西方作者那样从抽象的人性出发认为人的缺点和不足是人的本性,而是从唯物主义和辩证法的角度出发,认为人会受到环境因素和认识能力有限性的影响,会发生变化,表现出一定的缺点和不足,但是这些缺点和不足又是可以改变的。由于存在缺点和不足,又由于它们可以改变,批评和监督便有必要。

第二,在批评主体方面,马克思主义人民监督理论把普通、广大的人民群众作为批评主体。毛泽东认为,解决历史周期率问题的根本之道在于让人民来监督政府,人人起来负责。人民群众是国家机关和国家工作人员的

---

① 中共中央文献研究室编:《习近平总书记重要讲话文章选编》,中央文献出版社、党建读物出版社 2016 年版,第 377 页。

服务对象,是立法、司法、执法行为的对象,是法律、政策适用结果的最终承担者。对国家机关和国家工作人员的缺点和不足,他们的感受最为直接,了解最为深刻。他们有资格、有能力作出批评。从中国共产党的媒体政策和毛泽东改定的《中共中央关于在报纸刊物上展开批评和自我批评的决定》来看,媒体是人民的喉舌,应当为人民群众的批评活动提供平台服务;媒体应当以人民群众的利益为导向,在法律政策范围内主动、积极地开展批评性报道。这些思想包含了一种批评主体模式:在人民群众与媒体的关系上,以人民群众为中心。这或许可以称为**人民模式**。这种模式是中国共产党群众路线在公民批评上的体现。

西方作者,至少是英美作者的传统公民批评思想强调一种以媒体为中心的**精英模式**,斯图尔特、布拉西对这一模式的内涵作了详细的阐述。他们把有组织的、专业的独立媒体作为起核心作用的批评主体,认为媒体批评是最主要的批评活动,所推崇的是对于政府腐败或滥用权力行为的深度报道。普通公民的作用主要是作为媒体爆料人和访问对象,以及在选举日在媒体提供的信息基础之上对公职候选人作出选择。20世纪市场领域的传统媒体集中趋势和现象印证、支持了这一模式。[1] 21世纪互联网的发展调整了但是并没有颠覆这一模式。从事批评的精英主要是网络化的传统媒体,以及在互联网上影响舆论的精英人物。其他网络公共论坛参与者充当着爆料人的角色,他们的爆料是否会引发舆论的关注,取决于是否会引发媒体机构和网络精英的关注。[2]

这种区别的背后是两种不同的民主观。前者是人民民主,后者是精英民主。人民民主观认为,当人民意识到自己是国家主人,就会把公共事务看作自身的事务,以积极的主人翁精神参与到公共事务的治理中。布拉西揭

---

[1] Marc A. Franklin, David A. Anderson, Lyrissa C. Barnett Lidsky, Amy Gajda, *Media Law: Cases and Materials* (9th ed.), St. Paul, MN: West Academic Publishing, 2016, pp.22 – 23.
[2] 辛德曼研究了美国互联网公共论坛的结构,发现依然存在集中的趋势,例如一小群一流博主实际上获得的政治博客流量,比其余公民总体获得的流量还要多,"这些顶级博主受到了更好的教育、更可能是男性、具有更少的族群多样性",背后都依赖专业团队的组织和运营。他们生产和过滤着政治信息,影响甚至控制着网络舆论。"尽管有少数默默无闻的博主引发人们关注之前未知的政治丑闻,这也并不必然意味着过去的局外人(outsiders)现在就能在网上轻易被听到。顶级博主们能够挥发受众持续和普遍地关注其观点和喜好,而其他的博主则需要广泛被阅读的那些表达渠道的通力合作,才能被听见。当小博主们的某些偏好与精英媒体的观点相契合时,就有可能被重复和放大——否则,就会被视而不见。成功触发丑闻事件的那些人物的背景资料,强化了这样一种印象,即有效利用互联网的正是那些精英们。"([美]马修·辛德曼:《数字民主的迷思》,唐杰译,中国政法大学出版社2015年版,第179页。)

示了精英模式与精英民主观的关联:"制约价值出自民主理论,但它是约翰·洛克和约瑟夫·熊彼特的民主理论,而不是亚历山大·米克尔约翰的民主理论。在洛克或熊彼特的民主观下,普通公民的作用与其说是在持续的基础上为公共政策的形成作出贡献,不如说是在官员的决定越过一定界限时保留否决权。"①熊彼特等人为代表的精英民主理论以为政治是政治精英分子的职业性活动,普通公民的作用在于选举政治代理人。它有一个消极公民的想象,以为公民淡漠于政治,对公民的自治能力多有贬损:"民主政治并不意味着,也不能意味人民真正在统治——就'人民'和'统治'两词的任何明显意义而言——民主政治的意思只能是:人民有接受或拒绝将要来统治他们的人的机会。"②

第三,在批评者与政府的关系方面,马克思主义人民监督理论并不在一般的意义上把他们置于相互对立的地位。批评者与政府的根本利益是一致的,那就是维护和促进人民群众的利益。只有在具体的特定的情况下,例如当国家工作人员存在严重违纪违法的情形,才会被置于对立的位置上。批评政府的目的不是改换政府,而是推动政府改正缺点,弥补不足,善用权力,更好地工作。公民批评不仅有制约权力的作用,还有教育权力的作用,即创造一种条件和氛围,培养政府及其工作人员的思想品德和业务能力,使其更好地为人民服务。马克思主义人民监督理论对国家机关及其工作人员提出了很高的要求,他们不仅应主动地寻求、虚心地倾听人民群众的意见建议,还应当予以一定的回应,吸纳其中合理的部分。公民批评是权力监督和制约、反腐倡廉机制的组成部分。在这一机制中,执政党的统一领导和目标一致保证了相关各部分的对立和制约关系维持在一个合适的程度内。

西方作者普遍把公民批评作为宪政或者分权制衡制度的一部分来理解。宪政制度的精神,可以用麦迪逊的"以野心对野心"来诠释,或许还可以加上"并使他们势均力敌"。这就要求为权力机构设置对立面,通过对立面之间的相互监督和制约来防止彼此的权力滥用。在英美等国家的主流政治法律理论中存在一个所谓"第四等级"或"第四权"的历史叙事,把新闻媒体的监督权与立法、司法、行政等权相提并论,把独立媒体对政府权力的监督视为宪政制约机制不可或缺的一部分。宪政制度背后是对人性的深度怀疑,把政府看作"必要的恶"。如果在"有政府而没有报纸"和"有报纸而没

---

① Vincent Blasi, "The Checking Value in First Amendment Theory", *American Bar Foundation Research Journal*, Vol.2, No.3, 1977, pp. 521, 542.
② [美] 约瑟夫·熊彼特:《资本主义、社会主义与民主》,吴良健译,商务印书馆1999年版,第415页。

有政府"之间进行选择,杰斐逊认为他会毫不犹豫选择后者。① 这并非意味着报纸就是善,不过是两害相权取其轻。媒体独立于政府,但是未必独立于党争和意识形态。客观、纯粹的中立是不存在的。媒体监督在很大程度上与政党竞争相联系,以影响选举为目的。在这一意义上,它又是资产阶级不同政党之间、在野党对执政党的监督。

第四,在动力机制方面,马克思主义人民监督理论认为,人民群众维护**公共利益**的责任感和保护个人合法权益的愿望推动着公民批评的展开。一个理想的公民形象所具有的品质是正直,智慧,具有主人翁意识,积极参与公共事务,关心公共利益,在法律和道德允许的范围内追求个人利益。

西方作者则通常主张通过**市场机制**推动公民批评,人们通过对私人利益的追求开展批评活动,不同的言论通过自由竞争去获得说服力,最后在自由竞争中胜出的言论就代表了事实的真相和正确的意见,由此获得了公共利益。斯图尔特认为,新闻媒体是唯一受宪法保障的有组织的私人企业。布拉西把私人媒体的自主、专业的经营看作它发挥制约价值的基本条件。德国《明镜周刊》案判决指出:"媒体所分担的这一重要公共任务恰恰是有组织的国家权力无法胜任的,出版企业必须在社会领域自由组建,并依据私营经济原则和私法组织形式运作,各出版企业之间存在思想和经济方面的竞争,公权力原则上不得介入。"②这里所说的公共任务是指包括公民批评在内的提出信息、促进讨论的任务。"思想的自由市场"的物质基础是经济的自由市场。商业利益是一把双刃剑,既可能维护,也可能扭曲真相。当自由市场发展为垄断市场时,被垄断的不仅是开办新媒体的机会,还有发表不同言论的机会。

第五,在公民批评的权利性与法治化方面,尽管马克思主义人民监督理论对理想公民有很高的期许,但是仍然把批评看作公民的权利,而不是义务。这需要区分公民批评的法律含义和政治含义。在政治层面,公民批评既是权利,也是义务。而在法律层面,公民批评仅仅是权利。这是一种合理可行的定性。如果把公民批评定性为法律义务,就意味着如果没有履行或适当履行这种义务,就要承担责任。这不仅与公民的民主地位相矛盾,也不符合现实需要,不具有现实可行性。基于监督必要性和"国家和国家机关由

---

① 参见[美]托马斯·杰斐逊:《杰斐逊选集》,朱曾汶译,商务印书馆2011年版,第405—406页。
② 德国联邦宪法法院《明镜周刊》案判决意见(Spiegel-Urteil, BVerfGE 20, 162, 1966年8月5日),转引自张翔主编:《德国宪法案例选释·第2辑·言论自由》,法律出版社2016年版,第8页。

社会公仆变为社会主人"的可能性,赋予公民批评权利有助于批评者对抗压制,保障批评活动正常开展。权利的本质是具有一定共识基础的正当合理性,基本功能是为行为人提供公共理由。在具体运用中,权利虽然具有阻断对话的效果,但是它也是一种节约论证成本的方式。认为公民批评是权利,并不意味着这种权利可以滥用、不受限制。这涉及公民批评的法治化。法治化是制约,也是保障。它是公民批评的制度建设,有助于使有关公民批评的"制度和法律不因领导人的改变而改变,不因领导人的看法和注意力的改变而改变"。在马克思主义公民批评思想史上,邓小平在公民批评的权利性和法治化思想方面作出最为重要的贡献。改革开放伊始,他提出发扬社会主义民主,健全社会主义法制,把批评国家机关和国家工作人员作为公民的权利。公民批评的权利性是发扬社会主义民主的体现,公民批评的法治化是健全社会主义法制的要求。民主与法制不可分离,公民批评的**权利性**与**法治化**相辅相成。这既是对"文化大革命"反思的结果,也是放眼世界、"吸收我们可以从世界各国吸收的进步因素"的结果。1982年《宪法》规定公民的批评权,既开启了公民批评的制度建设时代,又为这一制度建设奠定了宪法基础。

第四章　批评权利的宪法价值

价值通常是指人们所珍视、所追求、所希望拥有的善好。批评权的宪法价值就是从宪法的角度来看它能够保护或促进哪些善好，它是批评权在制宪意图中的价值预期以及在宪法秩序中所具有的有益作用或积极意义。对此问题，应当从孕育、滋养批评权的特定思想和理论出发去把握，还应结合当代中国公民批评的生动实践，从权利的实践中感知权利人的期望以及它的实际和潜在的作用。批评权的价值源于又超越制宪者的价值观。

批评权的价值不等于批评性言论的作用。第一，批评性言论只是批评权构成要素之一，其作用不能完全等同于整个批评权的价值。批评权得到保障并不必然意味着公共论坛充满批评性言论，而是意味着每一个合法的批评性言论都有表达的机会且不受到非法的对待。第二，批评权的价值是在一定的观念和制度规范之下的价值，换言之，是在一个法律世界中的规范性价值，而批评性言论的作用是在一个客观世界中舆论运作的自然结果。第三，批评性言论的作用几乎完全是从工具的角度来认识的，体现了批评权的外在的工具性价值，然而批评权还有内在的构成性价值。理解批评权的构成性价值，需要有一种系统的观点，把批评权放置于一个系统之结构中观察它的地位、关系以及它对于系统和其他构成部分的作用。

第一节　宪法广场上的"华表"

华表是我们今天所能看到的少数几种中国古代制度遗物之一。关于华表，通常认为是古代用于表示王者纳谏或指路的木柱。它有两个作用：纳谏、指路。多数人更肯定其纳谏作用，认为其是"诽谤之木"。传说，帝尧置"进善之旌"，立木为表，使民书政之得失。晋朝崔豹《古今注》记载："程雅问曰：'尧设诽谤之木，何也？'答曰：'今之华表木也。以横木交柱头，状若花也。形似桔槔，大路交衢悉施焉。或谓之表木，以表王者纳谏也。亦以表识衢路也。秦乃除之,汉始复修焉。今西京谓之交午木。'"(《古今注·问答释义》)。实际上,秦汉之后,无论是纳谏功能,还是指路功能,都已经消失了。一种新的功能,一种装饰性的甚至粉饰性的功能逐渐地形成了。这种功能似乎与纳谏正好相反。

华表往往立于人多之处。人最多之处莫过于广场了。广场的物理功能是供人聚集。它有三种制度性功能:一是人们聚集于此,以便相互交易;二是以便相互议论;三是用于某种仪式或者庆典。当然,仪式或庆典也是表达某种态度和意见——某种统一的态度和意见。在不同的政治经济体制之下,广场具有不同的制度性功能。在古希腊、罗马的古代民主制中,公民大会必须在广场上举行。卢梭写道:"这些合法召集的大会就叫做人民大会;它们通常是在罗马公共会场上或者是在玛尔斯教场上举行"①。卢梭还认为:"为了使大会得以合法地召开,为了使它的行为具有法律的力量,就必须具备三个条件:第一是召集大会的团体或行政官必须赋有为此所必需的权威;第二是大会必须在一个法定的日期举行;第三是占卜必须是吉兆。"②这时,广场就起到了提供公共议论之平台的制度性功能。在专制的政治体制之下,广场只剩下仪式或庆典的功能。在直接民主制度转变为间接民主制的背景下,广场的议论功能有所减弱,而仪式或庆典功能有所增强。

卢梭认为,一个真正的民主共和国应当实行直接民主制,全体公民集合起来,成为主权者,共同掌握着制定法律的权力,由主权者所授权的政府负责执行法律。他心目中想象的是像古希腊城邦和当时日内瓦共和国那样的袖珍国家。在这样的国家中,土地不能太广,人口不能太多,人口要少得使公民之间可以彼此熟悉。这种民主方案在现代的绝大多数国家中都是不可行的。那么,用于公共议论的广场还有吗?

我们发现,现代宪法在规定了代表制的同时,还创造了一个公共议论的广场。创造这一广场的制度是宪法中有关言论表达、批评政府、学术自由的规范及其相关的保障机制。就中国宪法而言,相关制度规定是第 35 条、第 41 条、第 47 条等规范。这一广场是由现代印刷术、通信技术所支撑起来的由图书、刊物、报纸、互联网等渠道所构成的公共论坛,它随着传播技术的发展而不断扩展。在古代雅典和罗马的宪制中,是没有个人的言论自由的,但是在公共广场上,作为一个公民可以畅所欲言。在直接民主制以及人际传播为主要传播形态的背景之下,民主的实行必须依托一个物理性的公共广

---

① [法]卢梭:《社会契约论》,何兆武译,商务印书馆 1980 年修订第 2 版,第 148 页。
② [法]卢梭:《社会契约论》,何兆武译,商务印书馆 1980 年修订第 2 版,第 149 页。

场。在现代间接民主制度以及传播技术的背景之下,民主的实行已经无须依托一个物理性的公共广场,但是必须存在一个虚拟的广场,一个由宪法言论表达自由等规范所创造和保障的、由现代各种言论表达渠道所构成的公共议论的广场。

在这样一个宪法广场上,耸立着它的"华表"。这个华表就是公民批评政府的权利。在古代的谤木上,人们写下对于执政者的批评和建议。而今天,人们聚集在这一批评权利之下发表对于政府的批评性意见。宪法广场,是当代中国宪法所创造的一个具有民主标志性的制度。借助这一制度,我们可以确定宪法的民主性质。而公民的批评权利是宪法广场上最醒目的标志。借助这一标志,我们可以确定宪法广场之所在。批评性言论是公共议论中最激烈的言论,最难令人容忍。公民的批评权利得到保障,是公民言论自由、诉愿自由等自由和权利得到保障的标志,是权力监督和制约机制有效运作、吏治清明的标志,是民主制度生机勃勃、健康发展的标志。作为宪法广场上的华表,批评权利具有广泛、深远的象征价值。

第二节 公权监督的权利机制

一、三种权力监督与制约机制

国家是一套公共权力系统。权力是双刃剑,人以及由人所组成的机构在道德与理性上不是完全可靠的。道德上的不完善是以私人利益损害公共或统治利益的原因,理性的有限性导致决定的失当与错误。立法机关错误地通过一项规定,可能会损害千百万人民的生命、自由和财产。行政、司法机关及其工作人员错误地作出一项决策或决定,可能会浪费国家大量的财产而徒劳无益,或制造冤假错案而改变公民一生的命运。至于那些贪污、受贿等腐败行为也明显地侵害公共利益,侵害社会公平。因此有必要设立一定的机制监督与制约权力。这一种考虑贯穿了人类社会的主要历史,并促进了一定机制的设计与建设。归纳起来,可以分为三种机制:**以权力制约权力**、**以道德制约权力**、**以权利制约权力**。[①]

以权力制约权力,广泛存在于一些非民主的社会形态之中,包含在甚至是最专制的政体之中。在任何一个国家,无论是有意设计的政治制度,还是

---

① 参见侯健:《三种权力制约机制及其比较》,《复旦学报(社会科学版)》2001年第3期。

无意识发展出来的政治实践,都或多或少、或清晰或模糊地包含着以权力制约权力的机制。以道德制约权力的机制也可以存在于一些非民主的社会形态之中,为专制政体服务。以权利制约权力,以承认公民权利为根本前提,以保护公民权利和公共利益为最终目的,是一种民主性质的监督。这种权利机制弥补了其他两种机制的缺陷。无论是以权力制约权力,还是以道德制约权力,都属于统治体系的内部监督。以权力制约权力的机制意在使公共权力内部的机构和官员实行相互的监督与制约,以道德制约权力的机制在于培养官员的自我监督和自我制约的能力。而权利机制所要建立的是被治者对于统治者的监督,所要解决的是如何监督监督者的问题。

二、批评权利在监督和制约权力方面的独特价值

公民的批评权利就是一种可以监督和制约权力的权利,是以权利制约权力这一机制的重要组成部分。相比于其他具有积极制约作用的权利来说,批评权利有两个特点:一是赋予所有的公民及其组织和团体,主体范围最为广泛。其他权利的主体范围相对有限,或者只赋予一定条件下的个体公民,例如选举权,或者只赋予特定的利害关系人,例如申诉权。二是它是一种专门的监督权利。其他权利所具有的制约权力价值大多是衍生的,是从其他价值中衍生出来的。

公民批评权利的基本价值之一是监督和制约权力。具体而言,它保障着批评性言论发挥以下作用:

(1) 揭示公共问题及风险。公共问题包括法律政策的缺陷、权力体制的缺点以及国家和社会中存在的其他共同的或普遍的问题,其中包括可能会带来损害的公共风险。官僚主义者安逸于自己的想象和循规蹈矩的模式,倾向于忽视和掩盖任何会给他带来麻烦的问题和风险。普通公民则每天与各种各样的问题打交道,承受法律政策的好的或不好的后果,易于感知、发现各种潜在的风险。如果公民有权利揭示他所发现和认识到的问题和风险,使它们为公众、国家机关和国家工作人员所知,就可以为及时采取恰当的公共行为创造条件。就此而言,批评权也构成了法律政策的反思机制和公共风险的预警机制的组成部分。①

(2) 揭露国家机关和国家工作人员违法违纪的行为。公民的揭露是法定的监督或监察机关立案、办案的重要线索来源。批评权可使每个公民成为编外的、义务的监督、监察人员。

---

① 批评者有时是公共风险的吹哨人。但是虚构事实、制造和散布谣言不受法律保护。

（3）预防权力的滥用和不当行使。批评权通过对批评性言论的保障,形成一定的舆论压力和氛围,营造良好的道德风尚,有助于维系国家机关和国家工作人员勤政廉政、依法行权的自律意识。

公民享有批评政府的权利,意在使公民成为监督政府的力量。在国内,监督机构不可谓不多,有关的制度不可谓不繁复,而权力滥用和腐败现象似乎仍然很多。一些曾经当权的腐败分子可以轻松地使一些机构和制度不起作用。保证权力的相互制约机制正常运行,避免"集体腐败"和"官官相护"现象出现的一种有力措施,就是健全以权利制约权力的机制,使公共利益的主体——广大公民承担起监督监督者的责任。道德与法纪教育可以培养官员的自律意识,有助于他们行使好手中的权力。但是公民批评通过在公共论坛的自由空间中所抒发的舆论力量,有助于维系这种自律意识。

第三节 公民之善的护养途径

公民之善概指对于个体公民的存在和发展来说具有价值的事物,例如拥有公民权利,具有公民品质。批评权利有助于保护和培养公民之善。

一、救济公民权利

批评政府是公民的一项权利。它是公民的重要救济手段。公民合法权益会由于国家机关或国家工作人员滥用权力而受到侵害。当批评产生了效果,权力滥用得到阻止,受到侵害的权益就有望得到救济。它有时作为弱者的武器,保护本来属于弱者的东西,这有助于维护公平正义。主要是基于这一考虑,依法可被剥夺的"政治权利"不包括批评权、建议权等监督权利。1982年《宪法》起草参与人许崇德先生解释说:"因为依法被剥夺政治权利的人如果对于社会主义现代化建设事业提出合理化建议,或者检举坏人坏事和其他要犯,这不仅是容许的,而且还会'立功受奖'得到鼓励。再者,虽被剥夺政治权利,但为了保护自己的正当权利和合法利益而依法申诉或者对确实侵害了自己合法权益的人提出控告,一般也不在禁止之列。所以,宪法第四十一条规定的批评、建议、申诉、控告、检举的权利应不包括在政治权利和自由的范围之内。"[①]在公民维权实践中,维权者经常援引宪法批评权条款作为辩护的理由。这一条款是公民使用较多的宪法条款之一。

---

① 许崇德:《中华人民共和国宪法史》,福建人民出版社2003年版,第790页。

二、培养公民品质

批评权还具有一项重要的内在价值,即行使批评权、从事批评实践活动给予公民自身的一种教育效果,它有助于培育公民品质。在一定意义上可以说,具有一定品质的公民也是民主体制运作的条件。但是这项价值具有超越体制的更深远的意义,它关系到民主政治的根本——作为公民的人。

从法律的角度来看,"公民是一种法律上的特殊身份,代表着国家对某一社会成员法律资格和法律能力的确认。公民身份是一个法律上的建构,是把纯粹的自然人转换为国民的政治人的过程。"[1]在法律上,公民与自然人相对而言。从社会政治的角度来看,公民又可以指走出私人生活、参与公共生活、关注公共事务的人。在此,公民与私人相对而言。公民品质更多的是在这一意义上而言的。它通常被界定为"社会成员基于其公民身份而参与社会政治生活应具有的品性、能力与资质,可与公民素质、公共精神、公民属性在同等意义上理解和使用"[2]。它与通常翻译为"公民美德"或"公民德性"的西方概念"civic virtù"具有大致相同的含义。[3]

公民品质包括许多要素,核心是参与公共生活的素质和能力。就批评权而言,它与公民尊严、公共精神、审议能力这些要素具有密切的关系。

公民尊严,或者说公民主体性,是公民作为国家主人的主人翁意识和地位。这应该是人民民主观念最为重视的公民品质。在古代中国,礼法所维护的是尊卑有序、贵贱有分的等级秩序。掌握权力的统治者是尊贵者,受权力支配的臣民是卑贱者。臣民对统治者的批评被认为是对统治者尊严和权威的侵犯,在多数朝代本身就构成犯罪行为。秦法有"诽谤者族,偶语者弃市"的规定。汉初曾经废除"诽谤""妖言"等罪名,后来又加以恢复。沈家本在论及汉宣帝废"诽谤"罪时,揭示了诽谤罪的目的:"宣帝虽善其言,而未闻有明诏以除之者,综核之,主固欲留此律以自尊也。"[4]《唐律疏议》卷一《名例律》"十恶"之"大不敬"条所惩罚的行为包括:"指斥乘舆,情理切害,

---

[1] 胡玉鸿:《公民美德与公民义务》,《苏州大学学报》2013年第2期,第84页。

[2] 顾成敏:《当代西方公民德性理论与我国公民精神的建构》,《北京科技大学学报(社会科学版)》2005年第3期,第14页。

[3] "civic virtù"翻译为"公民美德"或"公民德性",在汉语语境中都侧重指公民的道德性质。实际上,virtù 不同于 virtue,它们的含义有很大程度的区别,前者包括后者但不限于后者,还包括能力、意志力、英雄气概等含义。参见[美]C. J. 弗里德里希:《政制的国家理性》,侯健译,贵州人民出版社2017年版,第17—19页。本文使用"公民品质"概念,符合汉语词语之通义,又能够涵盖西语"civic virtù"的含义。

[4] 沈家本:《历代刑法考》,中华书局1985年版,第1416页。

及对捍制使,而无人臣之礼"。何谓"乘舆"?"天子正号曰皇帝……车马衣服器械百物曰乘舆"①。以乘舆代称皇帝,显示的是对君主威严的维护。疏议曰:"礼者,敬之本;敬者,礼之舆。故《礼运》云:'礼者,君之柄,所以别嫌明微,考制度,别仁义。'责其所犯既大,皆无肃敬之心,故曰大不敬",指斥乘舆罪的目的就是维护君主的尊严与权威。

现在,人的尊严被普遍认为是法律的最高或基本价值,成为一个超越文化差异的理念。最典型的是德国基本法的规定,其第 1 条第 1 款称:"人之尊严不可侵犯,尊重及保护此项尊严为所有国家机关之义务。"中国宪法虽然没有如此明确规定,但是一般认为隐含了这样一种精神。第 33 条第 3 款规定:"国家尊重和保障人权"。人权以人之尊严理念为基础,二者在某种程度上呈现一种因果关系,当我们谈及人之尊严,往往同时也意味着人权。所以,宪法规定人权保障,也就必然包含了人之尊严的内容,人之尊严是所有后续基本权利的根源,一切基本权利都是对它的具体化。②

我们把这一价值与宪法的人民主权原则以及宪法所调整的公民与国家机关之间关系这一语境联系起来,准确地解释这里所谓的人的尊严,有两层含义:一是**自然人的尊严**;二是**(主)人的尊严**,即作为国家主人的公民的尊严。国家机关及公务人员是公仆,而公民是主人。当宪法明确地规定或隐含地表示,人的尊严是宪法价值,尊重及保护人的尊严是所有国家机关之义务时,它是面对国家机关及公务人员来表示。这里的"人"不仅是作为国家管理对象的人,而且是作为国家主人的人民以及组成人民的每一个公民。

每一个人/公民都具有双重身份,既作为管理对象,又作为服务对象;既作为被治者,受到国家机关及公务人员的管理,又作为治理者,治理着国家机关及其公务人员。对国家机关及公务人员的批评就是日常的公共实践中对国家机关及其公务人员行为的治理。批评权作为一种权利,表明了这一治理的合法性和正当性。它实际上是作为国家主人的公民治理国家的权利。

指斥乘舆的规定体现了作为国家主人的君主的尊严。而批评权正好相反,体现了民主的尊严,即作为国家主人的公民的尊严。批评权代表了一种革命性的法律思想。国家从前尊敬的是统治者,现在尊敬的是被治者。如果批评权不能体现公民的尊严,那么作为管理对象的公民在面对国家机关及公务人员时就很难获得尊严。

---

① 〔汉〕蔡邕:《独断》卷上,中华书局 1985 年版,第 1 页。
② 参见王晖:《人之尊严的理念与制度化》,《中国法学》2014 年第 4 期,第 116 页。

在日常的公共实践中,当政府出现违法行为时公民可以批评政府,这与当公民出现违法行为时政府可以批评公民,是相平衡的。《治安管理处罚法》第 10 条、《行政处罚法》第 10 条都规定有警告的处罚措施。这种处罚措施即是给予违法公民以批评教育。国家机关在给予违法公民其他种类的处罚措施时,都可以进行批评教育或训诫。如果公民违法应受政府批评而政府违法不受公民批评,这既不公平,也违背民主的尊严。

进一步而言,为了公共利益,一名官员在履行职务过程中发表了有损他人隐私和名誉的言论,享有法律上的绝对特许权,是免责的。公民在公共讨论中批评官员的职务行为,不慎侵害了官员的隐私和名誉,也应当是免责的,因为这种讨论也是为了公共利益。这样才能够保持官员与公民在言论权利上的对等。

批评权有助于促进国家机关和国家工作人员与公民在道德上的平等感和相互尊重精神。国家机关由国家工作人员组成。国家工作人员不过是穿上制服的公民,并不会由于穿上制服而变成神而不是人,仍然有人性的弱点和不足。由于仍有人性的弱点和不足,他们穿上制服反而觉得自己高人一等,变得傲慢,滋生官僚主义习气,甚至自我神化和接受神化。尊重和保障批评权有助于清除笼罩在国家机关和国家工作人员身上的神秘面纱,防止官僚习气的滋生和蔓延,有助于创造和维系一个谦卑、和蔼的政府。同时,它也能够给予公民以国家主人的勇气、自信和尊严。当公民可以批评并被认真倾听时,就体会到被尊重的感觉,民主意识得到增强。批评权能提升公民维护合法权利和公共利益的自主性、主动性和勇气,使之敢于并善于表达。

批评权的价值还体现在公民的精神塑造和能力培养上,这是比较容易看到的。如果公民发现政府有不当或违法行为时即勇敢地进行批评,他们身上某些优良的、有益于公共生活的道德品质就会得到发扬,例如关心公共事务、注重共同体价值等。从公民维权的实践中,我们可以发现许多人从一开始仅仅关注和维护个人权利,发展到同时关注和维护具有相似遭遇的其他人的权利,甚至专门从事公益工作。他们超越了个人的悲喜。正如有的学者所言,公民德性就是"超越个人善、推进公共善的确定倾向"[1]。

批评权还有助于促进公民对公共问题的认知、对公共利益的了解和理解,提高对公共决策的审议能力。我们也可以从公民维权的实践中,发现许多人从对法律几乎一无所知发展到对某一方面的法律、政策非常熟悉,甚至

---

[1] 史彤彪:《公民德性与法治转型》,《华东政法大学学报》2018 年第 3 期,第 83 页。

可称为专家,并可以为其他具有相似遭遇的人提供法律咨询。行使批评权利在一定程度上是一个自我学习、自我教育的过程。

国家治理体系和治理能力现代化的关键是治理主体的现代化。无论是实行民主还是实行法治,其基础都是具有主体意识、公共精神和审议能力的公民。在清末以来中国现代化的百年进程中,从臣民向公民的转变是至关重要的一部分,这一转变既是这一进程的方向,又是其动力。给予一定的制度保障,例如批评权保障,让民众自己在民主法治实践中完成这一转变是最好的方式。

第四节 日常便捷的民主形式

一、民主的主要形式或构件

民主可以在多个层面上来理解。它既指一系列权利,也指一种政治体制。作为一束权利,民主包括了通常的政治权利和自由。作为一种政治体制,其基本意思是建立在人民同意和满意基础之上的政治体制。通常把民主的基本原则概括为"民有",即政权为人民所有;"民治",即公共事务由人民或其代表治理;"民享",即政权旨在为人民谋福利。"民有""民治""民享"也是判断政体的民主性质的基本标准。但是民主是一个程度问题,在纯粹民主与绝对专制两个想象的极端之间是连续性的变化。

有关民主模式的讨论一般是在"民治"的维度上展开的,意即公共事务治理的模式。最基本的可以划分为直接民主和间接民主两种理想类型,每一种类型之中又可以划分为若干分支类型。①

古代雅典的城邦民主是一种直接民主制,全体公民组成公民大会,直接参与、讨论立法事务和进行决策,甚至执行一定范围内的司法、行政事务。在现代国家,现实可行的是间接民主的体制,当然可以包含或兼有一定的直接民主因素(实际上也不存在纯粹的直接民主体制)。在间接民主体制的共同前提下,存在着纷繁复杂的民主模式及相关理论。不同的民主理论对民主模式的构成要件有不同的认识。一些民主理论虽然认识到言论自由对于形成民主意志的重要意义,但是认为这种意义是附丽于选举、参与或协商

---

① 有关西方各种民主模式及有关理论的分析,可参见[美]戴维·赫尔德:《民主的模式》,燕继荣等译,中央编译出版社 2008 年版。

的,言论自由并不是民主的一个独立的构成要件。这实际上导致言论自由特别是批评权的意义和重要性被大大地低估或忽视了。

以熊彼特为代表的西方学者提出精英民主理论,以为民主的核心在于竞争性选举,普通公民的作用在于选举政治代理人,政治是政治精英分子的职业性活动。熊彼特认为:"人民的任务是产生政府,或产生用以建立全国执行委员会或政府的一种中介体。同时我们规定:民主方法就是那种为作出政治决定而实行的制度安排,在这种安排中某些人通过争取人民选票取得作决定的权力。"[1]这种理论至少有两个局限。其一,它把公民的作用限制在若干年才有的选举日当中,忽视了在非选举日所可能起到的作用。精英民主理论按照市场的观念来理解政治,按照购买方-供应方的关系,而非主人-公仆的关系来理解公民与国家的关系,并不在意公民的民主地位在非选举日是否得到体现。精英民主理论还有一个消极公民的想象,以为公民淡漠于政治,对公民的自治能力多有贬损。实际上,积极公民与消极公民的划分并不是绝对的。一个公民可能对投票很积极,而对发表政治性或批评性言论很消极;也可能相反;或者对投票和发表言论都很积极或者很消极。不同的民主途径可以为不同的公民提供服务。其二,它把言论自由理解为消极的个体性自由,是政府需要保障的对象而不是民主体制的构成要件。它从孤立的角度来理解投票,忽视了言论自由可以给明智投票提供适当信息基础。有关这一基础,米克尔约翰的阐述具有启发性。[2] 他认为,投票不过是公民为了实践对公共问题的判断责任所进行的广泛而分散的一系列活动的外在表达形式。只有当投票者的判断是明智的、真实的、完整的、基于充分信息的,民主才是真实的和有意义的。投票者的判断责任主要体现在以下三个方面:作为民主主体的公民必须理解国家面临的公共问题;公民必须对国家官员就这些问题作出的决定进行判断;公民必须共同设计一些方法,俾使这些决定是明智的和有效用的。这几个方面的活动皆是有关言论自由的活动。言论自由为明智的民主投票提供了信息基础。

还有一些民主理论非常强调参与和审议的价值,以弥补选举机制的不足。参与主要有两种形式:一是其他党派、团体、集团对执政党的执政决策过程的参与,或称政党协商。二是公民、组织或利益相关方对国家机关行使权力、作出决定或决策过程的参与,或称公众参与。无论哪一种形式的参

---

[1] [美]约瑟夫·熊彼特:《资本主义、社会主义与民主》,吴良健译,商务印书馆1999年版,第395—396页。
[2] 参见[美]亚历山大·米克尔约翰:《表达自由的法律限度》,侯健译,贵州人民出版社2003年版,第17—22页。

与,都需要像选举一样,依赖于言论自由和批评权所提供的信息基础。也无论哪一种形式的参与,都具有一定的局限。政党协商是高层协商,参与主体是有限的,普通公民无缘置身其中。在政党协商过程中,各党派、团体、利益集团组织代表一定的公民群体、地域、行业等方面的利益,表达意见建议,这些代表未必经过选举产生,其民主性未必高于通过选举产生的代表。公众参与形式包括听证会、论证会、座谈会、投票、开放式征询意见等。它们无论对于组织者,还是对于参与人来说,都会产生较大的成本。例如,公布法律草案征询意见,很少有公民读完草案文本,对文本中的问题进行仔细分析和研究,如果把法律草案读完并对其中的问题联系上下文加以细致研究,再发表意见,则要花去大量的时间和精力。再如听证,听证组织者要花去大量的时间、精力去设计听证方案,选拔听证人员,撰写听证报告,等等。因为听证成本很大,所以只能偶尔采取,效果也未必好。人们普遍质疑听证会是搞形式主义,是走过场。参与和审议民主方案在适用于普通公民层面时显得有些高调,而且成本高昂,并且可能流于形式。

笔者认为,不论民主模式如何纷繁复杂,民主形式都可以概括为三种基本的类型:

(1)**选举**。公民选举一定范围内的公共官员去行使权力和管理公共事务。

(2)**参与**。公民参与到权力行使和公共事务治理过程中,审议政策议题,影响公共决策或直接作出公共决策。

(3)**监督**。公民对国家机关和国家工作人员提出批评,监督他们行为的合法性与合理性。

这三种形式可以看作民主的三种构件。一般而言,这三种构件都是不可或缺的。不同的民主体制或模式强调不同的重点。直接民主就是扩大参与的范围,缩小选举的范围。间接民主则相反。这三种构件具有不同的基本功能。选举是通过对人的控制,即通过选举一个更好的负责官员的方式,来保护和推进公共利益。参与和审议是通过对行为的控制来保护和推进公共利益,亦即制定更好的公共决策,提高公共决策的质量。监督既寻求对人的控制,也寻求对行为的控制,但是角度有所不同,其主旨在于防止人的品德变质和行为越轨。它们之间又是密切联系、相辅相成的。在制度上安排它们之间的结构性关系以及发挥它们的功能需要考虑一系列复杂的现实和历史的因素和条件。从系统的观点来看,为满足整体的功能期望,在制度安排上弱化某一要件的功能需要强化另一要件的功能作为补偿。

表 4-1 主要民主形式/要件的功能比较

	本　　质	基　本　功　能
选举	对人的控制	产生更好的人
参与	对行为的控制	产出更好的决策
监督	对人和行为的控制	防止坏的人和坏的决策

上述民主理论的不同之处主要在于对各构成要件的重要性以及它们之间的相互关系有不同的认识。选举民主理论强调选举的重要性，以选举作为民主的基本要件。参与民主理论要提升参与的重要性，但是实际上仍然以选举为基本要件。

二、批评权利在民主理论中的价值

或许，我们可以提出一种**监督民主**的理论。这种理论把监督作为一种重要的民主形式和构件，在一定条件下（例如在选举和参与较弱化、信息技术较发达的条件下）甚至可以作为基本的形式和要件，构成一种民主模式。监督民主的权利基础是公民批评权，新闻自由，知情权，申诉、控告或者检举权，等等。这里的新闻自由主要指媒体批评的自由。公民批评权是这一民主形式的主要权利基础，公民批评是其主要的活动内容。监督民主具有独特的吸引力和比较优势。

第一，相较于数年一次的选举和偶尔的参与，监督民主是一种日常的民主。只要一个公民愿意表达对法律政策的意见，愿意表达对国家机关和国家工作人员的批评，都可以通过一定的渠道表达，没有时间上的限制。

第二，相较于成本昂贵的选举和参与，监督民主是一种便捷的民主。公民选择感兴趣的法律政策问题表达意见，批评他所了解的国家机关和国家工作人员违法失职行为，可以自发进行。目前通过互联网及自媒体表达批评意见，也非常方便。当然，向国家机关提出的诉愿得到回应和处理，需要耗费一定的公共资源。

第三，相较于低迷的选举投票率、只有很少人参与的高层协商，以及实际上只有很少人参加的公众参与、公民审议活动，监督民主是一种普惠民主。任何人都可以参加，特别是基层民众可以获得参加的机会。经常面对国家机关和国家工作人员，接受其管理的是基层普通民众。他们承受着各种不合法不合理的法律政策的后果，承受着各种不合法不合理的国家机关和国家工作人员行为的后果。监督民主建设充分保障公民的批评权和监督权,可以使每一个公民表达想表达的批评意见。

第四,在某些方面,监督民主还可能是一种更有效的民主。例如可以更好地检测出法律政策的实施效果、国家机关及其工作人员的施政状况和风纪状况。知屋漏者在宇下,知政失者在草野。再如,它把私人利益和公共利益很好地结合在一起,它吸引和鼓励遭遇不公的人们以有保障的方式去表达诉求,同时促进了权利的保障和法治的维护。选举投票率的低迷和参与民主、审议民主适用面的狭窄,一个重要的原因是它们高调的理想不能适应日常的现实,无法吸引为生存而奔波劳碌的人们花费私人的时间、精力去参与公共事务。个体很难期望他的行为能促进公共利益以及他自己可以从公共利益的增殖中分享一定的利益。这两种民主方案甚至可能吸引别有用心的利益集团利用公众的缺席、失语而积极参与、影响甚至控制决策过程,在公共方案塞入私货,为一己私利而损害公共利益。当然,在监督民主中,也可能有人为了私人利益而诽谤他人、造谣惑众,这不能免于法律的惩罚。但是对影响甚至控制决策过程、以一己私利损害公共利益的利益集团,法律却是惩罚不了的,只能通过启动修改程序来修改公共决策。

澳大利亚学者约翰·基恩(John Keane)提出监督式民主(monitory democracy)的理论。他所谓的监督式民主,指"后议会制"的政体,核心是各种在议会之外严格审查权力的机制。例如,公民陪审团、区域大会、参与式预算、咨询委员会和小组座谈会,等等,其中传媒居于重要、关键的位置。这些监督机制向公众提供有关政府和非政府机构的运作和表现的资讯,致力于公共准则和道德标准的界定、审查和强制执行,监督负有职责的人的腐败和不良品行,提升公民在公共决策过程中表达意见和进行选择的多样性和能力;其对象不仅包括经选举产生的政府官员,也包括非政府领域中的人和组织。他将民主的历史划分为集会民主(assembly democracy)、代议制民主(representative democracy)、监督式民主三个阶段,分别对应着人际传播、纸媒传媒、电子传媒等不同的信息传播方式和形态。监督式民主是一种新的民主形态,代表了民主发展的趋势。① 这一理论揭示了当代民主的新特点新气象,具有启发意义。不过,它的核心概念与本章的"监督民主"不同,实际上包括参与民主,没有仔细区分参与和监督两种不同的机制。它认为监督式民主是一种新的民主模式或形态,本章主要视为一种形式或构件。它

---

① 参见[澳大利亚]约翰·基恩:《生死民主》,安雯译,中央编译出版社2016年版,第587—596页。

强调机构的作用,本章强调普通公民的作用。它声称西方代议制民主正在衰落和死亡,取而代之的是监督式民主。如此判断是否准确,还需要观察。

三、批评权利在当代中国民主建设中的价值

有关中国社会主义民主的构成,国务院 2007 年 11 月《中国的政党制度》白皮书曾指出:

> 选举民主与协商民主相结合,是中国社会主义民主的一大特点。在中国,人民代表大会制度与中国共产党领导的多党合作和政治协商制度,有着相辅相成的作用。人民通过选举、投票行使权利和人民内部各方面在作出重大决策之前进行充分协商,尽可能取得一致意见,是社会主义民主的两种重要形式。选举民主与协商民主相结合,拓展了社会主义民主的深度和广度。经过充分的政治协商,既尊重了多数人的意愿,又照顾了少数人的合理要求,保障最大限度地实现人民民主,促进社会和谐发展。①

可能是囿于白皮书政党制度的主题,它把中国社会主义民主的构成划分为选举民主与协商民主。这里所说的协商民主主要指在中国共产党领导之下的各党派各人民团体的协商。实际上,除此之外,还有基层群众自治制度。20 世纪末以来,公众参与也逐步兴起,公众参与立法、行政,甚至司法过程。典型的制度措施就是听证制度。在中国,立法法、行政处罚法、行政许可法等法律规定了听证制度。国务院很多主管部门制定有听证规则。很多地方人大常委会和地方人民政府也制定有听证规则。听证制度曾在促进公民参与、帮助国家机关在决策或具体决定中吸纳民意方面发挥了一定的作用。同时,公共议论和公民批评作为民主模式的一个重要构件,也得到了承认。《宪法》第 3 条第 2 款规定,全国人民代表大会和地方各级人民代表大会都由民主选举产生,对人民负责,受人民监督,《宪法》第 41 条规定的批评权和建议权,正是人民代表大会接受人民监督的保障。② 当然,批评和建议的权利不仅指向人民代表大会和人民代表,而且指向所有的国家机关和国家工作人员。所以,可以说它是人民民主制度的必要内涵。

---

① 中华人民共和国国务院新闻办公室:《中国的政党制度》,中国政府网,2007 年 11 月 15 日,https://www.gov.cn/zhengce/2007-11/15/content_2615762.htm。
② 参见许崇德主编:《中国宪法》,中国人民大学出版社 1996 年版,第 143 页。

中国宪法为各种民主形式结合成一个适应中国国情的完善民主模式提供了制度依据。第2条第2款、第3条第2款有关人民代表大会体制、人民代表制度，第34条有关选举权的规定为民主选举提供了依据。第35条有关言论自由的规定，第41条有关公民批评权、建议权的规定为人民议论国是、批评政事提供了依据。第2条第3款有关人民通过各种途径和形式管理公共事务的规定以及其他相关规定为公民参与提供了依据。宪法序言有关人民政协、政治协商的内容为政治协商提供了依凭。制宪者对人民民主的建设方案有着比较全面的考虑和设计。

现在"全过程人民民主"理念的提出为重视批评权在民主过程中的作用又提供了一个契机。习近平总书记指出："我国全过程人民民主实现了过程民主和成果民主、程序民主和实质民主、直接民主和间接民主、人民民主和国家意志相统一，是全链条、全方位、全覆盖的民主，是最广泛、最真实、最管用的社会主义民主"；一个国家民主不民主，关键在于是不是真正做到了人民当家作主，具体有四条标准，其中之一是"要看权力运行规则和程序是否民主，更要看权力是否真正受到人民监督和制约"；"如果人民只有在投票时被唤醒、投票后就进入休眠期，只有竞选时聆听天花乱坠的口号、竞选后就毫无发言权，只有拉票时受宠、选举后就被冷落，这样的民主不是真正的民主"。① 因此，要保障人民的知情权、参与权、表达权、监督权，要确保党和国家在决策、执行、监督落实各个环节都能听到来自人民的声音。显然，全过程人民民主包括人民群众对国家机关及其工作人员的批评和监督。

我们通常说人民民主就是"人民当家作主"。这一形象化的说法表明了权力的最终归属："一切权力属于人民"，并不意味着由人民直接行使一切统治权力。在日常生活中，掌握决策权和管理权的是少数人所组成的国家机关及其官员，而不是人民。普通公民经常处于统治权力的支配之下，是政府管理的对象。那么，民主体现在何处呢？对于普通公民而言，它不仅体现在特定时刻的选举和偶尔的参与，而且更多地体现在日常生活中的议论批评和对腐败行为所保持的舆论压力。换言之，民主主要体现在公民对于他们委托出去的权力的制约中，体现在他们享有的一些能够起到制约作用的权利，例如批评权利之上。以公民批评为主要内容的监督民主对人民民主的构成和实现具有不可或缺的重要意义。

从当代中国民主发展的实际状况来看，21世纪初被人们寄予厚望并轰

---

① 《习近平在中央人大工作会议上发表重要讲话强调：坚持和完善人民代表大会制度 不断发展全过程人民民主》，《人民日报》2021年10月14日，第1版。

轰烈烈推进的公众参与,由于成本高昂、对民众的吸引力有限、实际效果不够显著,目前已经呈现衰落的趋势。借助网络传播技术特别是自媒体技术,公民批评的发展方兴未艾。现在,网络成为公民批评国家机关和国家工作人员、表达对公共问题的意见建议的首选形式。公民批评权利代表了一种日常、便捷、普惠的监督民主形式。这种民主形式契合于执政党的人民民主理念和群众路线,在政治体制中有很大的存在和发展空间。不仅如此,公民的批评权和表达权还提供了民主意志赖以形成和存在的适当话语环境,构成了其他民主形式的认识论基础。因此,以公民批评权为主要权利基础、以公民批评为主要内容的监督民主这种形式特别适合于中国的政治体制、大型国家和互联网时代(特别是自媒体的迅速发展)这样的社会、政治和技术背景,可以在中国特色社会主义民主理论中占有更高的地位。

第五章 批评权利的法治化

本章拟探讨批评权利法治化的基本原理,在本书的篇章结构中起到从法理转到制度的承前启后的作用。改革开放以来,公民批评实践得到很大发展,依法治国也取得了显著的成绩。公民批评和依法治国之所以都得到发展,是因为改革开放以来,发展社会主义民主,建设社会主义法治,成为时代的要求和广泛的共识。探讨批评权利的法治化及相关问题,离不开民主法治化的总体背景。

第一节 批评权利法治化意义

一、批评权利法治化的内涵

法治化是当代中国一个非常流行的概念。它表示依照一定的原则将有关对象纳入法治的过程和状态,表示着从非法治到法治的治理转型,同时也隐含着在转型过程中存在着需要克服的阻力和困难。批评权利的法治化是指将有关批评权利的行为和制度纳入法治的过程和状态,它包括三个方面的含义:一是公民批评行为的法治化;二是国家对待公民批评的公权行为的法治化;三是有关公民批评的规范和制度的法治化。批评权利法治化的目标是,形成一套科学、合理的有关公民批评权利的制度规范,这套规范得到严格的遵守和适用。

二、批评权利法治化的理据

批评权利法治化的理据应当置于民主与法治的关系中去分析。改革开放初期,社会主义民主与法制建设的主题是社会主义的民主与法制不可分离,民主法制化,法制民主化。自中国共产党第十五次全国代表大会之后,在官方文件中"法治"普遍取代了"法制"。前者包括后者,但是具有更丰富的价值内涵。法治是一个政治理想,它要求将重要的社会关系特别是政治关系用法律予以界定和规范,将社会行为特别是政治行为纳入法律的治理,其要义在于一切权力都应当受到法律的约束,以保障包括公民批评权利在内的公民权利。

民主与法治有着密切的联系。现代法治和古代"法治"(例如中国秦代"法治")的重要区别之一,就在于后者不是建立在民主基础之上的。在古代"法治"实践中,执行机构被要求严格遵奉上级的决定和命令。强调"职分",明确权限,甚至存在严苛的程序规定和有力的监督机构,俾使"官不敢枉法,吏不敢为私"(《韩非子·八说》)。其结果的确可以造成一种严整的法律秩序。但是这种"法治"对官员权力的限制旨在保证君主权力的统一、强大和有效,这种"法治"不过是君主通过法律对臣民的专制。最高权力的统治行为没有制度上的约束。这样的"法治"与现代法治理想是不同的。

现代法治起源于对最高统治权力限制的要求,它的社会基础是民主力量的兴起。历史表明,民主政体相比其他类型的政体,更有可能要求实行法治,也更有可能性实行得好法治。首先,民主政体更有可能对权力实行制约,使权力服从于和服务于人民的目的。相比道德、习惯、宗教权威等形式,法律比较明确、肯定和可操作,对于制约权力而言是较为有效的标准和手段。民主政体更有可能通过制定法律并要求国家机关遵守法律的方式来为权力的行使提供依据和作为制约权力滥用的标准。其次,民主政体更有可能承认、尊重和保障民众的利益,更有可能将民众的利益上升到人权或法定权利的高度来加以承认和保障。再次,民意立法机构集中众人的智慧有更多的可能提高立法的质量。最后,一般情况下民主政体是有利于依法办事的。"一个政体越是接近共和政体,裁判的方式也就越确定。"[1]民主对国家权力的控制,民众对立法和法律实施的监督,包括公民批评,有利于实行法治。

然而,民主并不必然导向法治。一个民主政体可能反对和蔑视法治,而主要依靠领袖威望、执政党政策和群众运动来治理国家。它可能因为本身的经济体制而无须实行法治,也可能因为国家富强的迫切愿望而认许权力凌越于法律之上,或出于社会安全的考虑而授予预防和追究犯罪的机构广泛的自由裁量权。这时,它会牺牲个人的自由和尊严,解开法律的束缚,为权力的行使扫清障碍。一个民意立法机构既可能制定出优良的法律,也可能制定出糟糕的法律,既可能制定出反映民意的法律,也可能制定出违背民

---

[1] [法]孟德斯鸠:《论法的精神》上册,张雁深译,商务印书馆1961年版,第76页。

意的法律。它可能频繁地变更法律,使法律体系动荡不定和充满矛盾,也可能在一般法律之外通过大量的具体决定。它的司法机构可能无视既定的规则宣判一个人死刑或宣告某人无罪,或者从轻或从重处罚。更有甚者,一个民主政体还可能通过法律,将国家权力交付一个人或一个政党,而实际上结束自己的生命。①

民主与法治的张力归因于它们之间的差别。民主涉及统治者与受治者群体之间的关系,法治涉及统治者与受治者个人之间的关系。换言之,民主涉及统治权力的最终归属,法治涉及统治权力的行使方式。民主侧重于多数的意志和愿望,法治侧重于个体的合法权益。民主重在实质和结果正义,法治重在形式和程序正义。在民主中,决定由多数作出,在法治中,决定由法律作出。民主是一只在民意的舆论激流中颠簸的航船,法治是一种沿着既定的航线航行的办法。民主之船可能偏离法治的航线,也可能采取别的航行办法。

不受约束的民主或者导致无政府状态,或者导致专制和集权,两种方向都是险途。法治对于民主的意义即在于保障和制约它的运作,避开这两条险途。法治通过一系列的制度设置使国家的各种权力良性运作并最终控制在人民手中。它规定民主权利,并保障权利的行使不受干扰和破坏。它对立法设定严格的条件和程序以减少不良法律产生的可能性,它亦对司法设定严格的条件和程序以求最大限度地减少专横权力的危险。最重要的是,它在宪法中限定一切统治权力的行使范围,并采取有力措施保障宪法的实施,俾使宪治不仅是民主政治,而且是法治政治。民主与法治不可分离。

三、批评权利法治化的双重意义

公民批评是一种民主的监督方式。它代表着民主的力量,传达着广大民众的要求、愿望和情绪。如同其他的民主活动一样,也需要纳入法治的轨道。批评权利法治化具有双重意义:有助于使批评权利获得必要的保障,同时制约批评权利的滥用。

第一,批评权利法治化有助于使批评权利获得必要的保障。公民批评权利是一种非常**脆弱**、需要特别保障的权利。它非常脆弱,因为批评者是公

---

① 1933年3月24日,德国国会通过《消除人民和国家痛苦法》(又称"授权法")。该法规定,内阁享有国会的立法权、批准同外国缔结条约权、宪法修正权;内阁制定法律可以不适用宪法规定的立法程序,且在一定条件下可以与宪法条文抵触。有关史料,参见[西德]格哈德·迪尔歇尔:《关于希特勒一九三三年取得政权的合法性问题》,李后霖译,《中山大学学报(哲学社会科学版)》1986年第1期。

民，而批评的对象却是掌握公共权力的国家机关和国家工作人员。通常情况下，批评者与批评对象处在不平等的力量态势之下。批评者居于劣势，而批评对象居于优势。批评权利不能停留于纸面上，而是行使于现实之中，就难免受到这种不平等的力量对比关系的影响。批评对象可能会利用力量优势，特别是以权力为核心建立起来的社会关系网，对批评者施以惩罚，例如刑事、民事、行政的惩罚措施或其他方面的报复。官官相护的心理也可能会使得一个国家工作人员不能依法对待公民批评另一个国家工作人员。它非常脆弱，还因为愈是需要批评的地方愈难以保障这种权利。如果批评对象如《宪法》第27条所规定的那样："经常保持同人民的密切联系，倾听人民的意见和建议，接受人民的监督，努力为人民服务"，可批评之处相对不多。如不能这样，可批评之处相对较多，然而对这样的批评对象进行批评受到的阻碍也相对较多。批评权利是最容易受到侵害的公民基本权利之一，因此也需要受到特别的保障。

　　法治是适宜保障包括批评权利在内的公民权利的治理方式。法律是一种具有普遍效力、较为稳定的正式制度。它也是一种具有特殊强制性和专门实施机制的制度。法治的核心内涵是指国家依照既定的、公开的普遍性法律行使权力与管理公共事务，国家权力受到法律制约，公民的自由和权利受到法律的保障。法治意味着：（1）对国家机关而言，法律未授予的就是禁止的，国家机关不能行使没有法律根据或者不受法律制约的权力（法无授权不可为）。（2）对公民而言，法律未禁止的就是允许的，公民就自己的行为接受社会的道德评价，但是不接受国家机关的强制性惩罚（法无禁止即自由）。就批评权利而言，法治要求国家机关对公民批评权利的限制、对公民批评行为的处罚都应当获得明确的法律授权，具有法律根据，国家机关不仅自身不应侵害批评权利，还应当依法救济受到损害的批评权利；而公民行使批评权利除了遵守法律所施加的限制，不接受国家机关所施加的其他任何非法限制。

　　第二，批评权利法治化有助于制约批评权利的滥用。批评权利如果行使不当，也可能会损害公共利益和合法的个人权益。公民批评可能是建立在道听途说、虚假不实的信息基础之上，甚至可能被滥用作为私人斗争的手段，编造事实、歪曲事实，或故意散布明知不实的言论，或者为了哗众取宠、博得关注而不顾事实之真假。它也可能包含着与公共利益毫无关系的批评对象隐私，对公共利益毫无益处而损害人格尊严的侮辱性言辞，或者包含应予保护的国家秘密。另外，公民批评可能会诉诸情感或情绪，具有浓厚的道德色彩。一个不当行为被揭露，公民出于正义感予以谴责和批评，呼吁和期盼有关机关予以严惩。情绪的愤激可能淹没理性的思考,道德的判断可能代替法律的分析。正当程序则可能被忽略,惩罚的愿望压倒对批评对象必要的保护。公众关注的是如何使不当行为者得到惩罚,而法治关注的是如何按照法律的规定给予恰如其分的惩罚。这一切都表明批评权利也需要受到法治的制约。

批评权利的法治化存在一个深刻的**悖论**,即对批评权利的保障和制约在很大程度上要依赖作为批评对象的国家机关和国家工作人员系统,如果他们是需要批评的,这有可能使得保障并不充分而制约超过限度,从而使得批评权利得不到有效行使,不能发挥出应有的效果;如果他们是不需要批评的,批评权利就失去实际的意义。从现实情况来看,国家机关和国家工作人员是需要批评的。公民批评权利的宪法设计不仅旨在体现公民的民主地位,而且旨在作为一种权力制约和监督的手段。这就需要设计适当的法治机制,以促使批评权利得到有效的行使,实现宪法的意旨。

第二节　批评权利法治化概况

批评权利法治化的现状是宽泛、宏大的问题。这里仅仅作一个粗略的概述,而且主要是有关制度规定的概述。具体的状况需要在本书下编里分析相关制度问题时加以详述。

在逻辑上,从内容来看,有关批评权利的制度环境可以分为五个方面:

(1) 有关批评主体、批评对象的规定。在宪法上,公民是批评主体,国家机关和国家工作人员是批评对象。这是原则性的规定。在具体制度上,还需要明确批评主体、批评对象的构成要件和范围,明确不同的批评主体,例如普通公民和传播媒体是否享有平等的批评权利,承担平等的义务。

(2) 有关批评渠道的规定。这些规定关涉批评主体可以通过哪些渠道去行使权利。主要是有关公共论坛管理的规定,又分为政府对于公共论坛的行政管理和公共论坛的内部管理。

(3) 有关批评权利界限的规定。关涉批评权利的法律界限和法律责任,包括批评权利与公共利益(例如国家机密、社会稳定、政府威信和形象、善良风俗)之间的关系,以及批评权利与私人利益(例如名誉权、隐私权、肖像权、个人信息保护)之间的关系。又可以分为民事、行政、刑事等方面的制度。这一方面的制度最为复杂。

(4) 有关批评权利行使所引发的法律问题的处理程序规定。例如公民批评所引发的民事、刑事或行政案件在程序上是如何处理的,如果由被批评的国家机关或由被批评的国家工作人员所在的国家机关来处理,那就有偏向被批评者的风险。

(5)有关公民批评的回应规定。有关国家机关是否回应公民批评,由其自由裁量,还是应予制度化? 实践中的做法是取决于有关国家机关的自由裁量,但是对其回应义务予以一定的制度化是更加符合法治要求的。①

从相关性来看,有关批评权利的制度规定可以分为三个层面:(1)特别适用于公民批评、舆论监督等活动的规定。例如《宪法》第41条有关"批评权利"的规定,《民法典》第1025条有关"舆论监督"的规定。这样的规定是很少的。(2)有关言论表达自由的规定。《宪法》第35条规定了言论自由。批评权利可以解释为言论自由在公民批评方面的特别规定。有关言论自由的规定一般可以适用于批评权利。例如民法、刑法、行政法有关名誉、隐私、国家秘密等保护的规定可以适用于言论自由限制,也可以适用于批评权利限制。(3)更具一般性的规定。例如民事诉讼、刑事诉讼、行政执法的程序性规定,政府对舆论事件的回应机制,等等。

从渊源上看,有关批评权利的规定表现为法律、法规、规章以及规范性文件。法规以下规定的数量要多于法律的数量。法律的规定主要涉及了言论表达自由和批评权利的界限。法规以下的规定不仅涉及权利的界限,而且涉及权利主体、公共论坛管理等方面问题。

在这些制度规定中,非常值得提及的是公安部2009年发布的《关于严格依法办理侮辱诽谤案件的通知》。该通知指出,随着国家民主法制建设的不断推进,人民群众的法制意识和政治参与意识不断增强,一些群众从不同角度提出批评、建议,是行使民主权利的表现。该通知要求公安机关准确把握侮辱、诽谤公诉案件的管辖范围及基本要件。只有在侮辱、诽谤行为"严重危害社会秩序和国家利益"时,公安机关才能按照公诉程序立案侦查。对于不具备"严重危害社会秩序和国家利益"这一基本要件的,公安机关不得作为公诉案件管辖。该通知解释了这一要件的内涵和适用范围。该通知还规定,对于不构成犯罪但违反《治安管理处罚法》的,要通过治安调解,最大限度地化解矛盾和纠纷;对于调解不成的,依法给予治安管理处罚。特别重要的是,该通知要求切实加强对办理侮辱、诽谤案件的执法监督。对于侮辱、诽谤案件,公安机关经过审查,认为具有严重危害社会秩序和国家利益

---

① 本书制度编无力探讨所有这些制度问题,主要探讨批评权利的法律界限问题,兼及其他问题。

的情形,需要追究刑事责任的,应当报经上一级公安机关同意后立案侦查;立案后需要采取强制措施的,应当在采取强制措施前报经上一级公安机关同意。对于可能引起较大社会影响的侮辱、诽谤治安案件,在作出行政拘留处罚决定前,应当报经上一级公安机关同意。对于不按照规定报告上级公安机关,或者不服从上级公安机关命令,违反规定对应当自诉的和不构成犯罪的侮辱、诽谤案件立案侦查的,要严肃追究有关责任人员和主管人员的相应责任。这一通知的本意在于保护公民的批评权利。

应该说,中国当前有关言论表达和公民批评的法律规定是比较丰富的,改变了过去无法可依、主要依靠政策调整的情况。但是,也存在着一些问题。

第一,总体而言,目前制度规定侧重于规制和约束言论的表达和传播。刑事和民事法律之所以与言论自由、批评权利有关,是因为它们主要保障着与言论自由、批评权利发生冲突的其他权利或利益。行政法规和部门规章旨在对大众传媒和言论表达活动进行行政管理。除了正式制度对于言论自由和批评权利的限制,还有许多非正式的制度、政策或实际做法在施加各种各样的限制。这造成现行法律对于言论自由、批评权利在保障与规制关系上的失衡,规制的多,保障的少。

第二,现行规定是否符合《宪法》第41条保障公民批评权利的意旨?缺少合宪性审查机制。例如相关制度规定及司法实践一般疏于将公民批评与其他类型的言论表达活动区别开来,疏于对有关法律规定作合宪性解释,疏于考虑批评权利的宪法价值。如果把公民对于国家工作人员的批评,看作普通公民对普通公民的批评,对于这两种批评采取相同的限制和保护措施,那么宪法有关公民批评权利的特别规定就无法得到落实。

第三,言论自由,特别是公民批评权利是一项特别重要的民主权利和宪法权利。对于这种权利,谁有资格加以约束和限制?那就是人民自己。人民通过他们的代表大会及其常委会,为了人民的其他利益,对言论自由和批评权利加以限制。然而,在实践中,行政法规和部门规章对于这些权利施加了若干超越上位法的限制。[①]

第四,当批评权利受到侵害,缺乏充分的、适当的救济途径和措施。例如公民批评所引发的民事、刑事或行政案件中,批评权利得不到有效的保护,这种案件如果由被批评的国家机关或由被批评的国家工作人员所在的国家机关来处理,那就有偏向被批评者的风险。

[①] 参见侯健:《表达自由与行政法规制定权——以网络信息内容管理规范为例》,《新闻大学》2018年第2期。

第三节　批评权利的法律限度

批评权利法治化的重要内容是通过法律确立批评权利的限度。这一限度的意味是双重的,一是公民批评不能逾越这一限度,二是国家机关只能对逾越限度的公民批评进行限制。

一、批评权利的价值冲突与平衡

法治是良法善治。作为善治之前提的良法,核心是法律价值问题,它是各种法律价值的综合平衡。批评权利引发了法律价值的冲突,而它的限度也取决于相关法律价值的综合平衡。

我们讨论了批评权利的基本价值,此不赘述。除批评权利外,社会还有许多值得追求的价值。例如,一个国家必然会有一些不宜马上公开的秘密,如果公民在批评中泄露了这些秘密,公共利益就有可能受到损失。再如,一个国家工作人员作为一个公民,也应当享有一定的隐私权。这种权利与公民批评会发生直接的冲突。最为经常发生的是,公民批评权与国家机关威信、国家工作人员作为公民时所享有的名誉权的冲突。公民在发表批评性言论的时候,不管在事实方面是真实的还是虚假的,都有可能影响到国家机关的威信或国家工作人员的名誉。为了保护公民的批评权,可以容忍国家机关的威信或国家工作人员的名誉受到损害吗?或者为了保护国家机关的威信或国家工作人员的名誉不受到损害,可以限制公民的批评权吗?批评权与它们之间的界线在哪里?还有,公民批评也可能会影响司法诉讼的正常秩序以及司法机关依法独立行使审判权,妨碍司法公正的实现。我们不难发现,国家秘密、公民隐私,国家机关的威信和公民名誉,以及司法公正,都是有价值的、需要法律保护的事物。《宪法》第 51 条规定,公民在行使自由和权利的时候,不得损害国家的、社会的、集体的利益和其他公民的合法的自由和权利。在现行法律中,国家秘密、国家机关的威信、诉讼秩序和司法公正等都是国家、社会的利益,或曰公共利益。公民的名誉权、隐私权等是公民的合法权利。

法律价值是宪法法律上承认并保障的某项权利、义务或其他制度的期望利益。单纯的某种利益只是利益,当承认它的重要性时,就具有了价值。价值是对某项利益是否重要的判断。法律价值准则就是宪法法律对不同价值或利益关系的安排。

我们发现了两种法律价值冲突：批评权利与其他公共利益的冲突；批评权利与其他公民权利的冲突。第一种冲突为什么称为"与其他公共利益的冲突"？因为在我们所探讨的批评权利价值中，基本上都是以公共利益为取向的。批评权利是一种能够带来公共利益的公民权利。这种冲突可以定性为不同公益之间的冲突。第二种冲突为什么称为"与其他公民权利的冲突"？因为冲突的两方都是公民权利。这就是不同公民权利之间的冲突。

制度建设的关键在于寻求批评权利与这些价值之间的平衡。平衡是一个价值衡量与选择的过程。寻求价值平衡，是立法和法律实施活动中的最复杂和最棘手的难题之一。对于立法者、适法者如何进行衡量，在法学界有两种思路。一种思路可以称为"临事制宜"，也就是对立法者、适法者不作统一、普适的要求，而允许他们根据具体情况进行具体分析、具体处理。对于适法者而言，就是承认他们逐案权衡的合理性。这种思路绝不是说允许立法者、适法者任意而为，不需遵守宪法法律，而是说在宪法法律模糊的情形下可以自由裁量。另一种思路就是摸索和设计一些原则和方法，以指导立法者、适法者，约束自由裁量。这也不是说存在着诸如化学元素周期表那样的原则和方法。就中国现在的实际情况来看，法教义学的思路可能更具有现实可行性，发展出一些原则和方法是可能的，但是同时，立法和适法中的自由裁量是无法消灭的，在一定条件下也是有益的。我们需要探寻批评权利限度的宪法启示。

二、批评权利限度的宪法启示

法律调整的具体对象是批评性言论。为了使法律措施精准实施，需要对批评性言论进行界分，区别不同的类型。表达自由法理学通常把言论区分为公言论与私言论，并基于公言论对国家、社会的更大作用，主张在法律规制上采用双轨制，对公言论强化保护，对私言论弱化保护。[①]

我们在第一章中分析了**宪法区分**，意即宪法在总体上区分了一般的"言论自由""批评和建议的权利""申诉、控告或者检举的权利"，所给予"批评和建议的权利"的限度或保护程度介于一般的"言论自由"与"申诉、控告或者检举的权利"之间。一般的"言论自由"受制于《宪法》第 51 条规定的限制，即"不得损害国家的、社会的、集体的利益和其他公民的合法的自由和权利"。"申诉、控告或者检举的权利"受制于《宪法》第 41 条规定的限制，即

---

① 有关理论脉络，参见姜峰：《言论的两种类型及其边界》，《清华法学》2016 年第 1 期，第 43—45 页。

"不得捏造或者歪曲事实进行诬告陷害"。批评权利的限度或保护程度高于前者而低于后者。宪法蕴含着一种建立在复杂而微妙的平衡基础之上的言论类型学，可以为我们思考批评权利限度提供丰富的启示。

（一）针对不同对象的批评性言论

《宪法》第41条规定："公民对任何国家机关和国家工作人员有提出批评和建议的权利"。这里批评的对象分别是国家机关和国家工作人员；批评性言论所涉及的法律关系是公民-国家（国家机关和国家工作人员）关系，这是一种公法关系。《宪法》第38条规定："公民的人格尊严不受侵犯。禁止用任何方法对公民进行侮辱、诽谤和诬告陷害。"这里规定的人格尊严的主体以及保护对象是"公民"，批评性言论所涉及的关系是公民-公民关系，这是一种私法关系。第51条规定的可能受到损害的"合法的自由和权利"的主体是"其他公民"。

首先，我们可以得到这样一个宪法区分：针对国家机关和国家工作人员的批评性言论不同于针对公民的批评性言论。前者是公言论，归于批评权保护；后者是私言论，归于一般的言论表达自由或行为自由的保护。批评性言论是一种受到特别保护的公言论。

区分1　针对国家机关和国家工作人员的批评性言论≠针对公民的批评性言论

我们需要分析针对国家工作人员的批评性言论与针对公民的批评性言论的关系。对照《宪法》第41条和第38条，可以发现，如果两种言论的法律意义相同，那么第41条批评权就没有任何意义，严谨简洁的宪法不允许累赘，完全可以删除这一规定。第41条作为批评对象的"国家工作人员"与第38条、第51条作为保护对象的"公民"，显然是两个不同的概念。基于这些认识，可以把针对国家工作人员的批评性言论与针对公民的批评性言论区别开来，作为区分1的补充。

区分1.1　针对国家工作人员的批评性言论≠针对公民的批评性言论

如果针对国家机关和国家工作人员的批评性言论不等于针对公民的批评性言论，就需要发展两种不同的规则去处理，而不是按照统一的规则去处理。对前者的保护强度应大于后者，对前者的规制力度应弱于后者。就保护强度而言，它们的位阶可以表示为：

区分 1.2　针对国家机关或国家工作人员的批评性言论的保护强度＞针对公民的批评性言论的保护强度

其次,我们还可以得到一个判断:针对国家机关的批评性言论与针对国家工作人员的批评性言论是不同的。它们具有不同的法律意义。这个法律意义至少是,针对国家机关的批评性言论不会构成对"人格尊严"的侵犯,不会构成"侮辱、诽谤和诬告陷害"。因为国家机关不是作为《宪法》第38条保护对象的"公民"。这就需要在法律上区别针对国家机关的批评性言论与针对国家工作人员的批评性言论。既不能把前者当作后者,也不能把后者当作前者。后者存在具体的、特定的指向,即具体指向特定的国家工作人员。这也需要发展不同的规则去分别处理。

区分 2　针对国家机关的批评性言论≠针对国家工作人员的批评性言论

针对国家机关的批评性言论有可能推动整个机关改进工作,而针对国家工作人员的批评性言论一般只可能推动相关国家工作人员改进工作。这表明,在批评性言论内容和推动工作改进的其他条件相同的情况下,前者的作用要大于后者。而对于错误的批评,国家机关相比国家工作人员有更多、更有力的澄清事实、消除影响的手段。错误的批评还可能会侵害国家工作人员的人格权。所以,就保护强度而言,前者大于后者。

区分 2.1　针对国家机关的批评性言论的保护强度＞针对国家工作人员的批评性言论的保护强度

再次,还需要关心的问题是,当被批评者既作为国家工作人员,又作为公民,既活动于公共领域,又存在于私人领域,如何区分这两种批评性言论。这确实有一定难度。但我们至少可以确定,针对国家工作人员职务行为的批评性言论是公言论,对其纯粹私人行为的批评性言论是私言论。由于公职适任性的判断标准通常包括一定范围的私人品行,即要求德才兼备,那么对影响到公职适任性的私人品性的批评也应属于公言论。

区分 3　针对国家工作人员的批评性言论≠针对作为国家工作人员的公民的纯粹私人行为的批评性言论

这两种言论在保护强度方面的区分理由已经为区分 1.2 所揭示：

区分 3.1　针对国家工作人员职务行为以及关涉公职适任性的私人品行的批评性言论的保护强度＞针对其作为公民的纯粹私人品行的批评性言论的保护强度

（二）基于不同目的的批评性言论

我们还需要考虑作为批评者的公民的复杂性。批评者既是公民，也是私人。批评性言论既有可能基于公益目的而作出，也有可能基于私益目的而作出。那么，这就存在着基于公益目的的批评性言论与基于私益目的的批评性言论之分。即使这两种言论在监督制约公共权力方面具有相同的效果，但是在培养、提升公民品质方面具有不同的价值。总体上看，前者的潜在公益多于后者的潜在公益。这可以得到区分 4：

区分 4　基于公益目的的针对国家机关或国家工作人员的批评性言论的保护强度＞基于私益目的的针对国家机关或国家工作人员的批评性言论的保护强度

（三）具有不同内容的批评性言论

从言论内容的角度来看，批评性言论可以划分为事实、意见、情绪。事实是对已发生或正在发生的事件的描述。意见是对事件包括行为人、内容、方式、结果等方面的评价。情绪是由事实和意见所引发的心理感觉的表达。一个具体的批评性言论可能由这三个方面的内容构成，也可能仅由其中一方面的内容构成。有时这三种内容是糅合在一起的，但是一般是可以划分开来的。

宪法禁止什么内容的言论？第 38 条禁止用任何方法对公民进行侮辱、诽谤和诬告陷害；第 41 条禁止在申诉、控告、检举中捏造或者歪曲事实进行诬告陷害。侮辱性言辞属于情绪表达，诽谤和诬告陷害属于事实表达。换言之，宪法禁止情绪表达中的侮辱性言辞，禁止事实表达中的虚假陈述，但是没有禁止意见表达。

事实是批评性言论的核心内容。它也是批评性言论发挥作用的主要客观基础。例如，如果公民批评可以发挥制约公共权力的作用，批评者必须可以了解到较多的有关国家机关及其工作人员行使权力行为的事实信息。因为只有比较全面、真实地了解这些信息，才能够掌握、制约或及时地纠正他们的不当行为。事实上的真实是一个关键条件。舆论并非都是真实的事实信息，也包含着虚假成分。如果有关国家机关和工作人员的虚假事实信息得不到纠正而被其他公民误信，公民批评就不能发挥真正的制约作用。

意见无所谓真假，但是需要揭示其依据。其依据有两个方面：事实和评价事实的标准。依然需要区别对待。如果事实有误，这是事实问题，服从于法律制度中有关事实的规范。至于评价标准，在一个民主社会中尽管会有主流的标准，但一般是多元化的。对于同一个事实，人们依据不同的标准给予不同的评价，发表不同的意见。多元的意见是有益的。公民了解到较多的针对国家机关及其工作人员行使权力行为的观点和意见，有助于全面、充分地揭示权力行使行为在道德和法律上的意义。意见会有"伤害"吗？比如"腐败有益论"，它只是削弱了"腐败有害论"的影响力。这并不构成法律意义上的伤害。严格而论，意见不在法律规制的范围内。有些国家的法律要求言论者因为"不当评论"而承担法律责任。这是因为混淆了意见与情绪。

就批评性言论而言，情绪是由事实和意见所引发的负面、不愉快心理体验的表达，例如愤怒、痛苦、悲伤、难过；当指向被批评者时，是痛恨、藐视、嘲笑、唾弃。情绪可以纾解批评者的心理压力，也有助于社会稳定。但是当它包含侮辱性言辞时，就会损害被批评者的人格尊严。即使被批评者做了在法律上错误、在道德上邪恶的行为，仍然有人格尊严，应当得到文明的对待。

（四）出自不同主观的虚假事实指控

批评性言论通常包含着对于国家机关或国家工作人员的事实指控。事实指控可能是虚假的。虚假的事实指控可能出于不同的主观。根据行为人的主观心态，虚假事实信息又可以分为两种类型：故意造成的和过失造成的。一般认为，故意可以分为直接故意、间接故意；过失可以分为重大过失、一般过失、轻微过失。从制度上限制虚假事实信息时，应对不同的类型区别对待。过分的限制可能会导致寒蝉效应，致使公共论坛上真实信息的绝对数量减少。在此方面，宪法可以给予什么启示？

我们在第一章中作出了相关的分析。概括地说，宪法给予批评权利的保护力度高于第35条的言论自由，低于第41条规定的"申诉、控告或者检举的权利"。第35条的言论自由受制于第51条的限制性规定，这意味着过失地发表或传播虚假的事实，就应当承担法律责任。按照第41条，公民在申诉、控告或者检举中，只要不是（直接）故意"捏造或者歪曲事实"，就不应追究法律责任。如此说来，对于公民批评中的虚假事实指控，既不是只有故意"捏造或者歪曲事实"才负责，也不是过失发表或传播虚假事实就要负责，而是介于二者之间：其责任成立的主观条件应高于普通言论中同类型责任的成立条件，例如就民事侵权责任而言，如果通常情形下一般过失就构成诽谤，那么公民批评构成诽谤的主观条件应高于一般过失。

应该说明的是，这些区分不是绝对的、僵固的，不是按图索骥的解决问题的指南和孤立地起作用的标准，它们只是学理上的原则性思考，需要结合具体情形，并且综合起来加以考虑。

第四节　法治化的途径及原则

在宏观层面上，任何权利的法治化途径无非是立法、执法、司法、守法、法律监督。法治原则是在法治化过程中应予考虑的、反映法律价值综合平衡的重要准则，这也有广泛的、稳定的共识。在一般原理上，批评权利法治化的途径及原则并无新意，但是一般原理在这方面的系统应用是以前没有讨论过的。

一、通过立法和释法完善批评权利制度环境

批评权利法治化的重要途径就是通过法律的立、改、废、释来完善以宪法规定为核心的批评权利制度环境，以使下位法应符合上位法，最终符合宪法。有关法律应当是公开的、明确的和相对稳定的；不应授予法律实施机构过于宽泛的自由裁量权。

宪法规定，国家尊重和保障人权。这是课与国家机关的义务，首先是立法的义务。这并不意味着国家机关应当创造一个批评权制度体系，而是指国家机关在制定涉及批评权利的法律规范时应当遵循合宪性原则和法律优位原则，充分考虑批评权利的价值。

批评权利涉及一系列复杂、广泛的具体法律问题，其制度环境包括主体、界限、渠道、程序、回应等方面的规定，不仅涉及批评权利，也涉及一般的言论表达自由和其他公民权利。这是一个整体的系统性问题，不能一蹴而就，需做持续的、全面的改进。就批评权利而言，它是一项特别的言论自由权利，既需要健全有关言论自由的一般规定，也需要健全有关批评权利的特别规定，需要把一般规定与特别规定适当地结合起来。如果一般规定能够满足发挥批评权利价值的需求，有一般规定即可。如果不能够满足需求，则应考虑制定特别规定、给予特别保护。国家机关有责任提供制度供给，根据宪法制定一般规定以及必要的特别规定，落实宪法中批评权利以及言论自

由的原则性规定。

《民法典·人格权编》有关侵害人格权责任的规定体现了宪法的精神，提供了一个很好的范例。第 998 条规定，认定行为人承担侵害除生命权、身体权和健康权外的人格权的民事责任，应当考虑行为人和受害人的职业、行为的目的、后果等因素。公民批评不同于私人批评，可能具有公共利益的目的。作为批评对象的国家工作人员的职业是公共职业。考虑这些因素，有助于减轻公民批评所引致的侵害人格权责任。第 999 条规定，为公共利益实施新闻报道、舆论监督等行为的，可以合理使用民事主体的姓名、名称、肖像、个人信息等。第 1025 条规定，行为人为公共利益实施新闻报道、舆论监督等行为，影响他人名誉的，不承担民事责任。这些规定都有助于保障批评权利。

二、合理分配涉及批评权利之法律规范的制定权限

涉及批评权利的限制性和剥夺性规范一般应由具有较高权威的国家机关以较高位阶的法律来规定。

根据《立法法》第 8 条规定，"对公民政治权利的剥夺"只能制定法律。根据现行《刑法》第 54 条对"政治权利"的解释，公民的选举权、被选举权、表达自由、结社自由属于政治权利，对这些自由和权利的**剥夺**，只能制定法律。宪法和立法法没有规定，对这些自由和权利的**限制**和**管理**，是否属于法律保留事项。

我们可以把法律规范对待基本权利的方式分为三种：第一种是保障。法律规范确认、保护、促进基本权利，在公民的基本权利受到侵害时给予法律救济。第二种是规制，包括限制和管理。例如要求公民不得表达什么样的言论，不得以什么样的形式或方式表达言论，以及对表达渠道进行管理。第三种是剥夺。例如要求公民停止行使权利，禁止公民表达他们自己想要表达的言论。这样相应地存在三种规范：保障性规范、规制性规范和剥夺性规范。

根据宪法权利的重要性以及中国立法体制的基本原理，批评权利和其他公民权利的规范体系以下述方式制定出来更加适宜：第一，保障性规范应由全国人大及其常委会以法律的形式加以制定，但是不排除其他的国家机关以其他形式的法律渊源进行补充和具体化。其他国家机关制定的保障性规范所提供的保障措施在公平的条件下惠及所有的公民。第二，规制性规范在原则上仅可以由全国人大及其常委会以法律规定之。由于一些规范需要行政机关执行，而且行政机关需要处理纷繁复杂的社会事务，可以授权国务院为了执行规制性规范而制定行政法规、规定行政措施、发布决定和命令。在这种情况下，行政法规、措施、决定和命令作为实施办法或实施细则，不能施加超越原有规制性规范之外的新义务。这属于法律相对保留事项。第三，剥夺性规范是最严厉的措施。这涉及公民资格问题。剥夺公民权利，就等于限制或取消公民的资格，使被剥夺者不再是一个公民或者不再是具有完整的权利能力的公民。对此最重要的事项，理应由作为最高权力机关的全国人民代表大会以基本法律的形式规定之。以基本法律的形式规定剥夺公民权利的法定条件，此项权力不得转授其他国家机关行使。其他国家机关更不应擅自在其他形式的法律渊源中规定这一事项。这一事项属于绝对保留事项。

三、加强对涉及批评权利之法律规范的合宪性审查

应当设置特定的审查机构来审查国家机关涉及批评权利的法律规定，以保证相关法律规定的合宪性与合法性。

批评权利为立法审查提供了一种重要的视角或标准。审查的重点是批评权利是否受到侵犯，亦即立法的内容和程序是否不当地压制公民的批评权利。美国法学者伊利的司法审查理论强调程序性审查。他认为，司法审查的对象不是法案的实质性内容，而是立法程序。换句话说，实体价值问题由代议机关来判断，法院所做的只是通过程序审查促进代议机关更好地反映民意，保障权利。司法审查的重点有两个方面，一是疏通政治变革的渠道，二是纠正对少数群体的歧视。① 实际上，把伊利所说的两个方面综合起来看，就是审查的重点是在立法过程中少数群体、边缘群体的批评权利是否受到压制。这个观点对中国的立法审查也有一定的启发。

四、涉及批评权利的个案适法应体现宪法精神

在公民批评所引发的案件中，适法机关（包括司法及行政机关）作出的涉及批评权利的具体决定应当而且只能以法律规定为根据，在法律解释、推理中体现批评权利的宪法精神，把握批评权利与其他价值的平衡。

进入21世纪以来，法律方法论在中国发展迅速，它是一种解释和适用法律的方法论。借用中国古代"律学"一词，法律方法论也可以称为新律学。其中源于德国的基本权利教义学经过一些学者的引介得到国内法学界的广

---

① 参见［美］约翰·哈特·伊利：《民主与不信任》，朱中一、顾运译，法律出版社2003年版，第五章"清理政治变革的渠道"和第六章"有利于代表少数群体"。

泛认可,并被运用于本土法律问题的分析。三阶层审查框架及比例原则是基本权利教义学的重要内容。它们既可适用于普通立法的合宪性审查中,也可适用于个案的适法过程中。笔者这里所做的就是把这些原则和方法适用于适法过程中对批评权利的限制上。

所谓三阶层思考框架是适用于基本权利限制问题的思考步骤、原则和方法,它由"基本权利的构成—基本权利的限制—基本权利限制的违宪阻却事由"三个阶层或步骤组成。第一个阶层确定基本权利的保障范围和基本权利主体,也就是具体个案中的个人行为能否落入该基本权利的保障范围;第二个阶层确定国家对基本权利限制的认定标准,也就是该基本权利所保障的行为和利益是否被国家的限制行为所剥夺或侵害;第三个阶层确定该限制行为是否有违宪阻却事由的存在,并依此作出该限制行为合宪或违宪的判断。① 显然,在这递进的三个阶层中,最后一步最为重要。它隐含了一个前提,即对基本权利的限制首先推定为违宪,只有当限制者证立了合宪,才能确定其合宪性。证立义务是由限制机关来承担的。

就批评权利而言,在行政机关拟对批评者进行行政处罚,或者司法机关拟裁决批评性言论侵害了他人人格权,或泄露国家秘密,或扰乱了公共秩序等而欲施加法律责任时,有义务证立其结论是符合宪法的。首先,判断被限制者的批评性言论是否属于《宪法》第 41 条批评权的调整范围,亦即被限制者是否在批评国家机关或国家工作人员。其次,判断限制行为是否限制了批评权的范围,亦即是否限制了批评性言论的内容和方式的广泛度。如果限制了批评权的范围,即可判断限制行为涉嫌违宪。最后,需要寻找"违宪阻却事由",理论上主要包括法律保留、宪法规定的限制理由、比例原则等。

在中国语境下的个案适法过程中,比例原则更加重要,更具可行性。比例原则通常由适当性原则、必要性原则、狭义比例原则构成。就批评权利而言,首先是适当性原则。适法机关采取的限制批评权手段必须能够达到所希望达到的目的,亦即保护其他的权利或合法利益。其次是必要性原则。这一原则又称为最少侵害原则。在一切适当的、能够达到目的的手段中应当选择对当事人批评权利限制最小的那一个。最后是狭义比例原则。不能为了达成很小的目的而严重限制当事人的批评权利。也就是说,即使某个

---

① 参见张翔:《基本权利限制问题的思考框架》,《法学家》2008 年第 1 期。这种三阶层方法的运用事例,可参见[德]福尔克尔·埃平、[德]塞巴斯蒂安·伦茨、[德]菲利普·莱德克:《基本权利》,张冬阳译,北京大学出版社 2023 年版,第 8、13—33 页。

限制措施符合前两个原则,但是仍然会导致批评权利受到过于严重的限制,也不应采取这一措施。

五、给受到侵害的批评权利提供救济措施

当批评权利受到违法侵害,应当提供适当的救济措施。例如,如果公民的批评权利被行政机关违法侵害,应当可以提起行政诉讼以制约行政机关的权力和救济受到损害的权利。对于逾越法律边界的批评性言论,也应依法加以阻止或惩罚。

下编

制　度

第六章　批评权与国家工作人员名誉权：民事侵权

公民行使批评权，可能会影响到国家工作人员的名誉权。它们是相互冲突，又都应受到保护的权利。恰当界定其间边界非常重要。《民法典》第1024条规定，"民事主体享有名誉权。任何组织或者个人不得以侮辱、诽谤等方式侵害他人的名誉权"。这规定了对名誉权的保护。与之相随的，是对名誉权的限制。第1025条规定，"行为人为公共利益实施新闻报道、舆论监督等行为，影响他人名誉的，不承担民事责任，但是有下列情形之一的除外：（一）捏造、歪曲事实；（二）对他人提供的严重失实内容未尽到合理核实义务；（三）使用侮辱性言辞等贬损他人名誉"。第1026条规定合理核实义务的判断标准。

国家工作人员也是民事主体，当然享有名誉权。第1024条适用于分析和解决一般类型的名誉权纠纷。第1025条规定公共利益是限制名誉权的法定事由，而公民对国家工作人员的批评可能与公共利益有关，因此第1025条可以适用于厘定公民批评权与国家工作人员名誉权的界限。那么，这一条的制定有何背景和意义？我们如何理解这一条所蕴含的法理？从法教义学的角度来看，这种限制具有哪些构成要件？都是值得探讨的问题。

第一节　名誉侵权的规范模式

1982年《宪法》基于对"文化大革命"期间肆意践踏人格尊严、诬告陷害盛行的反思，在第38条规定，公民的人格尊严不受侵犯，禁止用任何方法对公民进行侮辱、诽谤和诬告陷害。《民法通则》落实这一宪法意旨，规定公民享有名誉权。但其规定相当抽象，不敷使用。最高人民法院分别于1993年、1998年出台了《关于审理名誉权案件若干问题的解答》（法发〔1993〕15号）、《关于审理名誉权案件若干问题的解释》（法释〔1998〕26号）（以下分别简称《解答》《解释》）。它们构成了民法典之前名誉权保护的基本模式。

这种模式的特点是不区分主体的职业、社会角色等因素，平等、无差别地保护名誉权。换言之，不区分涉嫌侵权的言论类型，不区分涉及公共事务的言论和不涉及公共事务的言论，统一适用构成条件、抗辩事由。《解答》第 7 条提出的侵害名誉权责任的四个构成要件统一适用于所有的名誉权纠纷案件：受害人确有名誉被损害的事实；行为人行为违法；违法行为与损害后果之间有因果关系；行为人主观上有过错。第八条虽然提及"批评文章"，但是没有界定何谓批评文章，也没有区别公共的批评与私人的批评。

《解释》只是在信息的公共来源方面提供了有限的保护。第 6 条规定，新闻单位根据国家机关依职权制作的公开的文书和实施的公开的职权行为所作的报道，其报道客观准确，不应当认定为侵害他人名誉权。这一条规定的免责主体仅限于新闻单位，不及于其他组织和个人；免责的信息内容仅限于来源于国家机关的公共信息，不及于其他来源的公共信息。①

这种统一模式起到了保护名誉权的作用，甚至推动了权利意识的普及。20 世纪 90 年代和 21 世纪初名誉权"官司热"以及原告远高于被告的胜诉率，说明了这一模式的实际效果。在原告之中，不乏政府官员（甚至有政府机关）和文娱体育明星。② 这就提出正当的舆论监督与名誉权保护之间的界限问题。行为人如果不能证明信息来源于国家机关，即使其言论主题是公共问题，也要为失实的内容负责。如果要避免被诉或败诉，就需要对非国家机关来源的公共信息进行调查核实，就会发生调查成本。当一个善意、理性的批评者获得非国家机关来源的信息，试图用于他有关公共问题的讨论或批评之中，但是想到要花上人力物力去调查取证以证明其真实性，否则就会被诉或败诉，很可能失去了传播公共信息或进行公共批评的动力和愿望。这种模式不利于舆论监督。在信息化和民主意识增长的中国，人们比以往更加需要公共信息和公共批评。

学界和司法界反思了这一模式，探索了回应新需求的途径。许多学者

---

① 2014 年最高人民法院《关于审理利用信息网络侵害人身权益民事纠纷案件适用法律若干问题的规定》（法释〔2020〕17 号）第 12 条第 1 款第 2 项规定，"为促进社会公共利益且在必要范围内"公开他人的隐私及个人信息，不承担侵权责任。此规定不适用于名誉权纠纷案件。

② 陈志武曾统计 2003 年 6 月之前的 210 起媒体侵权案件，他发现，如果原告是行政官员（共 39 案例），媒体败诉的频率为 71.79%。参见陈志武：《媒体、市场与法律》，中国政法大学出版社 2005 年版，第 95 页。

主张借鉴国外诽谤法中的公众人物原则,弱化法律对公众人物名誉权的保护。① 公众人物是社会政治生活中具有一定知名度的人,通常分为政治公众人物和社会公众人物。若干名誉权纠纷案件裁判文书中出现"公众人物"概念。由于没有法定地位,公众人物概念和原则只能用于司法意见的推理,而非用作裁判依据;裁判依据仍然是名誉侵权构成的传统要件。② 另一个途径就是诉诸公共利益的概念和原则。基本理由是由于言论对象的行为关涉社会公共利益,或者言论话题是社会公众关切的问题,言论对象应对批评保持一定的容忍。在个别案件中,公共利益的推理对裁判结果产生实质性的影响,免去了失实言论的侵权责任。但是并无相关的规范可援引为裁判结论的依据。③

除了学界的呼吁和司法的探索,中国共产党对舆论监督的重视为相关制度建设提供了重要推动力。自第十三次全国代表大会以来,党的多数全国代表大会报告都提出或重申发挥舆论监督在社会政治生活中的作用。十八届四中全会《关于全面推进依法治国若干重大问题的决定》提出编纂民法典,也提出加强"舆论监督的制度建设"。民法典有关舆论监督的规定,可以说是舆论监督制度建设的重要内容和进展。

2018年9月公布的《民法典各分编(草案)》(以下简称"一审稿")、2019年4月公布的《民法典·人格权编(草案)二次审议稿》(以下简称"二审稿")以及2019年8月公布的《民法典·人格权编(草案)三次审议稿》(以下简称"三审稿")均在第805条、第806条规定名誉权限制条款。2019年12月公布的《中华人民共和国民法典(草案)》(以下简称"四审稿")将条款序号调整为第1025条、第1026条。对照民法典正式文本,有三点变化值得注意。第一,一审稿的规定是"行为人为维护公序良俗实施新闻报道、舆论监督等行为,影响他人名誉的,不承担民事责任",限定条件是"为维护公序良俗";二审稿至四审稿删除了限定条件;正式文本规定的条件是"为公共利益"。第二,在一审稿至四审稿中,合理审查义务的对象都是"他人提供的

---

① 例如王利明:《公众人物人格权的限制和保护》,《中州学刊》2005年第2期,第95页;杨士林:《"公众人物"的名誉权与言论自由的冲突及解决机制》,《法学论坛》2003年第6期;张新宝:《名誉权的法律保护》,中国政法大学出版社1997年版,第263—264页。
② 名誉权诉讼中公众人物原则的应用状况,参见李延枫:《论名誉权诉讼中的公共利益原则——基于对公众人物理论的反思》,《北方法学》2020年第1期,第95—97页。
③ 网络名誉权纠纷中公共利益原则的应用状况,参见陈阳:《网络名誉权纠纷中"公益性言论"的司法认定》,《河南大学学报(社会科学版)》2019年第5期,第57—64页。有观点认为,公共利益标准应比公众人物标准更具有科学合理性,参见张鸿霞:《涉及公共利益的名誉权诉讼研究》,《学术探索》2016年第1期,第96页。

事实"或"他人提供的失实内容";正式文本修改为"他人提供的严重失实内容",添加了"严重"一词。第三,一审稿至四审稿都规定"行为人应当就其尽到合理审查义务承担举证责任";正式文本删除了此规定。

有民法典释义书指出,在《民法典·人格权编》的立法中,如何处理好实施新闻报道、舆论监督等行为与保护名誉权的关系是一个重点难点问题,经过反复研究,作出目前的规定。① 2020 年 5 月 22 日,全国人民代表大会常务委员会副委员长王晨在第十三届全国人民代表大会第三次会议上作《关于〈中华人民共和国民法典(草案)〉的说明》,指出:"为了平衡个人名誉权保护与新闻报道、舆论监督之间的关系,草案对行为人实施新闻报道、舆论监督等行为涉及的民事责任承担,以及行为人是否尽到合理核实义务的认定等作了规定。"②

民法典建立了分层规范模式,确立了名誉权与言论表达的新平衡。如果行为人不是为公共利益实施言论表达行为,当引起了名誉权纠纷,则按照一般的名誉侵权规范即第 1024 条调整。如果行为人为公共利益实施新闻报道、舆论监督等行为,当引起了名誉权纠纷,则按照特别规范即第 1025 条、第 1026 条来调整。③ 新闻报道传播公共信息、舆论监督开展公共批评,属于公言论表达行为。在法教义学上,这一特别规范的主要内容,从当事人角度看可称为公共利益抗辩,从法官角度看可称为公共利益审查。这种分层规范模式相比于以前的统一模式,是一项重要的制度创新。它提出了若干需要研究的问题,其中包括"为公共利益"的法理阐释问题。

第二节 第 1025 条中的"公共利益"

厘清公共利益的概念及观念,是阐释第 1025 条规范的前提。在第 1025

---

① 参见黄薇主编:《中华人民共和国民法典释义(下)》,法律出版社 2020 年版,第 1897 页。
② 王晨:《关于〈中华人民共和国民法典(草案)〉的说明》,中国人大网,2020 年 5 月 22 日,http://www.npc.gov.cn/npc/c35174/mfdgfbca.shtml。
③ 有司法判决明确指出这两种行为的区别。在张曦诉北京尤伦斯美术馆名誉权纠纷案中,一审判决指出:"第 1025 条规制的是行为人为公共利益实施新闻报道、舆论监督的行为影响他人名誉的情形,而本案诉争事项虽非上述情形,但为公共利益实施新闻报道、舆论监督的行为若对他人提供的严重失实内容未尽到合理核实义务从而影响他人名誉的都应承担民事责任,那么'为公共利益实施新闻报道、舆论监督'之外的行为更应受到如此规制。"见张曦诉北京尤伦斯美术馆名誉权纠纷案,北京市朝阳区人民法院(2020)京 0105 民初 32289 号民事判决书。判决区分了"为公共利益实施新闻报道、舆论监督"的行为与其他言论表达行为,并强调针对不同行为适用不同强度的规制。

条中,"公共利益"是何含义?"新闻报道、舆论监督等行为"如何联系于、贡献于"公共利益"?民法典文本及有关立法过程资料没有给予权威的回答。在学理上,关于公共利益存在着大量的学说和讨论,存在一定共识。对这一条中"公共利益"的理解,既要结合一般的学理分析,又要置于这一条的语境。

一、"公共利益"而非"公序良俗"

最初,一审稿名誉权限制条款的表述是"为维护公序良俗",二审稿至四审稿删除了这一限定条件,正式文本的表述是"为公共利益"。那么,"公共利益"与"公序良俗"有何不同?

立法史资料显示,在民法典草案意见征询过程中,来自不同方面的意见都提出,新闻报道、舆论监督是否是"为维护公序良俗",在实践中很难判断;而公共利益相较于公序良俗更具有客观性,在实践中易于判断,建议删除"为维护公序良俗"或者将有关条款中"公序良俗"修改为"公共利益"。[①]

从内涵及特点上看,这两个概念是交叉关系,并不完全相同。第一,公序良俗是侧重于社会层面的重要价值,公共利益是政治层面和社会层面的重要价值。第二,公序良俗是一个静态的、带有浓厚道德性的概念,公共利益是一个动态的、强调利益性的概念。公序良俗包括公共秩序和善良风俗,倾向于指当前或现行的秩序和风俗。现行公共秩序当然是公共利益,但是公共利益并不局限于现行公共秩序,还包括未来可预期的利益。例如公共秩序包括人民生命财产的安全,但是公共利益不仅包括生命财产安全,还包括人民生命质量的提高和财富的增长。第三,善良风俗既包括社会公德,也包括一个共同体内正统的或主流的甚至是涉及私人领域的道德风尚。公共利益则强调道德的公共性,即社会公德,其维护有利于每一个人的利益,不涉及那些不影响他人的、私人领域内的道德取向。

从法律性质及功能上看,二者也并不完全相同。在法律上,它们都可以作为原则或法定事由,用以限制私人权利。作为原则,可以起到一般的限制作用。作为法定事由,其限制作用仅限于有法律规定的情形。但是公序良俗一般是保守性的原则或事由,具有保护、守卫的功能。公共利益不仅具有

---

① 民法典立法背景与观点全集编写组编:《民法典立法背景与观点全集》,法律出版社2020年版,第400、409、438页。也有学者建议使用"维护公序良俗"的表述,例如张红:《民法典之名誉权立法论》,《东方法学》2020年第1期,第78、81页。

保守性,而且具有进取性,即可以为了促进、扩张公共利益而限制私人权利。

民法典有八处规定了"公序良俗",一处是民事活动的限制性原则(第8条),一处是民事审判适用习惯的限制性原则(第10条),五处是民事法律行为的限制性事由(第143条、第153条、第979条、第1012条、第1015条),最后一处是认定行为人是否对他人提供的严重失实内容履行合理核实义务的判断标准的构成要素(第1026条)。前七处规定的含义都是不得违背公序良俗,对最后一条的合理解释也是为了保护公序良俗不受侵害,其功能都具有保守性、防御性特点。

民法典有十一处规定了"公共利益",一处是限制权利滥用的原则,一处是限制合同自由的原则,其他各处均为限制民事权益、民事法律行为的事由。具体而言:(1)有四处规定,其含义都是不得损害或危害公共利益,具有保守性、防御性功能(第132条、第185条、第534条、第1009条)。(2)有两处规定的表述是"为维护公共利益",可解释为主动积极地预防公共利益受到损害(第1020条、第1036条),具有预防性功能。(3)其他五处规定的表述是"为公共利益""为了公共利益的需要"或"因公共利益需要",含义最为丰富,不仅包括为了保护、维护公共利益不受损害之义,也包括为了促进、增加公共利益之义;其功能不仅具有防御性、预防性,而且具有进取性(第117条、第243条、第358条、第1025条、第1026条)。第1025条中的"公共利益"属于这第三种情况。

二、"新闻报道、舆论监督等行为"与公共利益的维护、促进

在比较普遍和抽象的层面上,公共利益通常指一个共同体内公众共享的事物、资源或条件。

就主体而言,公共利益的主体是公众,即一定范围内的共同体成员。公共利益主体的特点在于不特定性,体现为主体条件的适当开放性和受益主体的潜在普遍性。最理想的情况是,共享者是所有的成员,现实上是不特定的多数成员。新闻报道、舆论监督等行为可能有助于公共利益的,有两种情况。一是行为人讨论宏观的公共问题以更好地保障或促进广泛的人民的利益;二是呼吁保护特定群体甚至特定当事人的合法权益,这种保护可以通过维系正统的权益秩序而有利于不特定的其他人。

就内容而言,公共利益是指能够满足公众共同需求的事物、资源或条件。公众的需求有共同需求、相同需求、不同需求。甲、乙都需要财产,对财产的需求是他们的相同需求,但是甲或乙的财产不是甲、乙的共同财产。甲、乙共同要求国家提供对财产权的保障。国家所提供的对财产权的保障,

或者说财产权秩序,是甲、乙共同的、共享的利益,是公共利益。① 为公共利益实施新闻报道,这意味着新闻报道的内容是公共信息,即公共领域(国家公权力领域、社会公共领域)有关人物、事件的信息。为公共利益实施舆论监督,这意味着舆论监督的内容是公共批评,即对违反公共规范(法律、政策、社会公德)的行为或现象的批评。了解这些方面的公共信息和公共批评是人们的共同需求。

就范围而言,公共利益是极宽泛的,通常包括国家利益和社会公共利益,例如国防坚固、社会稳定、生命财产等权利保障、社会进步与繁荣(例如物质生活水平、身心健康水平、精神生活水平的提高)等。公共利益具有天然的合法性,并不局限于法律的规定。只要是真正的公共利益,总是具有合法性的。② 总体上,公共利益事务可以划分为三个方面:(1)法律的权威以及法律内容的实现;(2)公共政策的权威以及政策目标的实现;(3)社会公共道德的维护,可以分为法律之事、政策之事、社会公德之事。新闻报道、舆论监督透过它们所传播和讨论的如此事项而联系于、有助于公共利益。

三、"新闻报道、舆论监督等行为"与公共利益的建构

若要深入理解《民法典》第1025条中的"公共利益",还需要比较两种不同的有关公共利益本体和方法的观念,可分别称为先验论和经验论。

先验论认为,公共利益是一个先验存在,它先行存在于共同的人性需要结构中,是稳定的、普遍的。在人们就某一事项思考公共问题之前、制定法律之前,它就已经存在。对客观存在、寓于人性不变结构中的公共需要的满足就构成了公共利益的本体。判断我们的言论是否有利,就是它是否"符合"公共利益或满足公共利益的需要,就是主观是否符合客观。

经验论认为,公共利益并不是先在的、客观的事物,它是由纷繁复杂的主观需求综合构成的,这些需求可能一致,也可能相互冲突。它不是确定的、静态的事物,而是发展的、动态的事物。它并非存在于主客体的关系中,而是存在于主体间关系中。它是被建构出来的。蕴含在人性之中的,是自然需求,从自然需求到公共需求,有一个社会化、规范化的建构过程。建构

---

① 公共利益不同于共同体的总体利益。边沁所说的作为政府行动目标的"共同体利益"实际上包括人们所共享的公共利益与独享的私人利益。参见[英]边沁:《道德与立法原理导论》,时殷弘译,商务印书馆2000年版,第58页。
② 《宪法》第51条规定,公民在行使自由和权利的时候,不得损害国家的、社会的、集体的利益和其他公民的合法的自由和权利。该条在"自由和权利"之前添加了,但是在"国家的、社会的、集体的利益"之前没有添加"合法的"一词。

公共利益的过程就是把我们的观点表达出来并与他人观点进行交流、磨合并试着达成一定共识。

这两种本体论对应着不同的方法论。既然公共利益是先验的客观存在,那么适当的方法就是摒弃私心和偏见,运用理性去发现它。共同需求只是它的表象,是它存在的证明,是人们借以发现它的线索。讨论也是发现它的方法,但是意见有正确、错误之分。如同卢梭所说:"与我相反的意见若是占了上风,那并不证明别的,只是证明我错了,只是证明我所估计是公意的并不是公意。"①这样,我就必须服从大多数人的判断。实质上,我并不是在服从大多数人,我是在服从公意或公共利益。然而,按照经验论,既然公共利益是人们的需求综合构成的,那么适当的方法就是充分地表达我们的需求,并把个体需求融合成共同需求,亦即通过一定的沟通程序去建构它。这样,讨论、倾听、寻找契合点、达成共识就是必不可少的。

相较而言,先验论是高调、不切实际的理论。那种永恒不变、普遍同在的客观本体就如同传说中的独角兽一样,只在形而上学的梦想中出现过;就如同绝对真理一样,只能接近而不能俘获它。即使我们根据最广泛的共识建立一种制度安排,也并无准确把握说它就完整地体现了相关事项上公共利益的本体。当然,如果存在柏拉图在《理想国》中所说的拥有无限理性、热心公益的哲学王,那么按照他的指示,可以发现真正的公共需要,发现公共利益的本体。但是人世间并不存在哲学王。在一个由芸芸众生组成的共同体,通常只能谈论如何去凝聚和满足共同需求。经验论的公共利益是我们经过努力也许可以触及的公共利益。其实,即使存在着具有哲学王才能的公民,宪法的民主性质也否定了他做哲学王的正当性。

经验论凸显了"新闻报道、舆论监督等行为"对于建构公共利益的意义。主要表现在这些言论活动对于凝聚共同需求、形成公共意志具有不可或缺的作用。第一,言论是表现需求的有效而显著的方式。人们表现需求主要有两种方式:行动与言论。通常人们奔波劳碌只是为了追求一定的利益。通过观察行动,可以了解到人们的需求和利益。对于公共事务,了解人们需求的快捷方式是倾听言论。第二,讨论和交流有助于反思、调整既有需求,形成和建构能够体现大多数人利益的共同需求。某一事项在讨论之前存在着一定的自然需求,但是很难说自然需求一经产生就不会变动。集体的审议和探讨可以改变人们对价值和利益的看法,最终的决策并非偏好的简单

---

① [法]卢梭:《社会契约论》,何兆武译,商务印书馆2003年修订第3版,第140页。

聚合或者偏好之间进行交易的结果。① 第三，讨论是自由的，才能够使人们表达他们真实的需求。只有在真实需求的基础上，才能形成真实的共同需求。在一个民主社会中，公共事务是以民主方式决定的事务。让人们自由地表达他们对于公共事务的意见建议，就是一种重要的民主方式。"新闻报道、舆论监督等行为"的权利根据是宪法上的表达自由。表达自由是形成公共意志和公共利益的民主程序的必要构成要件。②

第三节 公共利益与权利平衡

按照《民法典》第1025条，行为人为公共利益实施新闻报道、舆论监督等行为而影响他人名誉，不承担民事责任。这一规范的道理何在？这需要我们探讨这一条所蕴含的表达自由与名誉权的平衡之道。这一条以及整个民法典又都是"根据宪法"制定的，首先需要把握宪法对平衡之道的寓意。

(一) 宪法的寓意

宪法的功能之一是宣告承认和保护重要的社会价值。《宪法》在第35条规定言论出版等表达自由，又在第38条规定人格尊严不受侵犯，禁止侮辱、诽谤和诬告陷害。虽然没有明确提及名誉权，但是禁止侮辱、诽谤所保护的客体主要就是名誉权。保护名誉权是人格尊严不受侵犯的应有之义。表达自由与名誉权都具有重要的价值。宪法没有在一般意义上对表达自由与名誉权进行价值排序。这意味着如有可能应尽量兼顾这两种价值。

宪法的寓意不限于此。它还蕴含着一种以公共利益为标尺的言论类型学。它在一般性地规定表达自由之外，还特别规定了批评和建议权（第41条）、科学研究和文化活动自由（第47条）。批评和建议、科学研究和文化活动可以解释为广义上的言论。这种特别规定的意图何在？如果不是意味着特别的重视和保护，就无甚意义。宪法不容许语言上的冗余。对于一般

---

① 参见[美]凯斯·R. 桑斯坦：《民主与偏好的转移》，聂智琪译，载谈火生编：《审议民主》，江苏人民出版社2007年版，第256页。
② 有关表达自由的作用和价值存在着若干不同的学说，例如"真理论""个人自主论""民主自治论"等，它们都承认表达自由在国家和社会公共生活中的重要作用，其分歧主要在于在学理上或在特定宪法语境中哪一种价值是根本价值。具体分析，可参见侯健：《表达自由的法理》，上海三联书店2008年版，第55—100页。

的表达自由,《宪法》第51条设置的界限可以适用,即"不得损害国家的、社会的、集体的利益和其他公民的合法的自由和权利"。这与禁止侮辱、诽谤的规定是相一致的。但是对于特别的表达自由,宪法意在给予特别的保护。例如,对于批评和建议的权利,尽管在文义解释上并不确定第41条意味着只要不是"捏造或者歪曲事实"就可以不承担失实责任,但是它肯定不意味着,批评和建议者要像一般情形下的言论表达者那样承担同样的责任。宪法为什么要给予一定类型的表达自由以特别的保护?批评和建议的对象是国家机关和国家工作人员,它显然是公言论的一种类型。批评和建议的权利要比一般的表达自由更加有利于促进公共利益,例如它作为一项重要的权力监督和制约机制,有助于反腐倡廉、维护法治;作为一项重要的公民权利,体现着公民地位和尊严,有助于保障和救济其他权利、培养公民的公共精神;它是一种重要的民主形式或构件,是中国特色社会主义民主的有机组成部分。它对公共利益的助益是宪法给予特别保护的原由。在宪法的价值衡量中,公共利益是限制权利,也是保护权利的核心因素。

宪法与民法的关系是一个复杂问题,众说纷纭,但是无人能够否认在价值体系上民法不应脱离宪法来理解。宪法所寓含的精神和原则可适当进入民法规范,主要有两个途径:一是通过立法。立法者不可能仅仅在权限、程序上根据宪法,而在价值观念上排除自身对宪法价值观念的理解来制定民法。二是通过释法。对民法规范进行合宪性解释,亦即在民法规范的语义框架内以符合宪法精神和原则的方式来解释民法,以及在多种解释中选择相对契合宪法精神和原则的解释。对于第1025条,亦应如此。

(二) 表达自由的利益结构和价值基础

表达自由的利益结构是指它可能带来哪些利益,影响哪些主体的利益。姑且不考虑制度成本,仅考虑自由表达的直接利益影响。第一是对于行为人的利益影响。这种影响有两个方面:成本和收益。成本主要表现为搜集事实和材料、思考、写作等方面的付出。收益主要表现为表达言论所带来的心理愉悦、成就感、名誉等精神利益以及物质经济利益。第二是对特定言论对象的利益影响。这种影响的性质取决于言论内容,可能会带来好处,也可能会造成损失。对于不同的对象可能有不同的好处和损失。如果言论传播了不利于特定对象的事实或表达了负面评论,就贬低了其名誉。有的言论没有特定的对象,也就不存在对特定对象的利益影响问题。[①] 第

[①] 这里不考虑群体诽谤问题。现行名誉权制度要求诽谤言论公开指向特定当事人,才成立侵权。

三是对公众或不特定多数人的利益影响,也就是对公共利益的影响。这种影响的性质也取决于言论的内容,主要包括有无增益公众对公共问题的了解,提供更多的意见和视角,以及传递对公共利益的关心态度或公共精神。

公言论与私言论具有不同的利益结构。公言论是有关公共事务的言论,它可以分为抽象公言论与具体公言论。前者不涉及特定对象,例如分析、讨论法律政策问题的言论;后者涉及特定对象,例如揭露特定公职人员违法违纪行为的言论。抽象公言论一般不会,而具体公言论则可能会引起名誉权纠纷。抽象公言论的利益结构包括前述第一和第三种利益要素,具体公言论则包含了全部三种构成要素。私言论是有关私人事务的言论,一般是具体的言论,例如"家长里短"这样的言论,其利益结构包括第一和第二种利益要素。公言论与公共利益的关系更为密切。《民法典》第1025条规定涉及"新闻报道""舆论监督"等言论,这两类言论通常涉及公共事务,指向公共问题,属于公言论。又由于它们可能会引发名誉权纠纷,实际上是具体公言论。

言论内容通常包括事实、意见、情感三种类型,公言论也是如此。事实是有关实际发生的事情的描述。意见是对人、事的评论、要求或建议。情感是言论传达的心理感受、态度或精神。其一,就事实而言,真实言论是具有价值的,它是准确了解公共事务、恰当处理公共问题的客观基础。其二,就意见而言,是否存在有无价值以及价值大小之别?按照前文的经验论,并不存在先验的公共利益本体,公共利益形成于公共讨论之中,需要有多角度的、多种多样的意见。在一个民主社会中,每个人对公共事务都有平等的表达意见的权利。而且,任何一种意见,只有表达出来,并在一般情况下经过讨论,甚至经过实践,才能了解其价值大小。意见的价值具有独立性,可以独立于事实而存在。即使依据虚假事实而发表的意见仍可能具有价值,其价值之一在于,如果以后出现这种事实的话,我们可以这样看待和处理它。在人类思想史上,这种情况屡见不鲜:引发思想的事实早已遗忘或无从考据,而思想本身却流传下来。德国基本法第5条第1项规定,"人人有以语言、文字及图画自由表示及传布其意见之权利,并有自一般公开之来源接受知识而不受阻碍之权利。"这里所说的是"意见"的自由,亦即价值判断、评论和主张的自由,不是指事实的自由。德国联邦宪法法院在犯人通信案中坚决反对那种区别"有价值的言论"与"无价值的言论",并将保护范围限于有价值言论的观点:"如果区分所谓的'有价值言论'与'无价值言论',并对它们提供区别保障,无疑会在一个包含多元构造并致力于建立自由民主的国家体制下,使那些与主流观点相悖的言论丧失被保护的机会。"①其三,就情感而言,言论如能传达出对公共事务的关心,就有助于弘扬公共精神。侮辱性言辞损害人格,破坏文明规则,对于公共讨论没有益处。因此,公言论表达自由的价值基础在于它有助于表达有关公共事务的事实、提供多样的意见和传递公共精神。

(三) 名誉权的利益结构和价值基础

保护名誉有两种利益影响:对名誉权人的利益影响;对不特定多数人的利益影响。(1)名誉权对于名誉权人的利益影响是正面的,即保障其名誉利益。名誉权是一种防御性权利,其功能限于保护正当名誉利益不受损失,不能扩大其名誉利益。名誉权也是一种内敛性权利,不会给名誉权人之外的其他特定人以直接的利益影响,如果有影响,也是间接的。(2)保护一个人的名誉可能会直接影响不特定多数人的利益吗?或者说,作为个体的人的名誉利益能够成为公共利益吗?这在特定名誉主体不是普通人,而是某种集体象征的情况下可能发生。比如"英雄烈士"已经成为敢于牺牲、勇于奉献的爱国家爱社会精神的象征,他们的"事迹和精神是中华民族的共同历史记忆和社会主义核心价值观的重要体现"②。他们的事迹已经得到证明,他们的精神已经成为公共精神。英雄烈士已经牺牲,不再享有名誉权,其名誉利益是作为公共利益来保护的。这是《民法典》第 185 条的规范意旨。没有成为集体象征的名誉主体是普通的名誉权人,其名誉利益仅仅是私人利益,而非公共利益。保护这种利益是第 1024 条的规范意旨。因此,名誉权的利益结构通常是权利人的个人名誉利益。

名誉权的价值基础在于保护真实的名誉,或者说保护名誉权人获得正常的社会评价。按照《民法典》第 1024 条,名誉是对民事主体的品德、声望、才能、信用等的社会评价。这不是名誉感或内部名誉,不是名誉权人的自我评价。社会评价需要有事实的依据。民事主体有权利享有他的以事实为依据的社会评价不受失实言论的无端贬损,没有权利享有他的以虚假事实为依据的社会评价不受真实言论的合理降低。换言之,名誉权保护的是名实相符,而不是名实不符,所要维护的是民事主体的品德、声望、才能、信用等信息的真实性。弄虚作假、沽名钓誉是不受名誉权保护的。

---

① 德国联邦宪法法院犯人通信案判决意见(Strafgefangene Urteil, BverfGE33, 1, 1972 年 3 月 14 日),转引自张翔主编:《德国宪法案例选释·第 1 辑·基本权利总论》,法律出版社 2012 年版,第 89 页。

② 参见《英雄烈士保护法》第 3 条第 1 款。这就意味着,《民法典》第 1025 条中的"他人"不包括第 185 条中的"英雄烈士"。

(四) 第 1025 条的平衡之道

通过宪法和法理分析,可以就表达自由与名誉权平衡关系总结如下要点:第一,表达自由与名誉权都是宪法上承认和保障的权利,在制度设计中应当尽量兼顾,公共利益是调整它们关系的重要取向和依据;第二,从利益结构来看,私言论表达与名誉权所关涉的都是私人利益,它们的关系服从一般的民事侵权责任规范,而公言论表达还会影响公共利益,其与名誉权的关系应设立特别规范去调整;第三,从价值基础来看,表达自由与名誉权是不同的,然而又有相通、契合之处,即都认为真实信息具有重要的价值。就公言论而言,保护表达自由旨在保护公共领域内真实信息的自由流通。保护名誉权旨在保护有关个人名誉的真实信息。公共领域内的真实信息是人们了解世界、建设清廉政治和美好社会的客观基础,也是开展正常人际交往、维护个人名誉的客观基础。

回到《民法典》第 1025 条。其内涵可以概括为以下几点:(1) 它的调整对象是"为公共利益实施新闻报道、舆论监督等行为"与名誉权的关系,意在为公言论影响名誉问题确立特别规范。这个规范就是,一定条件下,"为公共利益实施新闻报道、舆论监督等行为"影响他人名誉,不承担民事责任。(2) 它要求行为人不得捏造、歪曲事实,应当对他人提供的内容尽到合理核实义务。[①] 显然,这有助于保护和促进公共领域内的真实信息,这既是公共利益的要求,也是保护名誉权的要求。(3) 它要求不得使用侮辱性言辞。侮辱性言辞既贬损他人名誉,又不能增益公众对事实和意见的了解,无益于公共利益。(4) 第 1025 条没有对行为人的评论或意见提出要求,例如要求作出正当或合理评论。行为人可能会因为失实言论或侮辱性言辞,但是不会因为纯粹评论而承担责任。

这一规范建立了表达自由与名誉权之间、取向公共利益的平衡。公言论表达受到特别保护,是相对而不是绝对的,是有条件而不是无条件的。除了"为公共利益"条件,还有履行合理核实义务等条件。这一平衡的核心是有关言论真实性和核实义务的平衡。如果把"对他人提供的严重失实内容未尽到合理核实义务"修改为"对他人提供的失实内容未尽到合理核实义务",显然会增加行为人的核实成本,无异于第 1024 条一般规范,实则取消了特别保护。如果不规定对他人提供的严重失实内容的合理核实义务,虽

---

① 第 1025 条没有明确规定行为人对其自行采集的内容承担合理核实义务,这种义务可从行为人对他人提供的内容负有核实义务推论而出。有关讨论,参见刘文杰:《〈民法典〉在新闻侵权抗辩事由上的探索与创新》,《新闻记者》2020 年第 9 期,第 69—70 页。

然在更大程度上保护行为人的自由表达和公共精神,但是可能会产生很多的虚假信息,而很多的虚假信息会严重损害言论对象的名誉。现行规定在这两种选择之间达成一种平衡。

一个易致困惑的问题是,如果公共利益要求的是真实言论,那么失实言论就是不符合公共利益要求的,为什么这一规范要保护失实言论?尝试解释之。

第一,这一制度安排仍可能使得公共论坛上真实言论在总体数量上超过失实言论。对有的言论,即使行为人履行了合理核实义务,仍然可能失实,但是履行了合理核实义务之后,可以保证大部分的言论是真实的。假设我们的社会中有十个公共问题,有十位行为人为公共利益分别就某一公共问题实施新闻报道或舆论监督,且都履行了合理核实义务,最后八位发表了真实言论,两位发表了失实的言论。八个问题得以暴露,真实言论多于失实言论。

第二,这一制度安排有助于激励产生更多的真实言论,揭示更多的公共问题。如果要求行为人即使履行合理核实义务,仍然为失实言论承担名誉侵害责任,这可以在总体上提高真实言论相对于失实言论的比例,但是真实言论的总体数量以及所暴露的公共问题数量可能会减少。也假设存在十个公共问题,只有六个行为人分别就某一问题实施新闻报道或舆论监督,其中五人发表了真实言论,一人发表了虚假言论,而另外四个人因为担心承担责任而放弃了实施新闻报道或舆论监督,最后公众只了解到五个公共问题及其真实情况。在公共论坛上,真实言论具有正外部性,但是核实和证明成本却需要由行为人来承担。存在这种情况:有的言论虽然是真实的,但是无法证明它是真实的,或者核实成本很高。对行为人来说,当发表言论的综合预期成本超过预期收益时,一般不会考虑发表言论。这就如同科斯定理所揭示的,当交易费用过高时,交易便不会发生。[1] 当然,热心公益、不计成本的人们仍然可能会发表言论,不过这样的人的数量是有限的,不足以作为普遍适用的制度设计的人性基础。

第三,这一制度安排有助于保护行为人的公益心和弘扬公共精神。如果公言论内容在履行了合理核实义务之后,从一般理性人角度来看达到了合理确信的程度,却最终在诉讼中被证明是虚假的,或者无法证明其真实性,行为人仍然承担赔礼道歉、赔偿损失等侵权责任,就会打击他们的公益心,不利于传播公共精神。合理确信仍不能避免承担责任,必须达到绝对确信才能安全无事,这超出了一个热心公益的普通公民愿意承担的成本。为

---

[1] 参见[英]罗纳德·科斯:《企业、市场与法律》,盛洪译,上海三联书店1990年版,第91页。

了安全,必须放下公益心。这一制度安排可以免去这样的顾虑。

在这一个平衡中,名誉权受到了一定的限制,也得到了兼顾。在除外情形(捏造、歪曲事实;对他人提供的严重失实内容未尽到合理核实义务;使用侮辱性言辞等贬损他人名誉)下,即使是为公共利益的公言论表达行为也应承担名誉侵害的民事责任。这一制度安排若能激励产生更多真实公共信息,就在宏观层面上实现了表达自由与名誉权的平衡。的确,在微观的个案层面,保护了在必要核实之后仍然失实的言论,就影响了他人的名誉。这是促进公共利益的一个不可避免的代价。既想要表达自由,又想要名誉权;既期望扩大公共利益,又不愿意承担代价,这种十全十美的事情是没有的。在原则上,民主立法赋予每一个人平等的表达自由权和平等的名誉权。我们每个人享有自由表达带来的利益,享受发表失实公言论影响他人名誉不承担责任的好处,同时也要承担在别人这样做时自己名誉受到侵害的风险。

第1025条的平衡总体上是符合宪法原则和精神的。它建立了符合宪法言论类型学、取向公共利益的平衡机制。同时它在宪法基础上有所续造,把《宪法》第41条给予批评和建议权的特别保护拓展给予新闻报道、舆论监督等公言论表达行为。第41条中的"批评和建议"是针对国家机关和国家工作人员的,"新闻报道、舆论监督"是有关公共领域和公共事项的。表达自由的民主功能从政治公共领域扩展到社会公共领域。这一拓展有助于实现《宪法》第2条规定的"人民依照法律规定,通过各种途径和形式,管理国家事务,管理经济和文化事业,管理社会事务"。宪法之意不仅在于创造和保护民主的政治,而且在于创造和保护民主的社会。这一平衡机制也是一个制度实验,它能否达成规范意旨,还有赖于具体的制度实践。

第四节 "为公共利益"的客观要素

前一节阐释了规范理由,现在转向规范内涵,亦即如何理解这一规范之中"为公共利益实施新闻报道、舆论监督等行为"的内涵?对这一表述的准确阐释是确立法教义学上公共利益抗辩标准的基础。从公开发表的成果来看,对这一表述的规范内涵存在着三种阐释:第一种是主观阐释,要求行为人主观上具有为公共利益之目的[1];第二种是客观阐释,要求行为人在客观

---

[1] 王雨亭、秦前红:《名誉侵权中的公共利益目的抗辩——新闻报道、舆论监督等行为的特殊免责事由》,《河北法学》2022年第2期。

上具有为公共利益之行为①;第三种是主客观统一阐释,不仅要求行为人主观上具有为公共利益之目的,而且要求行为人在客观上具有为公共利益之行为②。笔者主张主客观统一阐释:这一表述既包含着主观要素,也包含着客观要素,这两方面要素结合起来,构成其规范内涵。

一、客观要素的必要性

主观阐释有一个法教义学上的理由,即公共利益抗辩是一个目的抗辩,不会改变侵权构成要件,只是阻却了其中的过错要件的成立。③ 它还可以诉诸《民法典》第998条有关认定侵害人格权民事责任应当考虑行为目的的规定,认为第1025条所规定的即是一种应考虑的目的类型。但是这些理由是不充分的。从最高人民法院《解答》提出的四要件来看,这一抗辩未必阻却过错要件的成立,更可以解释为阻却违法性的成立。从第1025条"不承担民事责任"表述来看,还可以推导出对责任成立的阻却。从立法史资料来看,有关名誉权限制条款,二审稿至四审稿的相关表述是"行为人实施新闻报道、舆论监督等行为",这一表述的内涵具有客观要素,甚至可作客观阐释。正式文本添加了"为公共利益"的限定条件。这一添加显然不否定客观要素,而只是增加主观要素。至于第998条,它只是要求在认定侵害人格权民事责任时考虑行为目的,并没有排除对其他因素的考虑;它是一般规定,第1025条是特别规定,如有不一致之处,应适用特别规定。

主观阐释有助于获得呵护行为人公益心的制度效益,但是无助于,甚至有害于其他方面的公共利益。如果只要求主观的为公共利益目的、不要求客观的为公共利益行为,就会把抗辩成立的权利给予虽有主观目的,而行为其实无关乎公共事务的行为人。例如行为人主张自己具有为公共利益的目的,发表的言论却是私人恩怨、家长里短的琐事或者他人的私事。如果他可以不承担责任,是不符合第1025条激发更多真实公言论的初衷的。主观阐

---

① 李劲松认为对于我国《民法典》第1025条所规定的"为公共利益"应采用"客观解释",即"只要行为人的评论行为在客观上符合公共利益即可,而无需考察行为人实施该行为时,其主观上是否具有为公共利益之目的"。参见李劲松:《公正评论抗辩的适用要件及效力解释论研究》,《宁夏大学学报(人文社会科学版)》2022年第3期,第150页。另外,姜战军认为,对《民法典》第999条中"为公共利益"应解释为"客观目的",即"只要当事人的行为在客观上有利于公共利益,其对他人人格利益的使用便受到第999条之保护"。参见姜战军:《民法典人格利益合理使用一般条款研究》,《中国法学》2023年第3期,第99页。
② 参见王利明:《人格权法(第四版)》,中国人民大学出版社2022年版,第353页。
③ 参见王雨亭、秦前红:《名誉侵权中的公共利益目的抗辩——新闻报道、舆论监督等行为的特殊免责事由》,《河北法学》2022年第2期,第181页。

释更可能激发的是更多的失实私言论。更多的失实私言论可能会破坏名誉权秩序和公共交往规则。仅仅呵护了行为人可能存在的公益心,就不值得牺牲言论对象的名誉利益。

行为人做出与主观相一致的客观行为并不是不合理的、难以实现的要求,只是对普通理性人的要求。普通理性人如果具有公益目的,会基于他对社会上公共利益概念和事务的理性认知而实施行为,会努力使他的行为与其目的相适应。当然,理性人也会偶尔出差错,误把私人事务作为公共事务,承担了失实言论的民事责任而可能减弱或泯灭公益心。不过这种损失还在可容忍的范围内。

二、客观要素的内涵

行为人具有为公共利益的行为,这构成规范内涵的客观要素。什么是为公共利益的行为?

从规范文本看,行为人所实施的是"新闻报道、舆论监督等行为"。"新闻报道""舆论监督"并非专业法律概念,民法典自身及其他法律也无界定。对这两个概念的日常用法或新闻学用法的分析对解决这里的问题助益甚少。

在学理上,"为公共利益"的客观要素存在着两种不同的界定原则。一种可称为效果原则,要求行为人实施言论表达行为产生为公共利益的客观效果,例如要求行为人的行为"符合公共利益",或"有利于公共利益"。[1] 第二种可称为关切原则,要求行为人实施的言论表达行为关切公共事务,属于公共议题。简言之,关切原则仅仅要求所实施的是公言论表达行为,不要求它产生有利于公共利益的效果。效果原则提出了更高的要求,行为人的言论不仅关切公共事务,而且产生有利于公共利益的效果。

效果原则的高要求难以满足,不利于在个案中给予失实言论以必要的法律保护。公共利益抗辩的法律效果在于,当被指控言论失实造成名誉损害时,这一抗辩可以提供一定保护。然而,一般而言,失实言论是没有价值的,真实言论才可能有利于公共利益。一个特定案件中的失实言论之所以受到保护,是出于一种制度上的大局考虑,这种考虑是通过有条件地保护失实言论,降低言论限制的寒蝉效应,激发整体上的更多真实言论。效果原则

---

[1] 参见李劲松:《公正评论抗辩的适用要件及效力解释论研究》,《宁夏大学学报(人文社会科学版)》2022年第3期,第150页。另可参见姜战军:《民法典人格利益合理使用一般条款研究》,《中国法学》2023年第3期,第99页。

要求言论具有有利于公共利益的效果,而被诉言论是失实言论,它局限于一个特定个案中,其本身并没有有利于公共利益的效果。行为人无法证明它具有这种效果。而按照关切原则,行为人只需要表明言论的公共性,就满足了规范对行为人客观方面的要求。这一要求是有可能做到的。

举例言之。行为人在网上发帖批评城管队员在一处允许摆摊经营的场所非法扣押一位摊主经营的物品。实际上这是一处不允许摆摊经营的场所,城管机关扣押的是经营工具而非经营的物品,按照法律规定,是可以扣押经营工具的,同时此地的摆摊现象已经多次遭到行人和周围居民的投诉。行为人的言论包含着事实和法律错误。但是城管执法是一个公共议题,了解城管执法的情况是公众的需求。行为人的发帖内容显然与这一议题和需求相关。行为人无法证明此错误事实有利于公共利益,这受个案的局限。第1025条的主要意图是通过容许一定的失实言论而激励产生更多的事实,这是一种大局。如果要求发帖人承担损害城管队员名誉权的责任,或苛求发帖人对有关事实和法律准确认知后再作发言,显然会压制其公益心,阻碍产生更多的事实,就违背了这个大局。

效果原则还不利于对意见的保障。效果原则契合于公共利益的先验论,先验论认为公共利益本体包含着有关公共意见正确性的标准。然而,并不存在静止不变、脱离人的价值判断而客观独立存在的公共利益本体,也不先行存在有关公共事务的正确意见。当一则言论与公共事务相关,它就参与塑造了某一事项上的公共利益。通过讨论,公共论坛呈现有关这一事项的事实;通过适当的制度措施,激励出更多的事实。在事实基础之上对某一现象的批评,对有关法律、政策或公德改进的建议是否有利于公共利益,都属于意见的范畴。意见是主观的价值判断。共识是不同意见相互激荡而产生的,是主体间的共同意见。关切原则与经验论是相契合的,任何一种意见只要与公共事务相关,都在保障范围内。这就有助于促进讨论和激发多元的意见。

效果原则还可能会造成司法适用的困难。按照效果原则,言论是否有利取决于它是否符合公共利益,它有多有利取决于它所促进的公共利益增值。公共利益的复杂性使得人们并不能准确地把握它的真实内容,通常只能把握言论是否与公共事务相关,是否是公众合理关切的问题。法院不是判断某一言论类型是否有利于公共利益的合适机关。这一任务应由立法机关、政策机关去承担。立法机关、政策机关就是汇聚民意、综合民意的机关。立法机关、政策机关也不能垄断价值标准,公共论坛上的意见是公权机关意见的基础和来源。如果"为公共利益"解释为"客观上有利于公共利益",将会给法院施加它无法承担的任务,甚至会损害民主的自由表达。

综上,关切原则更加合理可行。"为公共利益"的客观要素就是行为人实施了新闻报道、舆论监督等属于公共议题、关切公共事务的公言论表达行为,而不是这种行为具有有利于公共利益的实际效果。

三、关切原则的考虑因素

关切原则强调言论与公共事务的直接相关性,关切即直接相关性。直接相关性是界定公言论的核心要素。私言论也有可能以间接的或迂回的方式涉及公共事务。公共事务与私人事务之间并不存在明确的界限,公言论与私言论之间亦是如此。我们在判断言论是否关切公共事务时,可以考虑如下因素:

其一,言论主题与公共事务的关系。公共事务主要可分为法律之事、政策之事、社会公德之事。每类事务又可以分为两个方面:法律、政策或社会公德本身,以及它们所调整的事项。在宏观上讨论公共规范本身的立、改、废、释等问题,在微观上讨论可依公共规范作出具体评价的事项或行为问题,都属于公言论。

公共事务是社会公众关注的事务,是公共议题的对象。公共论坛具有不断浮现和变动的议题集群,比如反腐倡廉、环境保护、网络治理、青少年保护,等等。它们构成了公言论的母题,即公言论主题的来源。一则言论是否是公言论,亦可以借助它是否引发公众合理的兴趣,或者具有潜在的引发公众兴趣的可能性来判断。有两点可注意:一是在公共议题上人们未必会取得一致的意见或持有相同的态度,甚至可能发生尖锐的对立。公众的争议恰恰说明了议题的公共性。二是人们的关注和兴趣未必都是合理、正当的,例如人们总是会对他人的隐私表现出兴趣。传播他人纯粹私生活领域的事实,无论真假与否,都不是公共事项。但是也有可能,一件初看起来属于私事的事项经过讨论后显示了深层的公共意义。

其二,言论对象与公共事务的关系。当言论的对象是涉公机构或公众人物,也往往关切着公共事务。涉公机构即涉及社会公共事务的机构,例如行使公权力或使用公共资金的机构、为不特定人提供商品或服务的机构。① 因为它们涉及公共事务,那么以它们为对象的言论内容与公共事务就有直接相关性。公众人物因为行使公共权力而影响着公共政策,或者具有社会

---

① 严格而言,公共权力机构不享有民法上的名誉权。参见侯健:《舆论监督与名誉权问题研究》,北京大学出版社 2002 年版,第 120—131 页。

影响力而影响公共道德风尚。公众人物作为一个标准,有助于判断言论内容与公共事务的相关性。如果言论对象的职业具有公共性(即职业行为涉及不特定的人),而行为人所讨论的是言论对象的职业行为,那么言论内容便关切着公共事务。

其三,言论精神与公共事务的关系。言论精神是言论本身所传达出的目的、宗旨、愿望、利益立场或价值倾向。这可以通过言论所表达的意见、评论、主张乃至字里行间的意图来把握。社会的精神文明建设本身就是公共事务,也是处理其他公共事务的精神基础。公言论的公共精神体现在它的主旨是传播和弘扬自由平等、公平正义等社会共同价值观,或者维护不特定多数人的共同利益,或者虽然维护特定当事人的符合公共规范的利益,但是特定当事人不过是不特定多数人中的一分子,与行为人没有利害关系。

上述因素并非需要考虑的全部因素,也并非在一个个案中需要全面满足的标准。把握言论与公共事务的相关性,就是在解释言论。应当就言论解释言论,不援引涉讼言论以外的其他因素来解释言论。对涉讼言论不应断章取义,而应当放在它的语境当中,联系上下文来理解。[①] 不应脱离时空条件,而应置于当时当地的背景去理解。在多种不同的含义中,应当按照言论用语的流行含义来理解,因为流行含义是社会大众的通常理解方式。

第五节 "为公共利益"的主观要素

按照主客观统一阐释,"为公共利益"还意味着行为人具有为公共利益之目的。这构成"为公共利益"的主观要素。

一、主观要素的必要性

主观公益目的指行为人具有通过言论表达行为追求有利于公共利益的预期结果的心理状态。为什么行为人具有这种主观状态是一个合理的解释?

首先,这种解释尊重了法律规范的文义框架。法律上"为公共利益"

[①] 英国司法部在对英国《2013年诽谤法》(Defamation Act 2013)第4条的注释中提出一个解释原则:如果被诉的言论本身就关乎公共利益事务,或者在其所处的文件、文章等更宏观的语境下从整体的角度来看关乎公共利益事务,就可以判定是有关公共利益事务的言论。参见 Ministry of Justice, Explanatory Notes: Defamation Act 2013, https://www.legislation.gov.uk/ukpga/2013/26/notes/contents。

"为了公共利益""为公共利益的需要"等表述,从文义解释的角度看,通常包含着对主观目的之要求。它也可能更加符合立法原意。一审稿在"实施新闻报道、舆论监督等行为"之前有"为维护公序良俗"的表述,二审稿至四审稿删除此表述,而正式文本添加有"为公共利益"表述。"为公共利益"构成对"实施新闻报道、舆论监督等行为"的限制。

其次,它有助于鼓励公益心,培养公共精神。公共精神也是一种重要的公共利益。如果发表失实公言论而不承担民事责任是一个奖励,那么这一奖励给予具有公益目的的行为人,而不是给予具有其他目的的行为人。这就鼓励行为人为公益目的实施新闻报道、舆论监督等行为。客观解释无视言论表达行为所包含的不同目的的区别,抹杀了公益目的的特别价值。

最后,它具有道德上的合理性。它不鼓励为私益目的发表失实公言论,当然也不压制为私益目的发表真实言论。所以它不会妨碍激励产生更多的真实言论。它不鼓励那种出于道德上可谴责目的的言论表达行为,即使这种行为可能具有有利于公共利益的预期效果。如果采取客观解释,就给予了这种行为不承担责任的权利。通过允许这种行为而获得的公共利益,会使公共利益受到玷污。如果具有私益目的或者道德上可谴责目的的行为人不承担失实言论的民事责任,对名誉受害人也特别不公平。

二、主观要素的内涵

主观要素之界定会遭遇一个问题,即"为公共利益"是指纯粹的公益目的,还是容许一定的私益目的。规范文本并没有涉及这一问题。

有学者在讨论行为目的对侵害人格权民事责任的认定产生影响时,认为行为人利用他人的人格权是出于正当的舆论监督、新闻报道等公共利益的目的,还是为了个人的娱乐、消遣;是为了反腐需要而正当地进行检举控告,还是为了泄私愤、图报复;是出于商业目的还是非商业目的,都是应当考虑的因素。[1] 也有学者更明确地指出,《民法典》第999条规定,合理使用民事主体的姓名、名称、肖像、个人信息等的新闻报道和舆论监督行为,须具备公共利益目的,使用目的没有私益、私利;超出公共利益目的的范围,例如在媒体的新闻报道和舆论监督中包含了隐形广告,未经权利人的同意而使用其相关人格利益,为侵权行为。[2] 把这一观点类推到第1025条之上,就是要

---

[1] 参见王利明:《〈民法典〉人格权编的立法亮点、特色与适用》,《法律适用》2020年第17期,第20—21页。
[2] 参见杨立新:《〈民法典〉对媒体行为及责任的规范》,《河南财经政法大学学报》2021年第2期,第7页。

排除"私益、私利"目的。

　　行为人具有纯粹的公共利益目的是可赞许的。但是在现实中,纯粹的公共利益目的很少存在。通常,行为人的目的结构具有复合性,兼有公益目的与私益目的。私益目的一般有以下几种情况:(1)维护或促进自身的利益;(2)维护或促进特定利害关系人的利益;(3)损害或阻碍特定利害关系人的利益。很多言论既是为了公共利益,也是为了私人利益。比如,一篇文章的内容是讨论、呼吁国家重视对青少年的劳动教育,呈现了明显的公共利益目的,但是作者写这篇文章,也是为了赚取稿费或评上职称。目前中国多数新闻媒体参照公益二类单位管理,既承担公益服务,又可在一定范围内参与市场竞争,获得经济效益。人们通常把媒体管理体系概括为"事业单位管理、企业化运营"。中央电视台《焦点访谈》节目头尾,甚至在片中都播放营利性广告。如果只有纯粹的公共利益目的才不承担责任,那几乎没有什么失实公言论可以不承担责任,或者只有归于公益一类事业单位的极少数媒体才有可能不承担责任。第1025条将几乎失去全部的现实意义。

　　就言论表达而言,私益目的可以分为两个层面:一是形式上的私益目的;二是内容上的私益目的。所谓言论形式就是通常的作文标准所指向的那些要素,例如主题明确、文字通顺、思路清楚等,它体现了一个人的写作能力和水平。形式上私益目的是与言论形式相联系、通过言论形式追求的私益目的,例如行为人通过更高水平的表达以获得关注、得到赞赏或赚取稿费。言论内容是言论讲述了什么人、什么事,这些人和事不是作文标准,而是法律、政策或道德标准的评价对象。内容上私益目的是与言论内容相联系、通过言论内容追求的私益目的,行为人企图通过言论所讲述的人和事为公众所知而获得私人利益。

　　形式上的私益目的不影响公益目的的完整性和真诚度。行为人发表一篇文章或播放一个节目,应该承认其形式上私益目的的合理性。有的言论成本很小,有的言论成本很大。如果不承认这种私益目的,就不利于激励社会的公言论表达活动,特别是那些付出较大成本的高质量言论。在言论形式上,行为人所追求的是填补言论成本,或正常范围内的回报;对私益的追求与言论的失实、损害他人名誉之间没有因果关系。形式上的私益目的之于公益目的,一般是可兼容的,甚至可以说是促进的。

　　内容上的私益目的与公益目的的关系要复杂一些。行为人声称失实公言论的主旨是维护公益,但是有证据表明行为人存在着内容上的私益目的,他的声称还能成立吗?这需要区别不同的情况。如果行为人只是作为共同体的一分子,企图分享言论旨在促进的公共利益,这丝毫不影响公益目的的完整性和真诚度。如果行为人所追求的是不违背公共规范、独享的特别私人利益,这种私益目的具有合理性,虽然不会否定公益目的,但是折损了公益目的的完整性和真诚度。如果内容上私益目的是维护或追求一种违背公共规范的私人利益,这种目的不具有合理性,是与公益目的相抵触的,所声称的公益目的是不成立的。

行为人的职业性质、关系背景、动机因素是借以考察其目的的重要因素。行为人与言论对象存在市场竞争关系,或原来就存在私人恩怨或利害关系,或者行为人表现出特别强烈的对经济利益的追求,或具有其他不合理的动机,例如哗众取宠、沽名钓誉,公共利益目的的推定将受到质疑。在这些情形下,行为人有动力编造事实,歪曲事实,夸大事实,或者不愿核实,甚至期望获得他人提供的失实内容。失实言论的动因更多是表达者对私人利益的追求,而不是调查能力或调查成本有限。倘若不存在上述情形,就有利于维系公共利益目的的推定。

在联邦德国宪法法院1958年吕特案中,吕特声称其发表有关原告电影公司与哈兰氏的言论系出于公共利益的目的。法院认为,"宪法诉愿人进行相关表述之动机无所谓影响善良风俗者。宪法诉愿人未追求经济形态之自我利益,因其同原告电影公司与哈兰氏之间并无竞业关系",没有证据证明诉愿人的行为"出于自身受益或不值得尊重之动机",其言论的公共利益目的是可以成立的。① 国内2011年的一个案例,虽然在民法典生效前发生,仍具有很大的启发性。在如烟集团(香港)有限公司、北京赛波特如烟科技发展有限公司与京华时报社名誉权纠纷案中,《京华时报》文章《"如烟"存在安全隐患,依旧上市销售》被诉侵犯原告的名誉权。最高人民法院转述北京市高级人民法院一审判决内容,称"被告作为新闻媒体运用其独有的舆论监督的权利,从社会公众健康利益出发,对与其本身并无直接利害关系的社会关注焦点,对安全性不确定的市场在售的产品的安全性质疑,并未超出其职责范畴"。法院的观点是,被告媒体与如烟集团并不具有直接利害关系,可以认定其是"从公众健康出发"的。转述的内容还称:两原告也未能举证证明被告"拟制造一场有预谋的围剿和轰动效应,煽动消费者抵制'如烟'的情绪、呼吁'如烟'尽快从市场上消失"的主观恶意。这表明,如果原告认为被告不是基于公共利益目的,应当举证证明。最高人民法院认可以上转述的内容,维持原判。②

---

① 参见陈戈、柳建龙等:《德国联邦宪法法院典型判例研究·基本权利篇》,法律出版社2015年版,第171页。
② 参见如烟集团(香港)有限公司、北京赛波特如烟科技发展有限公司与京华时报社名誉权纠纷案,最高人民法院(2011)民四终字第16号民事判决书。

三、内容上混合目的之法律效果

如果言论表达行为具备规范所要求的客观要素和主观要素，同时不具备规范所规定的除外情形，则不承担影响他人名誉的民事责任。

如果出现行为人既具有公益目的，也具有私益目的的情形，如何确定法律效果？陈启、森熙教育公司诉深圳复米健康科技有限公司等名誉权纠纷案一案判决在此方面作了有价值的探索。本案中，被告在网络上发表涉讼文章，包含有指责原告的内容。一审判决认为，复米公司与森熙教育公司均为自闭症相关领域的公司，业务范围存在关联或竞争关系；社会公众对自闭症治疗方法这一公共话题有权进行舆论监督，被告亦有义务接受社会公众对其公司经营行为的讨论和批评，但是复米公司并非普通意义上的社会公众，当其与森熙教育公司存在同业竞争可能时，其行为目的既有舆论监督目的又有商业目的，因此复米公司在发表言论时的注意义务应当高于其他普通公众对于该公共话题的注意义务。二审法院维持原判。[1] 这一判决意见的启示在于，当一个行为人公开发表对他人的批评性言论，而二者之间具有市场竞争关系或其他利害关系，公益目的与私益目的的混杂，行为人应当对其言论的真实性承担更高的注意义务。公共利益抗辩的法律效果在于适当降低具有公益目的的行为人对言论内容的核实义务。如果行为人还具有私益目的，就应当适当提高其对言论内容的核实义务。这是第 1025 条规范逻辑的合理推论。

第六节　公共利益与公平

《民法典》第 1025 条有关公言论在一定条件下不承担民事责任的规定体现了公共利益对名誉权的限制。公共利益对权利的限制有两种情况：一是为了防止公共利益受到侵害。公共利益构成了权利的边界。这种情况下不存在对受限制权利的补偿。二是为了促进公共利益。这种情况下可能存在补偿。《民法典》第 117 条规定，为了公共利益的需要，依照法律规定的权限和程序征收、征用不动产或者动产的，应当给予公平、合理的补偿。这是对财产权人的补偿。第 1025 条并没有规定给予名誉权人以补偿。这种限

---

[1] 参见陈启、森熙教育公司诉深圳复米健康科技有限公司等名誉权纠纷案，北京市第四中级人民法院（2021）京 04 民终 603 号民事判决书。

制可以称为"不予补偿的单纯限制"。①

也许可以借用两个理由对这种差异给出解释,但是都有一定的可商榷之处。② 第一个理由是在财产征收征用情况下,被征征用者是个别人,而非所有的人,他们作出了特别牺牲,而在新闻报道、舆论监督情形下,受到限制的可能是所有的人。这个理由有可商榷之处。为了公共利益,我们平等地承担公言论造成的名誉受侵害风险。这种平等是理论上的。在现实中,虽然一个普通人也有可能被卷入某个公共事件而成为不自愿的公众人物,但是不同的人的遭遇概率是不同的。以公共性活动为职业的人,例如公职人员、社会公众人物,遭遇的概率要高于普通人。而以新闻报道为职业的人则成为这一制度的最大受益者。这一制度的目的并不是要促进他们的职业利益,他们的职业利益因为这一制度而在客观上得到促进。根本而言,权利冲突问题是如何配置权利才公平的问题。如果我们从事的是相同的职业活动,并可以任意改变职业,那么由于职业而承担制度风险的概率是相同的,不论怎么配置权利,其结果都是公平的。但是这样的世界是不真实的,人们的家庭背景和社会条件是不同的,所具有的适于从事职业的才能和性情、兴趣和机遇是不同的,所从事的职业活动是多种多样的,改变职业是有成本的,而且一般而言,从事一项职业的时间越长,改变职业的成本越大。

第二个理由是,在财产征收征用情况下,财产权人所作的是重大牺牲,而在新闻报道、舆论监督情形下,名誉权人所作的是轻微牺牲。这个理由也是有缺陷的。因为对被征收征用的财产给予补偿并没有财产价值的限制,即使对小额财产征收征用,依法也应给予补偿。名誉权人所受的损失也可能是重大的损失,甚至多年名声毁于一旦。以公共性活动为职业的人可能有更多的方式和力量回应失实言论的指责,澄清事实。但是对于偶尔卷入公共事件的普通人来说就相对缺乏回应的方式和力量。

在法理学上还有一种"自然补偿"的观点,意即制度安排通过促进公共利益而提升了权利受限制者的生存环境,以自然的方式补偿了他的牺牲。③ 这种观点运用到本章的主题上,就是名誉权受到限制的人将能够从这一制

---

① 法律上也存在着针对财产权的"不予补偿的单纯限制"。参见张翔:《财产权的社会义务》,《中国社会科学》2012年第9期,第101—102页。
② 这两个理由借用于德国法院为区别财产权社会义务和财产征收而提出的两个理论。参见张翔:《财产权的社会义务》,《中国社会科学》2012年第9期,第114—116页。
③ 在多年前有关贾桂花诉北京青年电影制片厂肖像权纠纷案的讨论中,苏力认为:"更大程度的言论自由可能是从根本上改变贾氏以及与她相似的其他人的境遇的最深刻和最有力途径。"(苏力:《〈秋菊打官司〉的官司、邱氏鼠药案和言论自由》,《法学研究》1996年第3期,第73页。)

度所促进的公共利益增值中获得补偿。这是不切实际的安慰。这种补偿并不会确定发生，即使发生了，也可能在遥远的将来，而且受限制者从公共利益的增殖中获得的利益显然难以弥补其损失。

公共利益的背后还有公平正义。公平正义并不能归于公共利益的范畴。有观点认为，仅仅把公共利益概括为经济秩序和社会公德是不够的，它还涉及深层的公平正义等法律理念，包含着其他如热爱和平等抽象理念。[1]实际上，公共利益与公平正义虽有联系，但在根本上是两个不同的问题。公共利益是一种与私人利益、特殊利益相对而言的利益类型，其本身是指属于公众所有、满足公众需求的资源或条件。而公平正义是有关是否承认和保障某一利益，以及评价和调节利益关系的价值标准。对于法律而言，公共利益是一个目标性的概念，它可以作为法律追求的目标，例如更少受到损害、更多得到促进；公平正义是评价性的概念，它可以作为评价利益关系、利益分配方案是否合理的标准。当然，公平正义也是公众的需求，但是这种需求实际上是对利益关系合理性的需求。公平正义作为价值标准，是对需求是否值得满足的评价。某一事物即使能够满足人的需求，从一定价值标准出发，也可能是无价值的，这一需求是不值得满足的。为什么公共利益通常是值得法律、政策追求的？因为从公平正义的价值标准来看，它是有利于每一个人或者不特定多数人的利益，是一种可以为人们公平享有的利益。公平性是公共利益的内在规定性。受益对象的不特定性，受益对象数量和范围的不确定性，恰恰是公共利益的特点、优点而非缺点。从这一意义上看，公共利益得到法律政策承认、保护和促进，是公平正义调整的结果。公平正义在原则上反对为公共利益而无条件地牺牲个人利益。强制一个人把个人利益牺牲给公共利益，而他从公共利益的增值中获得的利益并不能够弥补损失，是不公平的。

《民法典》第 1025 条也许是有助于促进公共利益的，但是对于名誉因此受损的言论对象来说是否公平呢？作为批评对象的国家工作人员，相比普通公民，要承担这一条的实施所带来的更多名誉受损风险。这是公共职业所固有的风险。但是从事公职工作是一个人自愿的选择。接受公民批评是宪法的民主之约。如果不堪忍受名誉受损的风险，可以辞去公职，另谋职业，通常不是困难的事情。国家工作人员也有更多的方式和力量回应失实言论的指责，澄清事实。所以总体上这一条款对于国家工作人员，即使有不

---

[1] 参见梁上上：《利益的层次结构与利益衡量的展开——兼评加藤一郎的利益衡量论》，《法学研究》2002 年第 1 期，第 57 页。

公平的风险,也是轻微的。当然,这对于能力很强而又爱惜羽毛的人来说,可能是不愿接受的,并因此不愿从事公职工作。这也是公共利益的损失。

这是对于两种公共利益的权衡。一种是为新闻报道和舆论监督提供更便利制度条件的预期公共利益之所得,例如更为清廉的公职人员队伍和更为普遍的公共精神。另一种是由于这种制度条件造成的预期公共利益之所失,例如由于爱惜羽毛的更优秀者不愿从事公职工作而导致公职人员队伍整体能力水平下降。作这样的权衡并得出正确的结论,显然需要充分的信息和高超的能力。或许,民主的立法程序就是为这样的权衡准备的。我们只能说,民法典的立法者作出了权衡和抉择,结果就是第1025条。

第1025条在总体上是值得肯定的,但也有瑕疵,即没有给予名誉权受到限制的人提供必要的救济。在《民法典·人格权编》征询意见过程中,有建议提出,为公共利益实施新闻报道、舆论监督,对他人提供的失实内容已尽到合理审查义务的,不需要承担赔偿责任,但应当承担消除影响、恢复名誉等责任。[1] 这是一个合理的建议。消除影响、恢复名誉,既有利于消除失实言论对公众认知的负面影响,也有利于救济名誉权人受到损害的名誉。但是"消除影响、恢复名誉"内容宽泛,含义模糊,如果指道歉声明,也是一个较大的言论成本,由行为人来承担,可能导致自我禁言的效果。需要限缩救济的方式。一是第1025条"不承担民事责任"可以解释为不承担《民法典》第179条所规定的民事责任,但是不包括第1028条规定的更正、删除等措施。行为人发现失实言论,应当主动采取更正、删除等措施。名誉权人有证据证明行为人的言论内容失实,侵害其名誉权,亦有权请求行为人及时采取更正或者删除等必要措施。另一个是在诉讼发生后可以考虑由法院采取宣示性判决的方法。所谓宣示性判决,并非作出谁胜谁败的结论,更非追究法律责任,只是宣示事实的虚伪,以正视听和恢复被侵害的名誉。[2]

---

[1] 参见民法典立法背景与观点全集编写组编:《民法典立法背景与观点全集》,法律出版社2020年版,第420页。
[2] 有关名誉权纠纷案中宣示性判决的一般原则,参见大卫·A.巴雷特:《名誉侵权法的新视角:宣示性判决》,胡明星译,载张民安主编:《名誉侵权的法律救济:损害赔偿、回应权、撤回以及宣示性判决等对他人名誉权的保护》,中山大学出版社2011年版,第445—469页。

第七章　批评权与国家工作人员名誉权：诽谤犯罪

公民批评可能引发刑事上的诽谤罪案件。《刑法》第246条规定，以暴力或者其他方法公然侮辱他人或者捏造事实诽谤他人，情节严重的，处三年以下有期徒刑、拘役、管制或者剥夺政治权利；又规定，告诉的才处理，但是严重危害社会秩序和国家利益的除外。这就提出一些法理和制度上的问题，例如诽谤罪规定是否违宪或者抵触宪法有关批评权利的规定？如何协调诽谤罪与批评权的关系？如何对诽谤罪追诉进行合宪性控制？

第一节　诽谤罪与宪法

诽谤罪是否合乎宪法？这个问题涉及《宪法》第41条与第38条的关系。第38条规定，公民的人格尊严不受侵犯，禁止用任何方法对公民进行侮辱、诽谤和诬告陷害。宪法既保护公民的批评权，又保护公民的人格尊严。国家工作人员也是公民，其人格尊严不受侵犯。但是国家工作人员不同于一般的公民，他们被委托行使公共权力，批评权利正是基于对公共权力的民主监督的需要而设立的。刑事诽谤法可以看作在法律层面上协调名誉权和批评权之关系的具体制度。显然，现行诽谤罪规定是有利于保障名誉权的，符合或不违反《宪法》第38条。但是它是否不利于保障批评权，抵触《宪法》第41条呢？至少从常识来看，如果诽谤罪定得宽泛，就会缩减批评权；如果诽谤罪定得狭隘，批评权就可以扩大；如果废除诽谤罪，公民批评便不会面临相关刑罚威胁。所以，在刑法中设立诽谤罪这一条款，便不能不从公民批评权的角度来考量其合宪性。

这涉及批评权的宪法意旨。批评权的宪法意旨在于保障公民可以自由揭露国家机关和国家工作人员的违法不当行为，为民主运行奠定真实信息的基础。事实的真实是一个关键问题。丰富的真实信息不仅是作出明智、健全的政治评判的依据,而且是公民以权利制约权力的基础。如果一些人可以肆意捏造事实而不受法律的惩罚,那么公共论坛就会有较多的虚假信息。如果有关国家机关和工作人员的虚假信息得不到纠正而被其他公民误信,民主政治就不能良好运转。故意捏造的虚假言论是没有价值的。况且,这些言论还会损害国家工作人员的名誉权。为了防止有人捏造事实,法律处罚是必要的,既有助于保护个人名誉权,也有助于民主政治的良好运作。在利益衡量中,人们普遍认为,为了民主监督的需要,相比普通公民,可以在更大程度上限制国家工作人员的名誉权。但是容许故意捏造的虚假言论,除了损害国家工作人员名誉权,对民主监督并没有什么益处。所以,按照现行刑法,以诽谤罪惩罚捏造事实诽谤他人(包括国家工作人员)且情节严重的行为,就此而言,是不与批评权的宪法意旨相冲突的,是不违反宪法的。

　　实际上如果我们认定诽谤罪与宪法上的批评权相冲突,并为了保障批评权而废除诽谤罪①,可能并不符合《宪法》第38条。废除了诽谤罪,也许就不能充分地体现《宪法》第38条保护人格尊严的精神。罗马尼亚曾于2006年废除刑事诽谤法,但是次年该国宪法法院宣布这一废除措施违宪,理由是这将使名誉权得不到充分的法律保护。②

　　目前在绝大多数国家中,某种形式的刑事诽谤法仍然是保留的,仅少数国家作了废除,例如墨西哥联邦议会于2007年、英国和马尔代夫于2009年废除了刑事诽谤法。废除刑事诽谤法,主要理由在于民事诽谤法可以代替刑事诽谤法的作用,特别是在普通法法系中惩罚性赔偿制度可以较好地发挥对侵权人的惩罚作用和对侵权行为的预防作用。③ 从总的发展趋势上看,无论是在普通法法系国家,还是在民法法系国家,都逐渐更多地运用民

---

① 诽谤罪的存废问题是一个比其合宪性更宽泛的问题。违宪是废除的理由之一,但是即使诽谤罪并不违宪,也可能由于其他情况而被废除,例如民事责任制度、媒体行业戒律可以很好地发挥救济被侵权人、预防侵权行为的作用。
② 在欧洲大陆许多国家,由于长期以来的社会传统,把人的尊严视为最高的宪法原则,相比英美国家,更加重视保护名誉权,而且更多地运用刑事手段来维护名誉权。
③ 例如在英国,有关刑事诽谤法存废问题的讨论更多是围绕刑法与侵权法的关系展开的,而不是围绕刑事诽谤法的合宪性问题展开的。自从20世纪80年代中期以来,英国法律委员会就一直建议废除刑事诽谤法,但是福克斯诽谤委员会建议保留。后者的主要理由是,刑事诽谤法在许多犯罪案件中弥补了法律的空白,特别是在对穷人进行诽谤的案件中更是如此,因为在民事诽谤案件中没有可以利用的法律援助,而在刑事诽谤案件中可以得到法律援助。从司法实践来看,在英国,多年来没有涉及此类案件的刑事公诉,一些人提起刑事自诉但是都没有成功。有关情况,参见[英]萨莉·斯皮尔伯利:《媒体法》,周文译,武汉大学出版社2004年版,第139、141页。由于刑事诽谤法形同具文,2009年《法医与司法法》(Coroners and Justice Act)废除了普通法上刑事诽谤的所有罪名。

事措施而不是刑事手段来保护名誉权；诽谤罪的运用日益受到限制，有的国家通过立法的方式，有的国家通过司法实践的方式，限制了诽谤罪的运用。在美国，自1964年纽约时报公司诉沙利文案严格限制了政府官员提起名誉损害赔偿之诉的条件之后，"在法律上妨害名誉可能构成一项犯罪，但是实际上已不可能"[1]，以至于美国的大众传播法教科书一般不讨论诽谤罪问题。这种发展趋势反映了两点变化：社会教育水平和传播技术的发展使得一个遭受诽谤的人有能力和途径对不实言辞进行回击；言论自由和民主观念逐步普及，更加受到重视。

在国内，公民批评受到诽谤罪追诉，且大多数以刑事公诉的手段来处理。在2010年前后这类案件频频发生，例如山西省薛志敬案、《法人》杂志社朱文娜案、四川省邓永固案、内蒙古吴保全案、河南省王帅案、山东省曹县青年发帖案、宁夏王鹏案等。这些案件的结局不尽相同，但是有两个特点是一样的：都与批评国家机关或国家工作人员有关；都以诽谤罪公诉案件立案。或许由于有更方便的寻衅滋事罪可以利用，最近几年这类案件少见了。但是相关制度上的问题仍然存在，值得探讨。第一，在制度规定上一些关键表述不够具体明确，含糊笼统，界限不清。例如刑事诽谤与民事侵权的界限是什么（何谓"捏造事实诽谤他人"？怎样才算"情节严重"？），自诉与公诉的区别在哪里（"但是严重危害社会秩序和国家利益的除外"这一但书究竟是何意？），诽谤诉讼中证明与推定的关系如何等，法律规定语焉不详。如果司法实践中国家公权机关对这些关键表述理解得不够准确，运用存在偏差，就会导致刑事诽谤的范围界定得过于宽泛，刑事公诉可以轻易地提起，控诉人的证明责任被不当地减弱。[2] 第二，司法体制和刑事诉讼程序的不完善又给被批评的国家工作人员干预司法提供了便利条件，使得制度规定的上

---

[1] Nick Braithwaite, *The International Libel Handbook*, Boston: Butterworth-Heinemann, 1995, p.209.

[2] 当然，我们也可以说，制度规定的含糊笼统、过度宽泛本身就与宪法保护批评权利的要求不一致，因为这些缺陷妨碍批评权利发挥其应有的宪法价值。美国联邦最高法院在司法审查中一度明确承认包括言论和出版自由在内的若干自由权为优先保护的权利，对涉讼的有关法律予以更严格的审查。有关学术讨论，参见 Robert B. Mckey, "The Preference for Freedom", *New Yrok University Law Review*, Vol.34, 1959, p.1182。对有关法律可以因其"过于宽泛"（overbreadth）和"含糊笼统"（vagueness）而判定其表面上无效（invalid on its face）。有关学术讨论，见 Lewis D. Sargentich, "The First Amendment Overbreadth Doctrine", *Harvard Law Review*, Vol.83, 1970, p.844; David S. Bogen, "First Amendment Ancillary Doctrines", *Maryland Law Review*, Vol.37, No.4, 1978, p.679; Frederrick Schauer, "Fear, Risk, and the First Amendment: Unravelling the 'Chilling Effect'", *Boston University Law Reviewe*, Vol.58, 1978, p.685。

述潜在缺陷被利用和放大。第三个方面的原因也许是更重要的,即在这类案件中,在制度的实施过程中欠缺对于宪法批评权利的价值关怀,使法律的天平朝向名誉权发生了不适当的倾斜。由于这些方面的原因,诽谤罪的现实运作妨碍了批评权利发挥其应有的宪法价值。这就需要对制度规定的模糊表述进行严格的解释,降低诽谤罪追诉的不确定性,并改革司法体制和诉讼程序,堵住导致诽谤罪滥用的体制和程序漏洞。

第二节 刑事与民事

根据现行法律,侵害他人名誉,既可能构成民事侵权行为,也可能构成诽谤罪。① 但并非所有妨害名誉的行为都会构成诽谤罪。《刑法》第246条所规定的诽谤罪构成条件也是刑事诽谤与民事侵权之间的界限。就防止诽谤罪的滥用而言,厘清这个界限很重要。

一、"捏造事实诽谤他人"的规范解释

何谓"捏造事实"?《现代汉语词典》把"捏造"解释为"假造""编造""故意把非事实说成事实"。② 刑法学著述一般解释为"无中生有""凭空杜撰或编造"。通俗的理解与专业的解释基本一致。捏造的事实源自言论者的主观愿望,而不能够反映客观世界。但是人们的主观认识客观,总是存在着一定的差距,包含一定的偏差。③ 只要基本事实是真实的,在细枝末节上有所出入,不应认定为捏造事实。基本事实是指一件事实的主要或基本的构成部分,没有这一部分,这一事实就不能成立。它不是指这种情况:一个人传播了多件独立事实,其中多数事实是真实的,少数事实是虚伪的。即使在4件或5件事实中只有1件是捏造的,也可能会构成诽谤罪。捏造也不同于推论。行为人从已知的事实中推论出未知的事实,这一推论有基础,结论就不是凭空产生的。当然,作为推论基础的事实必须是真实的或被信以为真,而且被明确地揭示出来。何谓"事实"呢? 所谓"事实",是有关曾经发生或现时存在的客观事态的描述性言论。事实不同于评论,也不同于情绪性言辞。评论是指根据某种价值标准对事实的评价,表达的是主观意见。

---

① 当然,也有可能构成行政违法行为,参见《治安管理处罚法》第42条。
② 《现代汉语词典(修订本)》,商务印书馆1997年版,第930页。
③ 有关言论与客观世界之关系的分析,参见侯健:《表达自由的法理》,上海三联书店2008年版,第118—135页。

情绪性言辞旨在表达内心的感受、情绪、态度等。评论和情绪性言辞可能关涉到事实，或由事实所引起，但不是对事实的描述。当然，评论和情绪性言辞都可能包含或暗含一定的事实，但是把事实问题剥离之后，纯粹的评论和情绪性言辞不应招致诽谤罪罪名。

"捏造事实"意在"诽谤他人"。"诽谤"指散布虚伪事实、毁人名誉的行为，这一点没有疑义。"他人"是何人？现行刑法条文中有多处"他人"，有的指自然人，有的指法人和其他组织，有的则兼有这两种含义。理解第246条"他人"一词所指，必须结合刑法语境。第221条有关损害商业信誉、商品声誉罪的规定也提及"他人"。由于其语境是第三章"破坏社会主义市场经济秩序罪"第八节"扰乱市场秩序罪"的体系结构，这里"他人"不仅指作为市场主体的自然人，而且指从事市场经营活动的法人或其他组织。第246条诽谤罪属于第四章"侵犯公民人身权利、民主权利罪"，这一条的"他人"只能是自然人，而不可能是法人或其他组织。所以，即使是捏造事实，但是如果指向法人或组织，也不构成诽谤罪。不过可能会发生这种问题：虽然批评对象是国家机关的工作，但是该项工作是在国家工作人员领导下进行的，或者是由他们具体实施的，他（们）声称自己的名誉权受到侵害，并要求以诽谤罪追究批评者的行为。如何来看待这个问题呢？如果承认他们的诉求，那么几乎所有针对国家机关的批评都可能被转化为针对国家工作人员的批评，并面临诽谤罪的威胁。这样的话，宪法上的批评权利就会受到不当的限制。笔者以为，既然诽谤是以不实言论贬低他人的名誉，那么如果在言论传播的范围内普通理性人能够从批评性言论中看出具体指向，就存在被批评者名誉被贬低的可能性，被批评者也就获得了诉讼主体资格。如果在言论传播的范围内从普通理性人的角度看不出言论的具体指向，自然就不会导致具体特定的自然人的名誉降低，也就没有谁可以获得诉讼主体资格。①

把"捏造事实"与"诽谤他人"这两个表述结合在一起，并置于第246条的语境中，可以看出以下两点含义：第一，诽谤罪是一种以捏造事实的方法诽谤他人的犯罪行为。就如同该条规定"以暴力或其他方法"作为侮辱他人的限定语一样，"捏造事实"也是诽谤他人的限定语。"暴力或其他方法"

---

① 对于民事诽谤行为而言，言论内容的特定指向或受害人的特定性，是其构成要件之一。有关分析，参见王利明、杨立新：《人格权与新闻侵权》，中国方正出版社1995年版，第560页；张新宝：《名誉权的法律保护》，中国政法大学出版社1997年版，第122页。在刑事诽谤诉讼中，如果控人无法证明涉讼言论的特定指向，不仅其指控无法成立，而且在根本上其诉讼主体资格就存在问题。

"捏造事实"是"方法",侮辱他人人格、毁损他人名誉是目的。就行为表现来看,诽谤罪表现为两种不可或缺的行为:捏造与散布。从时间上看,这两种行为可能是共时性的——捏造与散布同时发生,也可能是历时性的——先捏造事实,再加以散布。从功能上看,散布是本体性行为,捏造是方法性行为。诽谤罪规定的惩罚对象是散布行为,犯罪形态是指散布行为的预备、中止、未遂和既遂。构成诽谤罪的典型情况是一个人既实施了捏造行为,又实施了散布行为。但是一个人捏造了某件事实——例如在其私人文稿上,由于某种原因没有加以散布,这种情况就不构成诽谤罪。再如捏造事实,将有关材料投寄给具有保密义务和调查职权的国家公权机关和中国共产党纪律检查委员会,则是一种举报行为,而不是散布行为。保密义务意味着不能把举报内容加以传播,调查职权意味着对举报内容不能信以为真,只有在履行了必要的调查程序后才能作出决定。但是如果甲负责实施捏造行为,乙负责实施散布行为,两人分工配合,则构成共同犯罪。第二,诽谤罪是一种故意犯罪。尽管单看"诽谤"一词,既包括故意也包括过失的主观状态①,但是刑法把"捏造事实"与"诽谤他人"结合起来规定,把捏造事实作为诽谤他人的方法,而捏造事实总是故意的,那么诽谤他人就是故意的了。这种故意包括直接故意不必说,是否包括间接故意呢?从"捏造事实诽谤他人"的刑法表述中可以看出目的性因素,捏造事实的目的在于损害他人名誉,诽谤者希望并追求这一危害结果的发生。如果没有这一目的性因素,就不构成诽谤罪(不排除可能构成其他罪名)。诽谤罪要求这一目的性要素,因而是直接故意犯罪。② 由此看来,刑法有关诽谤罪的规定旨在惩罚损人名誉之谣言的始作俑者。那种捏造事实并传播出去、旨在贬低他人名誉的行为,才可能构成诽谤罪。其他损害名誉的行为,例如传播了并非自己捏造的虚伪事实,又不存在与捏造者之间的分工配合关系;或者对有关事实作了不当评论或愤激的情绪性言辞;或者捏造并传播某种虚伪事实,但是该事实不具有诽谤性质;或者捏造事实诽谤法人或其他组织——这些可能构成民事侵权行为或其他刑事犯罪,但是不构成诽谤罪。

---

① 诽谤行为的主观状态既可能是故意,也可能是过失。在古代汉语中,无论是指"诽",还是"谤",都不特指某种心理状态。一些现代汉语词典把"诽谤"一词解释为故意行为,也可能是受到1979年以来《刑法》诽谤罪条款表述的影响:捏造事实总是故意的,所以诽谤他人也是故意为之。但是如果把捏造事实看作诽谤行为的可能情状之一,就不应把诽谤行为的主观状态限定于故意。

② 也有些学者认为,间接故意也构成诽谤罪。例如陈珊珊:《论诽谤罪的价值抉择与检验逻辑——以彭水诗案为发端》,《中国刑事法杂志》2008年第1期,第58—59页;唐煜枫:《论诽谤罪成立之宪法限制》,《甘肃政法学院学报》2006年第2期,第115页。

最高人民法院、最高人民检察院《关于办理利用信息网络实施诽谤等刑事案件适用法律若干问题的解释》(法释〔2013〕21号,以下简称《网络刑事诽谤解释》)第1条把"捏造事实诽谤他人"概括为两种情形:"捏造损害他人名誉的事实,在信息网络上散布,或者组织、指使人员在信息网络上散布的",以及"将信息网络上涉及他人的原始信息内容篡改为损害他人名誉的事实,在信息网络上散布,或者组织、指使人员在信息网络上散布的"。无疑,这两种情形可涵摄在法律规定的文义范围内。该条解释又称,"明知是捏造的损害他人名誉的事实,在信息网络上散布,情节恶劣的,以'捏造事实诽谤他人'论。"这就明显超出了法律规定的文义范围,使得刑事惩罚的对象扩展至散布他人捏造的损害名誉事实、情节恶劣的人,模糊了刑事与民事的界限。而且,把这一解释代入法律条文之中,形成了文理不通的奇怪规范:"'明知是捏造的损害他人名誉的事实,在信息网络上散布,情节恶劣的',情节严重的,处三年以下有期徒刑、拘役、管制或者剥夺政治权利。"①

二、"情节严重"的规范解释

即使捏造事实诽谤他人,也并不必然成立诽谤罪。根据《刑法》第246条,这种行为"情节严重",才会构成诽谤罪;如果情节并不严重,可以作为民事侵权行为来处理。何谓"情节严重"?立法本身没有规定。司法实践中,一种倾向是把诽谤重要人物(特别是党政领导)看作"情节严重"的行为。刑法学著述一般认为,第246条所谓的情节严重指动机卑鄙、手段恶劣、内容恶毒、后果严重、影响极坏等,但是对于包括哪些情形则语焉不详。《网络刑事诽谤解释》第2条列举了三种情形:(1)同一诽谤信息实际被点击、浏览次数达到五千次以上,或者被转发次数达到五百次以上的;(2)造成被害人或者其近亲属精神失常、自残、自杀等严重后果的;(3)两年内曾因诽谤受过行政处罚,又诽谤他人的。还有一个兜底条款:"其他情节严重的情形"。

笔者认为,有关"情节严重"的界定,需要把握两个方面的问题。第一,应当把定罪情节与量刑情节区别开来。作为定罪情节,"情节严重"中的情节不是指随便哪一个方面的情节,而是指主要的或基本的情节。情节严重,

---

① 有论者认为,这一解释属于类推解释,参见付立庆:《恶意散布他人捏造事实行为之法律定性》,《法学》2012年第6期,第109页。也有论者认为属于平义解释,参见张明楷:《网络诽谤的争议问题探究》,《中国法学》2015年第3期,第63页。在法律规定中,通常"以……论"或"视为……"的表述是扩大概念内涵或原有规范适用范围的做法;就解释而言,是扩大解释。

是指在综合考虑各方面情节的基础之上,主要的或基本的情节严重,其行为的社会危害性达到了应当追究刑事责任的程度。就诽谤罪而言,动机、手段、影响都不宜列为定罪情节。动机是一个道德问题,动机是否卑鄙难以确定。把动机看作基本情节,以此为主要标准来定罪,不符合现代法治精神。手段属于犯罪行为的客观表现,诽谤犯罪的手段无非是口头或书面散布诽谤言论,似乎也谈不上"恶劣"。至于"影响",是犯罪行为所激起的(负面的)政治或社会反应,影响不同于"后果",也不宜作为定罪情节。这样排除之后,可以作为定罪情节的,只有诽谤犯罪的行为内容、行为后果。行为内容是指捏造并散布了什么虚伪事实,行为后果是指造成了什么样的危害。第二,应当注意诽谤罪是属于行为犯还是属于结果犯。只有当保护的法益相当重大,例如国家安全、社会和政治制度的稳定,才设立行为犯。这些法益,一旦受到损害,往往是不可逆的。而且对于这样的犯罪,不能等到危害结果发生了再去惩罚,因为危害结果既已发生,就难有惩罚之可能了。人的名誉固然重要,但是似乎还没有重要到国家法益的高度,而且名誉的损害是可逆的,判决诽谤罪成立,就可以把被害人的名誉恢复到受损以前甚至比受损前更高的水平。那么,在结果犯中,诽谤罪属于哪一种情形:危险犯还是实害犯?[1] 日本学者大谷实认为:"(侵害名誉罪)是抽象危险犯。但是本罪之所以被看作为抽象危险犯,是由于在诉讼上,法院难以认定有没有发生侵害,而不是像一般危险犯中一样,因为法益重大,要特别予以保护。因此,不能将其看作为单纯的举动犯。一般而言,具有某种损害名誉的危险发生的时候,就应当说成立本罪(准抽象危险犯)。"[2]也许还有人认为,诽谤犯罪是具体危险犯。但是笔者认为,损害名誉罪在本质上属于实害犯,没有发生任何危害结果或者被害人的名誉没有受到任何损害,就不应成立本罪。曾经,最高人民法院在《关于审理名誉权案件若干问题的解答》(法发〔1993〕15号)中指出:"是否构成侵害名誉权的责任,应当根据受害人确有名誉被损害的事实、行为人行为违法、违法行为与损害后果之间有因果关系、行为人主观上有过错来认定。""确有名誉被损害的事实",是妨害名誉的民事侵权责任成立的必要条件。如果成立诽谤罪及其刑事责任不以"确有名誉被损害的事实"为必要条件,至少在逻辑上存在这种可能:某种诽谤行为,不构成民事侵权行为(因为没有名誉被侵害的事实),却构成诽谤罪(因为不以名

---

[1] 这里采纳这种观点:行为犯是与结果犯相对应的概念;危险犯是与实害犯相对应的概念,二者都属于结果犯。
[2] 〔日〕大谷实:《刑法讲义各论》,黎宏译,中国人民大学出版社2008年版,第145—146页。

誉被侵害为条件）。这显然是不合理的。但是确如大谷实所言,在诉讼中很难证明名誉被侵害的事实,所以可以适当地运用推定,即可以推定某种诽谤性言论必然导致名誉被侵害。又由于成立诽谤罪要求"情节严重",所应考虑的就是什么样的虚伪言论会导致名誉受到严重侵害。在各种虚伪言论中,比较确定的是,捏造他人有犯罪事实,会致人名誉以严重损害。因此,当证明存在此种言论时,可以推定名誉严重受损:谁都不想被别人看作犯罪分子,社会普遍地藐视、嘲笑、排斥有犯罪行为的人。捏造其他事实,例如违反党纪政纪或伦理道德,会不会导致名誉严重受损,就是需要证明的了。《网络刑事诽谤解释》脱离诽谤内容,仅仅以诽谤信息传播的范围（被点击、浏览、转发的次数）来界定"情节严重",是不适当的。名誉严重受损是诽谤罪的直接危害结果,除此之外,诽谤犯罪还可能会导致其他危害结果,例如被害人自杀、自残、精神失常,社会秩序混乱等,这些都是间接危害结果。一般情况下间接危害结果是量刑情节,而不是定罪情节,但是当间接危害结果严重时,也可以作为定罪情节。由此观之,《刑法》第246条有关诽谤罪规定的"情节严重",可指以下两种情形之一:捏造他人的犯罪事实;捏造其他事实,致使被害人的名誉严重受损或造成其他严重后果。

三、刑法的谦抑性原则

在刑事法理上,刑事诽谤与民事侵权的界限问题涉及刑法的谦抑性原则。刑法并不惩罚所有的具有社会危害性的行为,仅仅惩罚其中具有严重社会危害性的行为。即使是一般的民事侵权行为或违约行为,也具有一定的社会危害性,如果不为受害人提供法定的救济措施,也可能导致社会秩序的混乱。社会既需要刑事手段,也需要民事手段和行政手段,并使它们分工配合。但是,如果对于某些行为,适用民事手段和（或）行政手段,就可以救济受害人的损失,并起到预防效果,就不必使用刑事手段。实际上,刑事手段与民事手段对于恢复受害人的名誉没有什么差别。因为判决被告人有罪与判决被告败诉,都可以起到端正视听、消除影响、恢复名誉的效果。甚至可以说,民事手段更有利于恢复原告的名誉,因为从法律的角度来看,在民事诉讼中判决被告败诉要比在刑事诉讼中判决被告人有罪的可能性大一些,前者的证明标准低于后者。对于某些行为,适用民法和行政法还不足以惩戒加害人,起到预防的效果,才考虑适用刑事手段。刑事手段是最后手段。

为了防止动辄使用刑事手段,就应该在妨害名誉的民事侵权之诉与诽谤罪的刑事诉讼之间设置一些障碍。这些障碍应当设置得足够严格,不容易被越过或突破。

第三节 自诉与公诉

一、以公诉代替自诉的原因

制度规定的另一模糊之处是,自诉与公诉的界限不清。在司法实践中由公民批评引起的刑事诽谤案件,大都被作为公诉案件来立案、侦查、起诉和审判。较少见到有国家工作人员作为自诉人,去亲自提起诉讼,基本上都是调动国家公权机关,运用司法资源,去追究犯罪嫌疑人。何以如此?考察诽谤罪的公诉实践,可以归纳出以下几个原因:第一,出于一种高高在上的心理,国家工作人员不愿意在法庭里亲自面对作为被告人的批评者,与批评者辩论。这一点就如同在行政诉讼中被诉行政机关负责人不愿意出庭应诉一样。第二,更重要的,他们可以调动国家公权力资源,来实现自己惩罚批评者的目的。许多被批评者是地方党政部门的主要负责人,或是地方政法部门的领导,可以授意或者暗示政法部门采取行动。地方政法部门难以违逆领导人的旨意,甚或主动采取行动,以投领导之好。第三,他们之所以可以这样做,毕竟还有制度上的原因。制度规定的含糊不清为这些行为提供了可能性。有关诽谤罪,刑法规定,"告诉的才处理,但是严重危害社会秩序和国家利益的除外"。从这项规定里可以看出,诽谤行为达到了"严重危害社会秩序和国家利益"的程度,是诽谤罪作为公诉案件来处理的条件。但是法律并未规定哪些情形属于"严重危害社会秩序和国家利益"。

自诉和公诉作为诽谤罪的两种追究方式,笔者以为,自诉是一般原则,公诉是例外。这种关系从第 246 条的但书可以看出。有关诽谤罪的起诉,人民检察院不应大包大揽,将自诉案件转化为公诉案件。对于人民检察院的起诉,人民法院也应予以审查,发现属于刑法规定的"告诉的才处理"的案件,应当裁定不予受理。

二、完善刑事公诉的法律标准

那么,什么情形属于"严重危害社会秩序和国家利益"呢?在实践中,公安部曾发布了《关于严格依法办理侮辱诽谤案件的通知》,对"严重危害社会秩序和国家利益"的主要情形作出界定。《网络刑事诽谤解释》的界定更为具体。这两部文件界定基本精神是一致的,显示出了控制诽谤罪公诉化的努力,但是也都留有开放性的兜底规定。

这里分开解释：严重危害社会秩序、严重危害国家利益。笔者以为，所谓严重危害社会秩序，可以理解为诽谤行为导致出现了刑法所规定的危害社会秩序的犯罪行为，例如《刑法》第六章第一节"扰乱公共秩序罪"所规定的犯罪行为。如果诽谤行为导致出现了应受治安管理处罚的行政违法行为，对于诽谤行为可予以行政处罚，而不必提起刑事公诉寻求刑罚手段制裁之。"国家利益"也是一个模糊的概念。它应该是指国家的整体利益，而不是指某一个地方的局部利益，大体包括国家的主权和领土完整、国家安全、国家政权和社会制度稳定、国家尊严不受侵犯、良好的外交关系等内容。如果诽谤行为导致这些方面的社会秩序和国家利益受到严重危害，也就意味着被害人名誉与社会秩序和国家利益之间存在着联系，其名誉受损引发了社会秩序的混乱和国家利益的损失。进而言之，严格地解释第246条的原文，"社会秩序"与"国家利益"之间是"和"字而不是"或"字，说明只有当诽谤行为同时严重危害"社会秩序和国家利益"，才可对之提起刑事公诉。这样解释的话，几乎没有一起针对地方官员的诽谤行为能够达到提起公诉的条件。①

第四节 证明与推定

制度规定的第三个模糊之处是诽谤诉讼的证明责任分配问题，特别是证明与推定的关系问题。在这一方面存在着许多错误的认识和做法，应予以纠正。

一、涉讼事实证明责任之分配

在诽谤诉讼中应由谁来承担涉讼事实的证明责任？尽管按照刑事诉讼原理，由控诉人承担举证责任，但是具体到诽谤案件似乎有一些变数。这也许是由诽谤案件的一种特殊的双层事实证明过程造成的：不仅要证明被告人是否有散布涉讼言论的行为这一层事实，还要证明涉讼言论内容是否真实那另一层事实。流行的观点认为，在刑事诽谤案件中，控诉人有责任来证明涉讼言论是由被告人散布的，控诉人一旦证明了这一点，剩下的证明责任则由被告人来承担，即由被告人来证明涉讼言论的真实性，如果证明不了，

----
① 这个"和"字可以考虑修改为"或者"，因为在特殊情况下针对地方官员的诽谤行为如果导致严重的社会混乱，也适宜由检察机关提起公诉。

即可以推定涉讼言论是虚伪的。司法实践也普遍这样分配证明责任。有些诽谤案件,控诉人证明不了涉讼言论的虚伪性,被告人也证明不了涉讼言论的真实性,这就成为所谓的"疑案"。按照"疑罪从无"的原则,不应判定被告人有罪,而按照上述流行观点,就会判被告人有罪。① 支持这种观点的有这样一种理由:证明涉讼言论之虚伪性的难度要大于证明其真实性的难度。实际上这并不是诽谤诉讼证明过程的一般规律。有的案件控诉人具有举证便利,有的案件被告人有举证的便利。被告人有没有捏造事实,他自己最清楚。自诉人(或公诉案件的被害人)有没有做过所指控的事情,他自己也最清楚。在总体上控诉人与被告人具有大致同样的接近证据的距离。

二、事实推定的规则

在公民批评所引发的刑事诽谤案中,有利于控诉人的推定被普遍地使用。只要存在诽谤性言论,就必然产生"损害事实",并构成"严重危害社会秩序和国家利益"。这种思维实际上是推定而不是证明。

推定意味着,在一定条件下,当某一事实(基础事实)得到证明时,就可以认定另一个事实(推定事实)是存在的。对于推定事实,提出主张的一方当事人无须承担证明责任,对方当事人如欲推翻,须提出反证。② 刑事诉讼法实行无罪推定的原则,这意味着被告人被推定为无罪,证明其有罪的责任落在控诉人身上。这是基本原则,所以有利于控诉人的推定必须严格控制。但是出于诉讼效率的考虑,在具体的证明过程中,对于控诉人所主张的若干事实,也有可能在一定条件下推定其成立。例如,如果有证据表明被告人传播某种言论,而被告人又无法说明这一言论的来源,可以推定被告人为言论的最初来源,即他捏造了有关言论。有些言论具有诽谤性,属于社会常识,是无需证明的。而有些言论是否具有诽谤性,则需要结合一定的语境和一定的损害事实来判断。③ 诽谤性也有轻重之分,捏造他人犯罪的言论相比捏造他人违反党纪政纪的言论,诽谤性要严重得多,这也可以适当地运用推

---

① 当然,在刑事诉讼中也不是没有实行举证责任倒置的可能性,例如在巨额财产来源罪案件和非法持有型犯罪案件(例如控诉被告人非法持有国家秘密、枪支、毒品)。实行举证责任倒置,是基于举证便利和司法效率的特殊考虑,且应由法律特别规定。
② 当然也存在着所谓"不可反驳的推定"这一说法。但是一般的意见认为,这实际上是一种必须执行的实体法规定,本身不涉及基础事实和推定事实之间的推理,其性质是"规定",而不是推定。
③ 英国法院发展出了比较细致的解释规则,以认定涉讼言论是否具有诽谤性质,参见[英]萨莉·斯皮尔伯利:《媒体法》,周文译,武汉大学出版社2004年版,第53页。这在很大程度上是一个如何解释的问题,需要结合特定社会的文化背景和具体语境来理解涉嫌诽谤的言论。

定。至于损害后果是否可以推定,也是因言论的不同而异。

诽谤性不等于损害后果,严重诽谤性也不等于严重的损害后果。诽谤性是一种潜在的损害性,只有当具有诽谤性的言论被散布、传播出来,诽谤性才转化为现实的损害事实。所以,证明了诽谤性,并不能推定损害后果就已经发生或者损害后果的大小。虽然在刑法学界,通说认为诽谤罪是抽象危险犯①,但是如果不关注损害后果,何以甄别罪与非罪、量刑的从重与从轻?

$$损害后果 = 言论的诽谤性 \times 扩散范围$$

所谓扩散范围即接触到该言论的人数的多少。言论的诽谤性愈大,接触到该言论的人数愈多,则损害后果愈严重。② 言论的诽谤性愈小,接触到该言论的人数愈少,则损害后果愈轻。为了证明损害后果的严重程度,控诉人需要证明言论诽谤性的轻重和扩散到的人数的多少。但是这个公式并不准确。它忽略了一个重要的条件,即言论损害后果的发生是以人们相信它为前提的。不是所有接触诽谤言论的人都会相信言论的内容,即使相信,也不一定会百分之百地相信。诽谤性言论的可信度涉及多种因素,例如诽谤者的社会信誉度、诽谤对象的社会信誉度、诽谤性言论的捏造水平等。它可以用这个公式来表示:

$$诽谤言论的可信度 = \frac{诽谤者的社会信誉度}{诽谤对象的社会信誉度} \times 诽谤性言论的捏造水平$$

在诽谤性言论的捏造水平不变的条件下,诽谤者与诽谤对象的社会信誉度的比值愈大,则言论的可信度愈高,反之,二者的社会信誉度比值愈小,言论的可信度愈低。也就是说,社会信誉度高的诽谤者(例如一个有组织的媒体、社会地位高的人)诽谤一个社会信誉度低的人,人们就比较相信这种言论;反之,一个社会信誉度低的人诽谤一个社会信誉度高的人,就比较不可信。因为人们一般比较相信社会信誉度高的人说的话,而比较不相信诽谤言论所指责的社会信誉度高的人做过某事,又一般不太相信社会信誉度低的人说的话,比较相信诽谤言论所指责的社会信誉度低的人做过某事。不过,一般情况下,当诽谤言论被证明为虚伪时,捏造者的社会信誉度会降低,而诽谤对象的社会信誉度会升高。捏造水平也影响着诽谤言论的可信

---

① 参见张明楷:《刑法学(第六版)》,法律出版社 2021 年版,第 1198 页。
② 《网络刑事诽谤解释》第 2 条规定,利用信息网络诽谤他人,同一诽谤信息实际被点击、浏览次数达到五千次以上,或者被转发次数达到五百次以上的,应当认定为《刑法》第 246 条第 1 款规定的"情节严重"。这起到了规范法官自由裁量权的作用,但是有些机械、僵硬。

度。当编造得巧妙、圆满,言之凿凿,诽谤言论的可信度就高;反之,当编得粗糙、蹩脚,破绽百出,诽谤言论的可信度就低。既然言论之可信并不是当然的事情,其可信度有高有低,而这个高低又直接关系到损害后果,那么证明言论的可信度也是控诉人的责任。考虑到诽谤言论的可信度,有关衡量损害后果的公式调整如下:

$$损害后果 = 言论的诽谤性 \times 扩散范围 \times 言论的可信度$$

公式的特征是简洁明了,但是在人文社会科学中,却可能具有遮蔽性和机械性。除了这一公式所提示的三种因素,也许还有一些其他需要考量的因素。而且,名誉的损害程度很难量化,无法像用温度计显示温度一样来加以检测。这一公式提供了衡量名誉损害后果的基本思路和主要考量因素,其意图在于制约诉讼过程中相关推定的滥用。

第五节 合宪性控制的意旨

现行刑法的诽谤罪条款,就其立法本意来说,并不抵触宪法上的批评权利,但是在制度规定上存有许多解释空间,在实际运作中也有许多裁量余地,这些因素因为不完善的司法体制和程序规定而被错误地利用,妨碍了批评权利发挥其应有的宪法价值。在公民批评所引发的诽谤罪案件中,在制度规定的含糊不清之处以及实际运作的裁量余地之中,刑事司法权力的行使应当有利于限制诽谤罪的成立和保障公民的批评权利;同时应当完善司法体制和刑事诉讼程序,以防止被批评的国家工作人员利用公权力干预案件。

实际上,在刑事法理上,对刑事法规定应当予以严格解释,以限制罪名的成立,这已经成为法治与人权时代一个广为接受的共识,得到诸多思想家和法学者的充分阐述,在此不再讨论。置于中国的法律语境下,这种倾斜保障批评权的制度立场还有宪法上的考虑。

在宪法意图中,批评权蕴含着制约权力的价值预期,而在现实生活中它却处于弱势的地位。公众批评可以督促一个法定监督机构对一个国家工作人员或另一公权力机构履行制约与监督的法定职责,并可以为法定监督机构提供违法犯罪信息。在信息广泛分散的情况下,公民的批评可以使许多权力滥用和腐败行为"浮出水面",为公众进而为法定监督机构所关注。然而,批评权利的实际保障并不充分,仍然受到根深蒂固的权力至上观念和惯性的压制。作为批评者的公民与作为被批评者的国家工作人员处于不同的势力地位,其实际关系是失衡的。

宪法对批评权的强调可以用来扶助批评者的弱势地位,防止被批评者利用其强势地位干预法律的运行,构造和维持二者在诉讼过程中的平衡。在这一意义上,宪法对批评权的强调并不意味着应创造两种不同的刑事实体规范,分别适用于国家工作人员和普通自然人作为不同的自诉人或被害人的两类案件,或者将诽谤国家工作人员职务行为的言论除罪化,对国家工作人员和普通自然人的名誉权实行有差别的保护,而是意味着应严格解释制度规定的含糊不清之处,防止诽谤罪的滥用,以及在诉讼程序上公正地对待作为批评者的公民,防止法律的天平在实际运作中不适当地朝向作为被批评者的国家工作人员倾斜。

第八章　批评权与国家工作人员的隐私权

就批评者所指责的事实而言,一个针对国家工作人员的批评性言论可能被诉是虚假的,涉嫌侵害名誉权,或者因为是真实的,而被诉侵害隐私权。前者是前两章的主题;后者是本章的主题。真实不是侵害隐私权的抗辩事由,而是构成要件。公民批评权与国家工作人员的隐私权存在直接冲突。恰当地解决这种冲突,是制度建设的组成部分。合理的界限是促进健康的公民批评和保护必要的个人隐私所必需。

法学界在隐私权边界问题上具有广泛的共识,即在立法中引入"公众人物"概念,制定不同的规范,规定他们的隐私权受到更多的限制。"公众人物"通常包括国家工作人员。然而《民法典·人格权编》并没有规定"公众人物"概念,其"隐私权和个人信息保护"一章也没有区别不同主体的隐私权而给予不同的规范。如何理解民法典的相关规范,如何结合这些规范,从法理上厘定批评权与隐私权的界限,是本章需要探讨的问题。

第一节　因人设制?

隐私权是自然人享有的私人生活安宁不受干扰和私密活动、私密信息不为他人知晓的权利。它包括两层含义。第一,私人生活安宁不受干扰。例如,公民的住宅不受非法侵入、窥视和骚扰;公民的个人活动不受监视、监听、窥视、摄影、录像等。"私人生活"不仅指私人空间内的活动,而且指公共空间内的某些活动。公开的拍摄行为即使发生在公共空间,也可能侵扰他人身心的安宁。"不受干扰"指不受除身体强制行为外的某些影响私人活动的行为的干扰。身体强制行为侵犯的是人身自由权,而不是隐私权。第二,私密信息,包括权利人不希望他人知晓的个人信息和资料,诸如身高、体重、病历、身体缺陷、健康状况、生活经历、财产状况、婚恋、家庭、社会关系、爱好、信仰、心理特征以及个人通信秘密,等等。

批评权与隐私权是一对针锋相对的权利。批评权包括搜集信息的权利、发表和传播信息的权利,前者与私人生活安宁的权利相对立,后者与私人信息保密的权利相对立。批评权是扩张性、外向性的,而隐私权是内敛性、内向性的。在公民批评实践中,涉嫌侵害隐私权的形式通常有以下三种:(1)以电子设备摄录国家工作人员的言行,比如摄录其执法过程、娱乐活动、不雅行为等。这种摄录行为本身可能构成侵权。(2)曝光国家工作人员的社会关系信息,例如包养情人等。(3)公开国家工作人员的财产信息,例如拥有多少套房产。批评者可能因为涉嫌侵犯他人隐私权面临民事诉讼、行政甚至刑事处罚。

隐私权、批评权都是现代民主社会的重要权利。人们既希望无拘束地发表言论,又希望无干扰地自行生活;既不愿意把自己的一切都封闭起来,也不愿意把自己的一切都曝光于天下。隐私权,是一种具有根本性质的私人自由权,是人生幸福的重要组成部分。它不仅有助于保障私域的完整性,而且对于抵御公共权力的侵入具有重要的意义,亦即强调对隐私权的保障,也具有制约权力的意义。如何在制度上平衡批评权与隐私权的关系,是一个值得重视的问题。

在民法通则时代,法律和司法解释都没有规定用以限制隐私权边界的原则或事由,无论在制度还是实践中,对不同主体的人格权都是采取同等保护的原则。尽管若干司法判决出现了"公众人物"的概念,那也只是作为法律推理的论据,基本上没有对判决结论产生影响。

这种同等保护的状况引起了学者的广泛批评,认为这种状况不利于维护公众知情权和对公众人物的监督。有学者提出,"自隐私权概念产生时起,人们就已经开始在把握隐私权设立目的的基础上区分不同主体所享有的隐私权"[1]。还有,"公民在其社会生活中具有不同的身份,从社会学的角度,根据其受关注程度的不同,可以划分为普通公民、政府官员和公众人物,参照此划分标准,不同类型的群体,因其受社会关注度的不同,其享有的隐私及隐私权亦有不同。"[2]公众人物是指在社会生活中具有一定知名度的人,分为政治公众人物和社会公众人物;"公众人物在人格权的保护上有自身的特点,适用不同的规则。"[3]法学界普遍主张,区分"公众人物"(国家工

---

[1] 李新天、郑鸣:《论中国公众人物隐私权的构建》,《中国法学》2005年第5期,第93页。

[2] 喻军:《论政府官员隐私权及其规制——以绝对隐私、相对隐私为切入点》,《政治与法律》2013年第5期,第81页。

[3] 参见王利明:《人格权法研究(第二版)》,中国人民大学出版社2012年版,第559页;王利明:《公众人物人格权的限制和保护》,《中州学刊》2005年第2期,第94页。

作人员包括在其中)与普通公民,区别"公众人物"隐私权与普通公民隐私权,对前者予以特别规范,相比后者受到更大的限制。

在民法典起草过程中,曾有很多研究者要求在草案中引入"公众人物"概念,并对其隐私权予以特别规范。《中国民法典学者建议稿及立法理由》一书建议了这样一个法律条文:"自然人享有隐私权。未经本人同意,任何个人或组织不得非法侵害自然人与社会公共领域无关的私人生活,但法律另有规定的除外。公众人物、新闻事件等具有公共利益或正当的公众兴趣的领域,视为自然人私生活领域的例外"①。杨立新先生曾谈到一件事:"我们在起草《民法典草案专家建议稿》的时候,写了一条关于公众人物的条文,这就是人格权法编第五十五条:'为社会公共利益进行舆论监督,可以披露社会公众人物的有关隐私。''被监督人不得就此主张侵害隐私权。'这个建议稿发表在中国人民大学民商事法律科学研究中心主办的《民商法前沿》上。在此之前,曾经还有一个更为详细的条文草案,详细地说明了公众人物的界定,就是'领导人、艺术家、影视明星、体育明星、社会活动家等'。"②在民法典草案征求意见过程中,也有一些地方、单位建议增加对公众人物人格权的限制性条款。③

这是一种因人设制的思路。不同的人享有不同限度的隐私权,适用不同的规范。这种思路运用到立法中,就要求在立法中引入"公众人物"或"公共官员"的概念,以一些事由特别限制公众人物的隐私权。这种思路运用在司法实践中,就导向这样一种处理方式:在面对隐私权纠纷时,首先判断权利主体的身份:是普通公民还是"公众人物",然后决定给予什么样的保护:是同等保护还是差别保护。这种思路旨在达到这样一种效果,即,使国家工作人员以及"公众人物"更多地为公众所了解,满足公众知情的需要,有利于公民批评或公众监督。

这种思路的现实关怀是可赞赏的,但是笔者感觉到其根本的问题在于,它至少在表面上抵触我们关于权利平等的信念。《世界人权宣言》表示,"人人生而自由,在尊严和权利上一律平等"。它将权利与身份连接在一起,根据人们的身份来赋予权利。如果说在古代贵族制社会某人因为身份而享

---

① 王利明主编:《中国民法典学者建议稿及立法理由·人格权编、婚姻家庭编、继承编》,法律出版社 2005 年版,第 146—147 页。
② 杨立新:《隐私权、肖像权——公众人物必要的权利牺牲》,中国民商法律网,http://www.civillaw.com.cn/article/default.asp? id=16467。
③ 参见民法典立法背景与观点全集编写组:《民法典立法背景与观点全集》,法律出版社 2020 年版,第 381、398、401 页。

有特权是不合理的,那么根据这种思路某人因为身份而丧失权利也不能算是合理的。这种思路还可能会加强国家工作人员对于权利不平等的担心和对于制度的抵触。这是一个需要回答,实际上却没有得到很好回答的问题:为什么国家工作人员和普通公民不能平等地享有隐私权?为什么批评者曝光普通公民的私密信息可能构成侵权,而曝光国家工作人员的同样信息却不构成侵权呢?

第二节 统一的规范

民法典正式文本并没有引入"公众人物"概念,没有区别不同主体的不同隐私权而制定不同的规范。它将保护性规范与限制性因素结合在一起。第1032条规定,自然人享有隐私权,任何组织或者个人不得以刺探、侵扰、泄露、公开等方式侵害他人的隐私权。这一条里的"自然人""他人"不分身份地包括所有的人。民法典也规定了侵犯隐私权的例外情形以及确认侵权责任时应考虑的因素,这些都可以作为对隐私权的限制性因素。概括起来,有四个方面:(1)"法律另有规定"(第1033条)。这可以解释为,具有合法依据或获得法律授权,进入、获知或公开他人隐私不承担法律责任。(2)"权利人明确同意"(第1033条)。(3)认定行为人承担侵害隐私权责任,应当考虑行为人和受害人的职业、影响范围、过错程度,以及行为的目的、方式、后果等因素(第998条的推理)。隐私权应属于这一条规定的"生命权、身体权和健康权外的人格权"范畴,可以从该条推论出认定侵害隐私权责任时应当考虑的因素,特别是"职业""行为目的"因素。(4)为公共利益实施新闻报道、舆论监督等行为,可以合理使用民事主体的隐私信息;使用不合理侵害民事主体人格权的,应当依法承担民事责任(第999条的推理)。隐私信息属于"个人信息"范畴,可作如此推理。这一条规定的"为公共利益"目的属于第998条规定的"行为目的"。这两条又都属于第1033条"法律另有规定"的情形。

笔者认同民法典不引入"公众人物"的做法。上述规定是统一的隐私权规范,平等地保护和限制所有人的隐私权,有关"权利人明确同意""公共利益""职业"等限制性因素也是普遍地适用于所有人的。任何人若从事公共职业,或活动于公共领域中,或者涉及公共利益,其隐私权都可能受到限制,不独公众人物、国家工作人员如此。

有的读者可能会质疑,在立法中排除"公众人物"这个概念以使隐私权规范成为一般的、平等的规范,但是这一概念不正是国外诽谤法中的概念吗?笔者以为,这一概念是司法概念,而不是立法概念,或者换句话说,它是一个特殊事例,是一般性规范的适用结果,而本身并不是一般性规范。我们可以在美国的一些诽谤法判例中找到这一概念,仔细阅读这些判例,会发现"公众人物"概念其实是适用先例中"实际恶意"规则的结果。① 在民法法系国家和地区的民法典中也极少发现"公众人物"的概念。② 一些国际和区域人权公约中也未见这一概念。③ 中国作为一个成文法国家,不同于美国等判例法国家,在立法的时候需要注意把一般性法律规范与司法适用中的特殊事例区别开来:哪些内容可以作为一般性规范写入立法之中,哪些内容可以留给司法解释和推理发展出来。

法律的一般性是法治的基本原理。这一原理要求,法律规范所表述的是一般的、可以普遍适用的原则或规则,尽量避免因人设制、陷于细节。富勒将一般性看作法律的"内在道德",看作一个规则之所以是法律规则的内在标准:"一般性有时被解释成意味着法律必须客观地运作,它的规则必须适用于一般性的阶层并且不能包含专门针对某些人的内容。"④这就需要在立法时超越社会境况的具体细节和作为适用对象的人的身份差别,进行适当的抽象,需要透过纷繁复杂的事物表象把握其背后的普遍性规定。古代罗马人得以用法律征服世界,在很大程度上乃是因为法学家们用抽象概念表述人类生活中普遍存在的权利义务关系的原理。

法律的一般性有两个功能:一个是体现人人平等,避免造成专断。在这一方面,哈耶克说:

> 法律若想不成为专断,还需要满足一项条件,即这种"法律"乃是指平等地适用于人人的一般性规则。这种一般性(generality),很可能是法律所具有的特性(亦即我们称之为的"抽象性")的一个最为重要的方面。……真正与"身份之治"(a reign of status)构成对照的,乃是一般

---

① 例如这些判例:Gertz v. Robert Welch Inc., 418 U.S.313 (1974);Wolston v. Reader's Digest, 443 U.S. 157 (1979);Hutchinson v. Proxmire, 443 U.S.111 (1979)。
② 就笔者的孤陋寡闻,唯一在隐私权条款中提及"公众人物"概念的是中国《澳门民法典》第74条。见中国政法大学澳门研究中心、澳门政府法律翻译办公室编:《澳门民法典》,中国政法大学出版社1999年版,第20页。
③ 例如涉及隐私权的以下条款:《世界人权宣言》第12条、《公民权利和政治权利国际公约》第17条、《欧洲人权公约》第8条、《欧洲联盟基本权利宪章》第7条、《美洲人权公约》第11条等。
④ [美]富勒:《法律的道德性》,郑戈译,商务印书馆2005年版,第56页。

性、平等地适用的法律之治,亦即同样适用于人人的规则之治。①

另一个功能是有助于使人们达成共识,减少法律出台和实施的阻力。这也是一个制度策略:对事不对人的法律更容易获得通过,更容易得到人们的认可。

当然,对哈耶克所质疑的"身份之治",也不能一概而论。身份可以分为自然身份,例如性别、年龄、父母、子女、夫妻,和社会身份,例如国家工作人员、知识分子、城市居民、农民工。自然身份是无法改变的,基于这种身份赋予权利或施加义务有时是难以避免的。社会身份是可以改变的(在民主社会中至少在理论上是可以改变的),同时也是很难界定的。所以应尽量避免基于人的社会身份赋予权利或施加义务。"国家工作人员""公众人物"是社会身份,而且在立法中并非不能避免那种对这类人物隐私权予以特别规范的做法。只要隐私权规范充分把握住了相关的原理,就不必担心在适用中不能达到合理的结果。在适用中对具有不同社会身份的人的隐私权予以不同的保护和限制,正是统一的、普遍性的规范在多样的、特殊性的境况中的具体体现。制度建设需要处理好一与多、普遍性与特殊性的关系。

权利既应受到保护,也应受到限制。宪法基于批评国家工作人员是一项民主权利、有利于制约权力和保障公共利益等考虑而规定保障公民的批评权。隐私权因为权利人的言行涉及公共利益或发生在公共领域之中而受到限制。保障与限制的原理是相通的。这就是法律规范所需要依据的普遍性原理。当批评权遭遇隐私权时,解决冲突的适当办法是从这些普遍性原理出发来制定规范,并将规范平等地适用有关具体情况,而不是因人设制,在实施时"对号入座"。只有这样才能将制度建立于更加坚实的理论基础之上。

第三节 权利的界限

民法典的相关规定把原则性与灵活性较好地结合起来,便于在这样一个框架里探讨公民批评权与国家工作人员隐私权的平衡。在所规定的限制性因素中,与公民批评特别相关的是受害人的职业、行为人的公共利益目

---

① [英]弗里德利希·冯·哈耶克:《自由秩序原理》上,邓正来译,生活·读书·新知三联书店1997年版,第191页。

的。作为受害人的国家工作人员的职业是公职,公民批评的目的可能是公共利益。这两种因素将影响侵害隐私权责任的认定。作为公民批评侵害隐私权的法定抗辩事由可以概括为三个方面:受害人明确同意、受害人职业、行为人的公共利益目的。受害人明确同意可以称为绝对抗辩事由,这一事由成立,则无条件地免除侵权责任。受害人职业、行为人公共利益目的可以称为相对抗辩事由,某一事由成立,未必免除侵权责任,还需要考虑其他因素。这里结合民法典的相关规定,注重从法理的角度论述确定批评权与隐私权之间边界的三个基本原则:公共领域、公共利益、自愿公开。

一、公共领域

"公共领域"这个概念因为哈贝马斯的研究而广有影响。在这里,这个概念的内涵要比哈贝马斯的界定更为宽泛[1],不仅包括社会公共领域,也包括公共权力领域;不仅包括有形的公共空间或公共场所,也包括无形的公共关系领域。一个人置身于公共领域,他的言行自然置于不特定多数人的注目之下,也就无所"隐私"。在公共领域内,人们的隐私权是受到限制的;一般情况下,发生在公共领域中的言行没有隐私权附丽其上。

我们生活在一个日益拥挤的地球上。人们在公共空间中的活动通常会被其他人看到。在大街上,他人对我们的注视可能会引起我们的注意和警惕。但是通常的注视并没有侵犯我们的作为隐私权组成部分的安宁权。普罗塞尔有言:"在公共街道或者其他公共场所,原告没有安宁权,别人仅仅只是跟随他,不构成对其隐私的侵入。在这样的场所对其进行拍照也不构成对其隐私的侵害,因为拍照不过是进行了一场记录,这种记录与某人可能被他人自由地见到的在公共场所的形象没有本质区别"[2]。对普罗塞尔的话不能作绝对理解。因为在公共空间,如果他人的行为引起我们很大的不安、烦恼或恐惧,足以破坏我们内心的安宁,就有可能侵犯隐私权。比如,如果某人在拍摄街景时摄录了作为街景一部分的我们的形象,他的摄录行为没有侵犯我们的隐私权(但可能侵犯肖像权),但是如果每当我们走在大街上的时候,都发现有一台摄像机莫名其妙地跟踪拍摄我们的形象,就会感到不安、疑虑重重,并可能失去内心的安宁。内心的安宁并不是如闲居在私人空

---

[1] 按照哈贝马斯的界定,资产阶级公共领域是指17至19世纪在欧洲主要国家形成、存在并发挥某种功能的特定社会结构,具体是指在公共权力领域与私人领域之间形成的一个公共的领域。参见[德]哈贝马斯:《公共领域的结构转型》,曹卫东等译,学林出版社1999年版,第32—60、82—83页。

[2] William Prosser, "Privacy", *California Law Review*, Vol.48, No.3, 1960, p.383.

间里静如止水的那种状态,而是一种做我们愿意做的事情的专注状态。当这种专注状态受到根本破坏时,就有可能侵犯隐私权。

那么,什么是公共空间呢?首先,公共空间未必是公有空间,公共空间不是以它的所有权的性质来界定的。因为有些非公有的空间也可以用于公众活动。有一种定义将公共空间界定为根据所有者(或占有者)的意志,用于公众活动的空间。[1] 这种界定是从用途的角度着眼的。这是一种较为可取的界定,但是需要进一步的补充:作为公众的人数是不特定的,或他们之间的关系是不特定的。公共空间可以分为几种情况,一种是不特定的任何人都可以自由出入的空间(例如露天广场),另一种是不特定的人们都可以在符合一定条件的前提下自由出入的空间(例如影剧院),再一种是虽然进入空间的人是特定的,但是人们之间并没有特定的私密关系(例如会场)。

公共领域包括但不限于公共空间。它未必是一个物理空间,比如一块场地、一个会议厅。它还可以指按其性质来说注定会受到公众关注的某种公共关系领域,例如某种职业或社会角色。这些职业或社会角色的本质就是要通过吸引公众注意而获得一定的利益或体现一定的价值,比如演员、运动员、政治活动家。一个演员可能从未在大庭广众中活动,但是我们可以说他的职业活动处在公共领域中。[2]

公共权力的运作是一个公共领域。公务行为处于公共领域,没有隐私权附丽其上。如果公务行为可以暂时不公开,也并非基于保护国家工作人员隐私权的需要,而是基于保护国家秘密的需要。没有永远不可以公开的公务行为和国家秘密。在公共领域中,国家工作人员不是一个私人,而是一个"公仆",国家工作人员是为了制定、执行和适用法律而存在的,而现代社会中的法律是民主的和公开的,原则上国家工作人员的制定、执行和适用法律的行为也应当是公开的,为公民所公知。

这里,我们想到韦伯关于现代政治特征的描述。韦伯认为,现代政治的特征之一就是理性化的官僚体制。理性化要求清除政治领域中一切私人性的、情感性的、容易造成不稳定预期的因素,要求一切公务行为以公开的、可预知其后果的方式进行。因此,理性化的官僚体制把官员的生活彻底地分成公、私两个领域:"现代的机关组织原则上把办公室与私人住所分开。因为,它从根本上把职务工作作为一个分离出来的领域同个人的生活范围分

---

[1] 参见张新宝:《隐私权的法律保护》,群众出版社1998年版,第196页。
[2] 岳林主张公共空间可分为全开放空间、限制开放空间、组织空间、社区空间和信息空间五种类型,分别采取不同的隐私规制策略。参见岳林:《论公共空间的隐私》,《思想战线》2020年第3期,第143—147页。

开,把职务上的财物同官员的私人财产分开。"①这种分离是一种关键特征;没有这一特征,现代民主政治就不可能产生。

如果批评者传播国家工作人员在公开场合的言行,不能被认为是侵犯了隐私权,因为在一般情况下人们在公开场合的言行(特别是自愿的言行)并没有隐私权。如果批评者曝光了国家工作人员有关职务行为的信息,也不能被认为侵犯隐私权,因为这些行为不等于私人行为,不包含私人利益和隐私权。

二、公共利益

"为公共利益",不仅是限制名誉权的事由,也是限制隐私权的事由。行为人为公共利益目的可以在一定程度上获取、公开民事主体的隐私。

公共利益不同于公共领域。私人空间内的行为如果侵犯了公共利益,也是没有隐私权的。比如某人在住宅内从事犯罪活动,这种活动并不因为发生在私人空间里就享有隐私权。有关国家机关可以在法定条件下进行搜查和检查。再如,某人以邮寄的方式从事违法活动,也不能基于隐私权请求法律保护。有关机关可以在法定条件下开拆邮件进行检查。

公共利益的标准是很难把握的。从主体角度看,公共利益是有利于每一个人的利益,与私人利益或特殊利益相对而言。它不是某些个人、集团或阶层的特殊利益,而是不特定多数人的共同的、普遍性的利益。从内容角度看,公共利益包括国家利益和社会公共利益。它不仅是目前的利益,也包括长远的利益;它不限于物质财富,还包括精神财富。从主体和内容的角度界定公共利益也是目前法学界的通常方式。这样的界定仍然是很含混的。笔者以为,借助经济学里的"公共物品"概念可以使公共利益的内涵变得清晰一些。萨缪尔森等人通过与私有物品相比较来说明公共物品的性质:"与来自纯粹的私有物品的效益不同,来自公共物品的效益牵涉到对一个人以上的不可分割的外部消费效果。相比之下,如果一种物品能够加以分割因而每一部分能够分别按竞争价格卖给不同的个人,而且对其他人没有产生外部效果的话,那么这种物品就是私有物品。公共物品常常要求集体行动,而私有物品则可以通过市场被有效率地提供出来。"②也就是说,公共物品具有非排他性和非竞争性。公共利益实际上就是公共物品,或者是公共物品所包含的利益。它具有非排他性。公共利益不为某个人或某些人所专有,

---

① [德]马克斯·韦伯:《经济与社会》下卷,林荣远译,商务印书馆1997年版,第280页。
② [美]保罗·A.萨缪尔森、[美]威廉·D.诺德豪斯:《经济学(第12版)》,高鸿业等译,中国发展出版社1992年版,第1194页。

一些人享用某项公共利益不排除其他人对该项利益的享用。公共利益是开放的、全社会共享的利益。例如，消除空气中的污染是一项能为人们带来好处的服务，它使所有人能够生活在清洁的空气中，要让某些人不能享受到清洁空气的好处是不可能的。它还具有非竞争性。一部分人对某项公共利益的享用不会影响另一些人对该项利益的享用，一些人从这项利益中受益不会影响其他人从这项利益中受益，受益对象之间不存在利益冲突。例如国防保护了所有公民，每一公民从中获得的好处不会因为一个人出生或另一个人死亡而发生变化。

在现代民主社会，公共权力是为了公共利益而设立的，也是为了公共利益而运作的。但是公共权力要由具体的国家工作人员来行使。国家工作人员既可能以符合公共利益的方式行使权力，也可能以违背公共利益的方式行使权力。普通公民作为公共权力的委托者，需要了解一些信息，用以判断哪些人来行使公共权力有助于更好地维护公共利益，受委托的人是否以符合公共利益的方式来行使权力。一个人的品行直接关系到他能否负责地行使公共权力，关系到公共利益能否得到维护。因此，公民就有必要了解受委托人的品行以判断他们是否适合做公共利益的代表者和维护者。只有这样，公民才可能选出履历清白、德才兼备的优秀人选，把公共权力委托给他；也只有这样，公民才能使受委托的人谨慎行使公共权力、不至于受到不良诱惑和腐蚀。权力本身是一种巨大的腐蚀力量。没有细致的检察，没有防微杜渐的措施，没有强有力的制约，一个优秀的人在掌握权力之后也可能会受到腐蚀而堕落。因此，个人隐私一般应受到保护，但是那些行使公共权力的人的与**职务适任性**有关的个人信息已经不再是纯粹的个人私事，已经影响到了公共利益，应当受到民主的审查。

国家工作人员的财产信息是否关涉到公共利益呢？仅就私人财产本身而言，无关乎公共利益。但是财产状况能够透露出占有者的许多信息。如果一个公职候选人的财产数量明显超出正常的水平，而又无法给出合理的解释，选民自然有理由怀疑候选人获得财产的手段或方式是否正当合法。财产状况就成为选民了解候选人品质的一个重要途径。对于在任的国家工作人员来说，更是如此。贪污、受贿的直接结果就是非法地增加个人财产，违法行使公共权力往往是为了敛财。财产数量的非正常增长就成为这些违法行为的迹象。在中国刑法中，巨额财产来源不明本身就构成犯罪。违法行使公共权力，以权谋私，无疑是损害公共利益的。批评者为了公共利益曝光国家工作人员的真实财产信息，是有利于对国家工作人员的监督的，原则上不应承担侵害隐私权的责任。

三、自愿公开

一个人出于某种动机自愿公开自己的私密信息,他认为公开隐私要比保守隐私更为有利。一个人同意他人公开自己的私密信息,或者同意他人进入自己的私人生活而不视为干扰,而且也知道他人可能把这些私密信息传播给不特定的第三方。这都是自愿的个人决定。在这些情况下,当事人不能主张侵害赔偿。

《民法典》第 1033 条规定,"权利人明确同意"是免责事由。何为"明确同意"? 书面或口头的同意是明确的同意,不拒绝他人的介入或公开也可以视为明确的同意。在现代社会中,有些职业注定要比其他职业更依赖大众传媒或更依赖于众人的关注。没有众人的关注,这些职业就无法成功。众人的关注是一把双刃剑,可能带来荣耀,也可能带来烦恼。选择这些职业,主动地寻求公众的关注,比如不拒绝他人的拍摄或者接受采访,就意味着在一定程度上放弃个人生活的安宁状况或自愿放弃某些个人信息的私密性质。

公权领域可以看作公共领域,进入这一领域一般可以看作自愿的行为。担任公职并不是一种强制性的义务。它是诸多职业中的一种职业。没有人被强迫担任公共职务或被强迫继续担任公共职务。任何人若试图成为国家工作人员,可以被认为已自动将他的人格置于公民的质疑之下,以便获得对他的职务适任性的赞同。或者说,他可以被认为为了获得公共职位带来的好处而自动放弃了其他方面的私人利益。这也是自愿公开原则的体现。

国家工作人员的言行和个人信息比普通公民更加受到关注。这是这一职业的性质决定的。"怕热就不要进厨房"。明知厨房热,还是选择进去,就得要忍受那较高的温度。在选任过程中,公职候选人为了当选可能会主动,或者按照选任规则的要求公布一些个人信息,这些信息一经公开,就不再受隐私权的保护。

公共领域、公共利益和自愿公开这三个准则表明隐私权的界限,也是判断批评权与隐私权之间边界的标准。权利人就发生在私人领域内、不关涉公共利益的个人言行和信息享有隐私权;其他人没有经过本人的同意,不可知悉这些私密信息和侵扰其生活安宁。判断隐私权的界限,或者判断公民批评是否侵犯隐私权,需要综合考虑个人言行是否发生在公共领域、是否关涉公共利益、当事人是否同意公开等因素。

在这里,我们没有通过列举"公众人物"的范围和类别,没有通过判断国家工作人员是否是"公众人物"的方式界定其隐私权的界限,而只是把一般的原则适用到国家工作人员隐私权的问题上。适用的结果就是对国家工作人员的隐私权作较多的限制,便于公民对国家工作人员的了解、批评和监督。国家工作人员的隐私权受到限制,不是因为他们是国家工作人员,而是因为他们更多地置身于公共领域,其言行更多地关涉公共利益。当普通公民的行为发生在公共领域中,或者与公共利益发生了关系,其隐私权也同样是要受到限制的。施加了较多的限制,但是并没有给施加特殊的限制。平等的限制不意味着同等的限制。给予国家工作人员隐私权较多的限制,是从同样适用于公民隐私权的原则推论而出的。这样也就不存在国家工作人员"牺牲"其隐私利益的问题。

第四节　合理使用问题

《民法典》第999条规定了为公共利益的合理使用个人信息原则。第1035条规定,处理个人信息,应当遵循合法、正当、必要原则,不得过度处理。按照这些规定,即使是为了公共利益,也不可以过度侵入他人的隐私空间、公开其隐私信息。对国家工作人员隐私权的限制,应当符合比例原则。

批评者对国家工作人员隐私的介入和公开应当具有目的正当性。在有关舆论监督的著述中,"公众知情权"往往被列为限制舆论监督对象隐私权的正当事由。笔者认为,这并不是一个适当的事由。它是一个失衡的准则;它意味着,当事人是否有隐私权取决于公众是否有知情的需要;当公众有知情的需要时,他就不能对相关私密信息主张权利。如果只要是公众感兴趣的,一个人就不能保有隐私,那么隐私权就会失去大半的意义。公众兴趣未必是健康的、合理的。如果要在公众兴趣中区分合理的与不合理的两部分,还需要运用其他的准则,例如公共领域、公共利益,来判断。"公众的知情权"并不是一种严格意义上的法律权利,它的主体是谁? 如果是不特定人数的公众,那么谁可以代表这个不特定人数的人群主张、行使权利? 这个概念不具有法律上的可操作性。

对国家工作人员隐私权的限制不应超过必要的程度。一般来说,国家工作人员的私人生活投入公共领域越多,他的隐私权受到的限制就越多;国家工作人员的个人隐私与公共利益之间的联系越紧密,他的隐私权受到的限制就越多。无论哪一级国家工作人员都享有一定的隐私权,他们的与公共利益无关的那一部分隐私应当受到法律的保护。损害他们的这部分隐私并不能促进公共利益,是一件有害而无益的事情。

还应当避免给国家工作人员的利害关系人造成不必要的伤害。如果利害关系人没有参与国家工作人员的违法违纪行为,就不应公开那些能够识别其个人特征的隐私信息。如果利害关系人是被动地、不自愿地卷入公共事件之中,则不应传播其与公共利益无关的隐私信息。公民批评的目的是监督、制约公共权力。凡不是这一目的所必需,就不应造成有关的隐私损失。

根本而言,合理使用的背后是利弊权衡。对国家工作人员的隐私权施加较多的限制,可能会引起一个问题,即这样做还能不能吸引优秀人才到国家机关任职,从而维持或提高公共服务的质量？公共服务的质量问题,在一定程度上是一个依靠经验性数据来判断的问题,例如通过调查不同时期新招聘的公务员学历水平来判断是否可以吸引优秀人才,通过调查人们的满意度来判断公共服务的质量是否下降。同时,吸引更优秀的人才服务于公职部门,也需要诸多的条件,例如待遇。如果为了吸引更优秀的人才服务于公职部门而对国家工作人员的隐私权施加严格的保护,也并非不可考虑。相信民法典在谨慎的综合权衡中已经考虑到这一情况,并作出了选择,即"受害人的职业"的公共性将限制其隐私权的保护范围,而不是对从事公共职业的人的隐私权加强保护。这样选择背后的理由或许在于：即使不能吸引更优秀的人才服务于公职部门,但是通过对权力的监督和制约,也将在总体上使公共利益得到更可靠的维护和促进。

第九章　公民批评、寻衅滋事与公共秩序

公民在批评国家机关时,可能会表达有关国家机关的负面、虚假的信息。在中国的法律实践中,这引发两种应对措施。一是被批评国家机关提起民事上的名誉侵权诉讼;二是有关国家机关以寻衅滋事之名对批评者施加刑事或行政处罚。第一种措施,在20世纪90年代和21世纪初曾采用过,现在已不闻其用;对其存在的法理和教义学问题,笔者曾作过分析。①第二种应对措施,大约自2010年以来被广泛采用。本章的分析对象是这一措施所引发的法律问题。

寻衅滋事是一个具有中国特色的法律概念。它不是一个单纯的行为类型,而是一组聚合的行为种类。就公民批评而言,针对国家机关的批评和针对国家工作人员的批评都会引发以此名义施加的处罚,常见的原因是针对国家机关的批评。虚假信息和侮辱性言辞都会引发这种处罚,常见的原因是虚假信息。由此,在公民批评中,有关国家机关的虚假信息是主要的原因。寻衅滋事处罚所保护的是公共秩序。因此,在法价值上,这一矛盾可以归结为公民批评权与公共秩序的关系。

第一节　寻衅滋事的公法处罚

一、相关制度规定

(一)刑法规定及司法解释

现行刑法中的寻衅滋事罪是从1979年《刑法》中的流氓罪演变而来的,

---

① 参见侯健:《舆论监督与名誉权问题研究》,北京大学出版社2002年版,第五章"舆论监督与政府机构的'名誉权'"。

是一种补充性、口袋型的犯罪,意在惩罚那些破坏社会秩序,但不构成其他犯罪的行为。按《刑法》第293条,被纳入这一口袋型犯罪的有四类行为:"(一)随意殴打他人,情节恶劣的;(二)追逐、拦截、辱骂、恐吓他人,情节恶劣的;(三)强拿硬要或者任意损毁、占用公私财物,情节严重的;(四)在公共场所起哄闹事,造成公共场所秩序严重混乱的。"

2013年7月15日最高人民法院、最高人民检察院《关于办理寻衅滋事刑事案件适用法律若干问题的解释》(法释〔2013〕18号,以下简称《寻衅滋事解释》)对《刑法》第293条的适用问题作出解释,特别是具体界定了上述四类行为中的"情节恶劣""情节严重""造成公共场所秩序严重混乱"等规定的含义。

同年9月6日,为了配合当时集中打击整治网络违法犯罪专项行动,最高人民法院、最高人民检察院又公布《关于办理利用信息网络实施诽谤等刑事案件适用法律若干问题的解释》(法释〔2013〕21号,以下简称《网络刑事诽谤解释》),再次对寻衅滋事罪作出解释,将之适用于网络上传播虚假信息的行为。其第5条有两款规定。

第1款:"利用信息网络辱骂、恐吓他人,情节恶劣,破坏社会秩序的,依照刑法第二百九十三条第一款第(二)项的规定,以寻衅滋事罪定罪处罚。"

第2款:"编造虚假信息,或者明知是编造的虚假信息,在信息网络上散布,或者组织、指使人员在信息网络上散布,起哄闹事,造成公共秩序严重混乱的,依照刑法第二百九十三条第一款第(四)项的规定,以寻衅滋事罪定罪处罚。"

第1款将《刑法》第293条第1款第(2)项的规定适用于网络上辱骂、恐吓他人的行为。第2款将《刑法》第293条第1款第(4)项的规定适用于网络上编造、散布虚假信息的行为。

(二) 行政法上的相关规定

《治安管理处罚法》第26条规定的寻衅滋事行为类型是:"(一)结伙斗殴的;(二)追逐、拦截他人的;(三)强拿硬要或者任意损毁、占用公私财物的;(四)其他寻衅滋事行为。"最后一项是开放性、兜底性的规定。这意味着,一个行为是否构成寻衅滋事行为,应否给予行政处罚,治安管理机关具有更宽泛的自由裁量权。

二、将寻衅滋事规定适用于公民批评的实践

在法律实践中,20世纪90年代公民批评主要引起的是名誉侵权民事纠纷,21世纪最初10余年主要引起的是诽谤罪刑事诉讼,其后至今主要引起的是寻衅滋事刑事和行政案件。许多研究寻衅滋事法律问题的学者注意到了实践中寻衅滋事规定的一个重要用途,就是应对公民批评。

孙万怀、卢恒飞两位作者曾统计,自2013年1月1日至2013年10月10日,经媒体报道,案情曝光的网络谣言案件有80起,涉及相关人员160人。在80起案件中,从内容上看,攻击政府的谣言,占19%;攻击企业或个人的谣言,占6%。从作者所举的例子可以看到,在有的个案中被攻击的个人是国家工作人员。从处理结果看,涉寻衅滋事罪被刑事拘留的,占11%;涉其他罪名(或所涉罪名不详)被刑事拘留的,占16%。其他皆以扰乱公共秩序为名给予行政处罚,被行政拘留的,占49%;被施以罚款、训诫或其他处罚的,占24%。① 如此看来,有关国家机关和国家工作人员的网络谣言案件占据了全部案件的20%以上,以寻衅滋事之名进行处罚也是重要的处罚措施。

姜瀛在中国裁判文书网上以"寻衅滋事"为案由、以"虚假信息"为内容对2017年11月30日之前的刑事裁判文书进行检索,排除一、二审重复案例后,共获得45份相关刑事裁判文书。分析发现,从犯罪主体来看,为普通网民的,共计30起案件;为上访人员或拆迁对象的,共计13起案件;为职业网络推手的,共计2起案件。从所涉及的虚假信息类型来看,其中涉及"政府或公权力机关相关行为"信息的,共有27起案件,包括社会问题、腐败、政府补偿、暴力执法、公民维权、冤错案件、国家政策以及历史问题等方面;涉及个人名誉的,共计4起案件,涉及法官的个人名誉(办案不公、腐败)、记者的个人名誉(报道不实、腐败)、村干部个人名誉(分别涉及"滥用权力、腐败"与"乱搞男女关系")。② 考虑到法官和村干部的公职性身份③,涉及国家机关和国家工作人员行为的网络虚假信息类寻衅滋事刑事案件占到作者所统计的全部案件的2/3。

笔者通过威科先行法律信息库,以"寻衅滋事"为案由,以全文中包含"虚假信息"为关键词,以2019年8月9日至2022年8月9日为裁判日期范围,搜集到刑事裁判文书共222份,经过一一阅读检查,排除无关案例,将同一案件的一审、二审和再审统计为一个案例,共获得188件虚假信息类寻

---

① 参见孙万怀、卢恒飞:《刑法应当理性应对网络谣言——对网络造谣司法解释的实证评估》,《法学》2013年第11期,第5—7页。
② 参见姜瀛:《网络寻衅滋事罪"口袋效应"之实证分析》,《中国人民公安大学学报(社会科学版)》2018年第2期,第107—109页。
③ 按照《监察法》第15条,监察对象包括基层群众性自治组织中从事管理的人员。鉴于此,村干部也属于监察对象。

衅滋事罪案例。在这些案例中,言论对象或信息内容涉及国家机关(包括村委会和居委会)和国家工作人员(包括村委会和居委会干部)的,有142件,定罪率为100%;涉及国家机关的有120件,占全部案例的约63.8%。另外,只涉及国家工作人员的案例有22件,只涉及普通公民的案例有42件,还有涉及对象和信息内容不明确的案例4件。①

三、法教义学研究的共识与局限

实践中之所以可以将网络上编造、散布虚假信息的行为按照寻衅滋事定罪处罚,是由于《网络刑事诽谤解释》第5条第2款的解释。我们对照一下刑法原文和司法解释。

表9-1 罪状表述的对照

刑法规定的罪状	司法解释的罪状
在公共场所起哄闹事,造成公共场所秩序严重混乱的	编造虚假信息,或者明知是编造的虚假信息,在信息网络上散布,或者组织、指使人员在信息网络上散布,起哄闹事,造成公共秩序严重混乱的

司法解释的罪状可以合理地涵摄在刑法规定的罪状的语义范围之内吗?例如,信息网络属于"公共场所"吗?编造、散布网络虚假信息属于"起哄闹事"吗?公共秩序属于"公共场所秩序"吗?

论及这一司法解释的多数学者认为,后者无法合理地涵摄在前者的语义范围内,这一解释实际上是刑事类推,将此前寻衅滋事罪的惩罚对象由发生在公共场所的寻衅滋事行为扩大到信息网络的言论,涉嫌违反罪刑法定原则。② 其主要理由和考虑因素可以归纳为以下方面:

第一,刑法上的"公共场所"是指物理性的现实空间,而网络是一个虚拟的空间。即使网络空间可以视为场所,但也不是所有的网络空间都是公开的。

---

① 针对国家工作人员和普通公民的虚假信息,如果涉嫌诽谤,应由被害人提起民事侵权诉讼或刑事自诉;"严重危害社会秩序和国家利益的",由检察机关提起刑事公诉。这就排除寻衅滋事这一口袋罪的适用。

② 例如孙万怀、卢恒飞:《刑法应当理性应对网络谣言——对网络造谣司法解释的实证评估》,《法学》2013年第11期;马长山:《法律的空间"穿越"及其风险——从两高办理网络诽谤等刑事案件的司法解释出发》,《苏州大学学报(法学版)》2014年第4期;张明楷:《简评近年来的刑事司法解释》,《清华法学》2014年第1期;陈兴良:《寻衅滋事罪的法教义学形象:以起哄闹事为中心展开》,《中国法学》2015年第3期,等等。

第二,编造、散布网络虚假信息不等于"起哄闹事"。起哄闹事的起哄具有语言的刺激性与煽动性,而虚假信息具有欺骗性,目的是使他人上当受骗,不具有起哄的性质;起哄闹事的闹事具有行为的当场性与当面性,网络虚假信息一般都是匿名的,网络空间的特点决定了其信息传播行为不具有当场性与当面性;起哄闹事与公共场所秩序遭受破坏之间具有共体性与共时性,网络虚假信息也不具有这些性质。①

第三,公共秩序是"公共场所秩序"的上位概念。把"公共场所秩序"解释为"公共秩序",就好比把刑法中的"妇女"解释为"人"一样。② 网络的本质是工具性的。网络空间秩序不同于网络秩序,网络空间秩序是网络虚拟空间中形成的秩序,而网络秩序是人们使用网络形成的现实的秩序。网络秩序属于"扰乱公共秩序罪"所保护的公共秩序,是指互联网服务秩序,扰乱网络秩序的行为应是《刑法》第285条、第286条所规定的非法侵入、破坏计算机系统的行为,是对网络系统或设施的物理损坏,在网络上散布虚假信息显然不会造成这种损坏。③

第四,2015年《刑法修正案(九)》增设了编造、故意传播虚假信息罪,所处罚的是具有严重社会危害性的编造、故意传播虚假的险情、疫情、灾情、警情的行为。这自然就否定了编造、传播其他虚假信息的行为构成寻衅滋事罪。编造、故意传播虚假信息罪的法定刑是"严重扰乱社会秩序的,处三年以下有期徒刑、拘役或者管制;造成严重后果的,处三年以上七年以下有期徒刑"。寻衅滋事罪的基本法定刑是"五年以下有期徒刑、拘役或者管制";"纠集他人多次实施前款行为,严重破坏社会秩序的,处五年以上十年以下有期徒刑,可以并处罚金"。后者的法定刑明显高于前者的法定刑。如果将编造、传播其他虚假信息的行为认定为寻衅滋事罪,必然造成处罚不公平、不协调,违反罪责刑相适应的刑法基本原则。④

上述对《网络刑事诽谤解释》将寻衅滋事罪扩大适用于网络虚假信息的批评是有力的。这一司法解释,从出台的背景来看,就带有强烈的配合专项治理、扩张刑法机能的倾向,没有慎重地平衡各种利益和价值。但是,即使废除了这一解释,依然没有从根本上解决问题。因为没有人能够否认,通过

---

① 参见陈兴良:《寻衅滋事罪的法教义学形象:以起哄闹事为中心展开》,《中国法学》2015年第3期,第282页。
② 参见张明楷:《刑法学》,法律出版社2016年版,第1066—1067页。
③ 参见卢恒飞:《网络谣言如何扰乱了公共秩序?——兼论网络谣言型寻衅滋事罪的理解与适用》,《交大法学》2015年第1期,第125—127页。
④ 参见张明楷:《言论自由与刑事犯罪》,《清华法学》2016年第5期,第68—69页。

编造、传播有关国家机关的网络虚假信息,有可能对现实社会秩序产生影响,有时候甚至产生严重的危害后果。基于这种考虑,就可以通过修改刑事立法来达到目的,例如在编造、故意传播虚假信息罪之后再设一款,规定传播其他虚假信息为犯罪,或者在寻衅滋事犯罪行为的类型中添加编造、传播其他信息的行为,并调低基本法定刑。

还有虚假信息寻衅滋事行政处罚问题。目前相关研究较少,总体上是从法教义学角度从相关法律规定中阐释出构成要件或标准,去评价现实中的寻衅滋事行政处罚实践。①

我们仍需要研究的是,如何认识和处理公民批评与公共秩序的关系。例如:公民批评对公共秩序的维护起着什么作用?如何从宪法批评权的角度界定虚假信息,又如何消除虚假信息的可能危害?

第二节 公民批评与公共秩序

一、秩序与法律上的秩序

秩序指一个系统内各要素之间以及系统与外部环境之间按照一定的规范展开互动所呈现的有条理、有次序的运行状态。秩序可分为自然秩序和人类秩序。自然秩序由自然规律支配,而人类秩序的维系则有赖于人类规范。

公共秩序具有人类秩序的一般特征。人类秩序由有组织的社会主体、权威的社会规范、稳定的社会关系和规律性的社会现象以及可控的变化机制等要素构成。人类秩序具有有序性、连续性、稳定性等特征。核心的特征是稳定性,它不仅指现象的稳定性,一定的社会现象周期性、反复地呈现,而且指预期的稳定性,人们可以稳定地得到预期的利益或损失。社会生活的混乱和中断则影响预期的稳定性。

除此之外,作为一个法律概念,公共秩序还具有公共性特征,即它涉及公共事务及不特定的人,是公共生活的条理性和有序性。它是一个典型的不确定概念。什么事务构成公共事务,涉及多少人构成公共,很难划出明确

---

① 例如张新宇:《网络谣言行政规制及其完善》,《法商研究》2016年第3期;孟凡壮:《网络谣言扰乱公共秩序的认定——以我国〈治安管理处罚法〉第25条第1项的适用为中心》,《政治与法律》2020年第4期。

界限。一个家庭或公司的内部秩序不是公共秩序。但是如果不保护单位的内部秩序,可能会引发公共秩序的混乱。刑法中关于"聚众扰乱社会秩序罪"的规定旨在保护单位的工作、生产、营业和教学、科研、医疗秩序。这里面除了营业秩序和医疗秩序涉及不特定的人,其他秩序在个案当中都局限于特定的人。如此设计是考虑到如果不保护单位的内部秩序,将会引发其他类似单位秩序的破坏,最终导致公共秩序的混乱。刑法把"聚众扰乱社会秩序罪"归属于"扰乱公共秩序罪"类型。这不是从字面的或语法结构的角度进行解释,而是从功能或效果的角度进行解释的,并不意味着单位的内部秩序属于公共秩序。

法律的调整对象是人的行为。这也是法治的要求。这意味着,法律上的秩序是行为秩序。法律通过对行为的调整影响人的心灵,通过对行为秩序的创造和维护影响人的思想或心理。人的行为是由人的存在和运动、对资源的占有和使用等活动构成的。行为秩序,亦即公共空间内人们的行为所呈现出的有条不紊的有序状态。行为秩序具有直观性、可记录性、可测量性。它可以为人的眼睛、监控仪器、电子设备等所观察,为测量工具所测量,为测量单位所表示,以某种方式记录或存储成为资料。

公共秩序包括"网络空间秩序"吗? 有一种观点认为,网络空间秩序是信息秩序,是网络虚假信息类寻衅滋事罪的客体,网络虚假信息引发的现实性危害只是从重处罚的情节。① 这种观点误解了信息网络的本质。网络空间的信息秩序近似乎自然秩序,维系这种秩序的是建立在科学原理基础上的技术规范,例如信息存储和传输规范定义了网络通信的规则和标准,保证了信息存储和传输的有序性、完整性和准确性。公共秩序所包括的是网络运用秩序。不管是运行、管理网络,还是使用网络,都是现实的行为,当我们操作电子终端设备,对它们发出指令,是处在现实的物理空间之中,这些行为应当是有序的。

秩序是一种事实,也是一种价值,秩序总与一定的规范相联系,规范是秩序的内核,是秩序形成和维系的依据。② 社会秩序的实际形态取决于特定条件下人的互动和博弈。不同的人可能有不同的社会秩序理想以及不同

---

① 参见于志刚、郭旨龙:《"双层社会"与"公共秩序严重混乱"的认定标准》,《华东政法大学学报》2014年第3期,第139页。在司法实践中,亦有法院提出"信息网络空间的公共秩序"的概念。例如嵇书龙寻衅滋事罪申诉案,江苏省盐城市中级人民法院(2020)苏09刑申33号驳回申诉通知书。
② 参见曲新久:《论社会秩序的刑法保护与控制》,《政法论坛(中国政法大学学报)》1998年第4期,第18页。

的实现理想所需的力量和条件。实际的社会秩序并不总是合法的,也并不总是理想的。法律秩序也不一定是理想的秩序,甚至可能并不符合社会多数人的秩序理想。秩序存在着实际秩序、法定秩序与理想秩序之别。

秩序是法律的基本价值,但是并非唯一的价值。人的需求是多元、复杂的,人们既渴望过一种理性、有序的生活,也渴望自由,不受不合理的约束。在多元价值体系中确立一个最高价值或价值位序是困难的。多元价值之间通常既存在着张力,又相辅相成,存在相通和兼容之处。一种不够正义或缺乏效率的秩序最终会被更正义、更有效率的秩序所取代。秩序价值是可以为其他价值所平衡的。

二、公民批评对公共秩序的多维作用

人们有一种单纯的观念,认为公民批评可能会有其他方面的积极意义,但是对于公共秩序则构成干扰性甚至破坏性的因素。特别是那种通过网络表达的公开的批评,更会如此。重视公民批评的人认为这是一个必要的代价,轻视公民批评的人认为这是一种不必要的添乱。实际上,通过对当代中国公民批评实践的观察可以发现,公民批评对公共秩序的作用是复杂的、多方面的。

第一,对公共秩序的革新。通过对法律政策的批评,推动法律政策的立改废释,使实际的或法定的秩序趋近于理想的秩序,从而促进公共秩序的革新。在民主法治社会中,这种作用更加明显。民主国家把秩序变革的决定权交付给公民,法治社会将法律作为建构和维系公共秩序的基本规范。只需留意改革开放以来中国法律制度的变迁过程,就能够看到这种作用。陈独秀揭示了言论自由与法律文明的关系:"法律是为保守现在的文明,言论自由是为创造将来的文明。现在的文明,现在的法律,也都是从前的言论自由,对于他同时的法律文明批评反抗创造出来的。"[①]

第二,对公共秩序的维护。通过对国家机关实施法律政策的过程和结果的批评,推动国家机关依法行使权力,使实际的秩序趋近于法定的秩序,从而维护公共秩序。对国家机关违法失职行为的批评,不论是为了公共利益还是为了私人利益,都可以起到这种作用。

第三,对公共秩序的扰乱。公共秩序最显著的特征是群体行为的常规性。国家机关对待公民和法律政策的行为方式、人们对待国家机关和法律政策的行为方式是公共秩序的组成部分。虚假信息可能会扰乱甚至打破人

[①] 陈独秀:《独秀文存》,安徽人民出版社1987年版,第560页。

们通常的行为方式。譬如,有关夜里将发生地震的谣言会改变人们的作息时间和方式。有关国家机关的负面虚假信息可能会改变人们对待国家机关甚至法律政策的行为方式,由以前的配合、守法转变为抗拒、违法。因此,批评性言论中的负面虚假信息可能扰乱实际的秩序,不利于建立和维护法定的秩序。

虚假信息不可能损害网络信息秩序和运用秩序。虚假信息必须服从网络信息存储和传输规范、管理和使用规范,才得以展示在公共论坛上。虚假信息的内容在以可理解的形式下载到连接互联网的计算机或移动平台之前,是不可理解的。虚假信息在网络上的发表和传播与真实信息一样,都是以这些规范为基础的。

第三节　公民批评与虚假信息

法学界对虚假信息的法律责任要件已经做了一定的研究,基本共识是,应当区分客观真实与主观真实,它们都构成违法阻却事由。[①] 客观真实是指信息内容符合实际情况,主观真实是指行为人主观上有合理的理由确信信息内容符合实际情况(但客观上并不符合实际情况)。笔者注重从批评权的角度厘清两个层面的真实,并在此背景下讨论虚假信息和主观真实的判断标准。

一、真实的分层

(一)客观真实的重要性

批评权具有监督和制约权力的价值。真实信息是批评权发挥这一制度价值的主要基础性条件。公民只有比较充分地了解有关国家机关及其工作人员的权力行使行为的真实信息,才能够掌握、制约或及时地纠正他们的不当行为。同时,丰富的真实信息也是建设国家机关与公民之间的相互理解与信任关系的基础。没有了解,就没有信任;没有真正的了解,就没有真正的信任。让公民充分、准确地了解自己是每一个国家机关获得公民信任的前提条件。因此,激励更多的真实信息是相关制度建设的一个重要目标。

[①] 参见刘艳红:《网络时代言论自由的刑法边界》,《中国社会科学》2016 年第 10 期,第 134 页;姜涛:《网络谣言的刑法治理:从宪法的视角》,《中国法学》2021 年第 3 期,第 218 页。

虚假信息本身是没有价值的。如果有关国家机关和国家工作人员的虚假信息得不到纠正而被其他公民误信，公民批评就不能发挥有益的现实作用。应当保证虚假言论有被防止、错误批评有被纠正的机会。制度建设要努力降低或阻止虚假信息带来的危害。但是仅靠处罚难以实现这一目标。

（二）主观真实的必要性

主观真实免责的通常理由，归纳起来大约有以下几个方面：保护言论自由或协调言论自由与其他权利或合法利益；人的认识能力的天然局限或认识不可避免受主观因素的影响；没有主观恶意。主观真实免责的根本理由在于公言论、公民批评的公共价值。在很大程度上，虚假信息是一个过失和成本的问题。提高注意义务，就有助于减少虚假信息，但是增加了言论的成本。当一个私人表达了有关另一个私人的主观真实而客观虚假的信息，如果免责的话，降低了前者的成本，而增加了后者的痛苦。这是不合理的。一个公民为公共利益而表达公言论或批评性言论时，基于合理确信而表达了虚假信息，是可以免责的。

从批评权的公共价值来看，主观真实的免责理由主要有两个方面：第一，在一定的制度条件下主观真实而客观虚假的信息的免责是为了激励产生更多的客观真实的信息，而对主观真实的批评者的苛责将会制造寒蝉效应，阻碍真实信息的产生，减少公共论坛上有关公共事务的真实信息的绝对数量。第二，对主观真实的批评者的苛责还会打击他们的公益心，不利于保护和培养公民精神。

二、虚假信息和主观真实的判准

（一）虚假信息的判准

虚假信息是虚构的、没有根据的信息。《刑法》第182条、第291条规定了虚假信息犯罪，虚假信息总是与"编造""明知是编造"这样的限定相联系。"编造"即虚构、没有根据。虚假信息不等于未经证实的信息，未经证实的信息包括可证实为虚假的信息，还包括可证实为真实的信息。

虚假信息是其核心或基本内容不符合实际情况的信息。一个事件表述是由不同的要素构成的，例如人物、时间、地点、过程、方式、原因、结果等，其中又有核心要素与非核心要素之分。应从整体观之，包括核心要素在内的多数要素为虚假，方可判断为虚假信息。核心要素或多数要素为真，若干非核心要素或细枝末节为假，不宜判为虚假信息。2013年8月27日，于和玉在个人微博发布消息称："昨天下午310国道砀山段发生车祸！死16人，婴儿也有！"该消息与事实有出入，实际为10人死亡。砀山县公安局在其官方微博上表示："事故发生后，网民于和玉不顾事实，在其个人微博上发布'事故造成 16 人死亡'的虚假信息，属散布谣言，砀山县公安局依法对其作出行政处罚。"此事引发舆论关注，大多数人不同意这种处罚。警方撤销行政处罚决定，并对被拘留人员及其家属表示歉意。① 死亡人数是交通事故的重要数据。如果把没有死亡说成是有人死亡，是一个很大的差别。但是把死亡 10 人说成是死亡 16 人，偏差并不大，在所致的社会反响上也不会有太大的差别。

由谁证明信息的虚假性？是由批评者证明其真实性，还是由追责者证明其虚假性？总有一些信息，在一定证明成本之下，既无法证明其真实性，也无法证明其虚假性。如果由批评者来承担证明责任，社会将会失去一些被误判为虚假信息的真实的公共言论。如果由追责者来承担，社会又将不得不忍受更多的虚假信息。那么，哪一方面的可能性会更大呢？

这就需要联系当事人在信息态势中的地位来判断。有关公共事务的信息，更多地掌握在国家机关手中，而不是更多地掌握在公民手中，国家机关处于信息优势地位，公民处于信息劣势地位。在证明责任的分配上，应当由离证据更近的一方当事人承担更多的证明责任。从调查能力来看，国家机关也拥有更强的调查能力。因此，应当由行政或刑事责任的追究机关承担基本的证明责任。只有当追究机关提供了符合法律规定的证据，虚假信息指控才是成立的；如果公民能够证明主观真实，则可以免除责任，主观真实是抗辩事由。

（二）主观真实的判准

某一信息是否具有主观真实性，可以考虑以下判断标准：第一，前提性事实具有客观真实性。批评者的确亲历了事件，或者的确存在一定的信息源。前提性事实愈是丰富、充分，来源愈是权威、多元，某一信息的认识基础愈是可靠、扎实。例如对所经历的事件进行了详细的观察，甚至作了记录；从国家机关的正式发布中获得了信息；从不同的来源获得了同一个信息，这就为主观真实提供了有力的证据。如果有关信息是来源于一个品行不佳的传播者或网络上身份不明的人，这个认识的基础就是虚弱、有缺陷的。

第二，对亲历的事件或者来源于信息源的信息所作的判断、解释或推测是合理的，符合一定的经验法则或社会常识。举例言之。2022 年 7 月 30

---

① 《网民错发交通事故死亡人数被拘　宿州砀山公安致歉》，人民网，2013 年 8 月 30 日，http://society.people.com.cn/n/2013/0830/c229589-22751130.html。

日,一个标题为"守化最近是怎么了?前几天一个人跳河,今天杀人了"的短视频在网上流传,引起数百人转发。经宁化县公安局核查,此信息不实,视频发布者程某被施以行政处罚。据程某交代:"我看见一辆警车在闪,很多人在围观,我就随手拍了一个抖音,说'杀人了',发布到了网上。"①对此行为施以行政处罚是否过于严厉,姑且不论。这一信息应为虚假信息。发布者的确亲历警车在闪、多人围观的事件,但从这一事件推测出发生了杀人的案件,太过于勉强。"杀人"之说涉嫌编造。但是其他人依据发布者在出警现场拍摄的视频和对视频的解说而加以转发,可以视为合理地相信视频的解说,不构成"明知是编造的虚假信息,在信息网络上散布"。

第四节 虚假信息的治理思路

当一则有关国家机关的信息被确证为虚假信息,它必定具有危害性吗?当它具有危害性,就需要对批评者施以法律处罚吗?通常的治理思路是,当一则信息被认定是虚假信息,就判定它具有危害性;当判定它具有危害性,就对批评者施以行政或刑事的处罚。寻衅滋事是法律工具箱中比较方便的工具。这个治理思路模糊了许多重要的区别,简单化了许多复杂的问题,疏于平衡许多重要的法律价值。

一、分类治理原则

虚假信息的危害涉及许多复杂的因素。首先是它的传播力。奥尔波特等人曾提出过一个谣言传播公式:

$$谣言的传播力 = (事件的)重要性 \times (信息的)模糊性$$

意即,谣言传播力等于其对相关人员的重要性乘以该主题证据的模糊性,重要性与模糊性之间的关系不是加法而是乘法。② 克罗斯将这一公式发展后提出:

$$谣言的传播力 = (事件的)重要性 \times (信息的)模糊性/受众的判断水平$$

---

① 《不造谣不传谣!宁化一男子网上散布虚假信息被行政处罚》,搜狐网,2022年8月3日,https://www.sohu.com/a/574074302_12111708。
② 参见[美]奥尔波特等:《谣言心理学》,刘水平、梁元元、黄鹂等译,辽宁教育出版社2003年版,第17—18页。

意即谣言的传播力与受众的判断水平(特别是科学素养和知识水平)呈反比关系。①

从一则虚假信息发布在公共论坛到公众思想认识发生变化,以及从思想认识的变化到心理的变化,从心理的变化到行为的变化,通常需要经过一定的时间。变化并不是同时或瞬时接续发生的。只有在非常极端的情况下,虚假信息才会立刻引发秩序的混乱。由此,可以对虚假信息进行分类治理。只需要很少时间和外部条件便能够导致秩序变化的虚假信息,可称为极端虚假信息。此类信息包含具有剧烈刺激性的内容,能够迅速吸引广泛的社会关注,引发强烈的情绪反应和大量的群体行动,例如有关险情、疫情、灾情、恶性事件警情和恐怖行为的虚假信息。其他需要较多时间和条件才能引致公共秩序混乱或者实际不可能引致公共秩序混乱的虚假信息,都是普通虚假信息。

法律处罚的对象是极端虚假信息,对极有可能造成或已经造成公共秩序混乱的虚假信息的编造者和明知虚假信息仍加以散布的人,按照相关违法或犯罪构成要件进行处罚。而对于虚假信息(包括普通虚假信息)的危害,可以运用非处罚的工具,例如信息公开和公共交流来消除。

二、非处罚工具的运用

相较于处罚,更为重要的是降低和消除虚假信息的危害,并激励产生更多更真实的信息。在这方面,非处罚工具可以发挥很大作用。

在发现有关公共事务的虚假信息时,国家机关应当及时公开信息,澄清事实,回应舆论。第一,国家机关负有在职责范围内参与公共交流、依法公开信息的义务。40多年前,邓小平说道:"现在党内外小道消息很多,真真假假,这是对长期缺乏政治民主的一种惩罚。有了又有集中又有民主,又有纪律又有自由,又有统一意志、又有个人心情舒畅、生动活泼的政治局面,小道消息就少了,无政府主义就比较容易克服。"②此道理可以运用于虚假信息治理上。这就要求国家机关具有民主作风,在平时依法主动公开信息,在发生舆情时依法及时公开信息。第二,国家机关也有回应和处理舆情的能力。它掌握着庞大的信息,最接近公共事件的真相。它有舆情监测机制和

---

① A. Chorus, "The Basic Law of Rumor", *Journal of Abnormal and Social Psychology*, Vol.48, No.2, 1953, pp.313-314,转引自匡文波、武晓立:《重大公共卫生事件中网络谣言传播模型构建与信息治理——基于对新型冠状病毒肺炎的谣言分析》,《现代传播》2021年第10期。

② 《邓小平文选》第二卷,人民出版社1994年版,第145页。

建制化的宣传体系。第三,国家机关及时公开信息,澄清事实,回应舆论,可以有效地防止虚假信息的危害。有一种观点认为,诽谤性信息一旦扩散,就不可能被消除,其造成的损害也不可能完全被修复,这就如同羽绒枕的枕芯,一旦被扯开,羽绒就会到处飞舞,不可能完全收回。[1] 又由于偏吸效应的存在,一些人宁愿相信虚假信息,而不愿意相信真实信息。这些观点是有道理的。但是也不能夸大这些效应。接收到虚假信息的人的范围与接收到真实信息的人的范围不可能完全重合。两种信息都接收到的人更会相信哪一个,主要取决于日常公共关系中国家机关的公信力。国家机关的公信力可以通过这样的积极回应而建立起来。

国家机关的回应应当是清晰、明确、坦诚的,具有针对性。例如,一篇有关政府举办大型活动的文章包含着被指控为"虚假信息"的片段:"听说每个参加保卫的警察会补贴十万元";"据说预算1 600亿元"。假设针对补贴传言辟谣说"这真是一个无稽之谈",针对预算传言辟谣说"全市一年一般公共预算支出才1 230亿元"。这只是否定了相关传言的真实性,但是并没有满足公众对真实信息的需要。到底"补贴10万元"是无稽之谈,还是补贴之事是无稽之谈?该活动的预算到底是多少?皆语焉不详。这样的回应是不能够有力遏制"虚假信息"的影响的。

公众具有参与公共交流的权利。公共交流代表了一种认识的模式,这种模式是符合民主社会的认识规律的。它有两个特点。第一,认识是一个试错的过程,从简单到复杂、从不正确到正确、从不完善到完善发展。一个表达者基于所见所闻描述某个事件,进行评论,发表意见。这种描述和意见是初步的,或暂时的。在进一步的观察、倾听和思考中,他可以作出更准确的描述和更审慎的评价。第二,认识是一个民主的过程。每一个人都可以参与讨论,真诚地表达所见所闻所思。不同的描述和意见相互辩驳、补充,有助于公众获得一个更加全面、准确的认识。

---

[1] 参见 Daniel J. Solove, *The Future of Reputation*, New Haven and London: Yale University Press, 2007, p.144。

第十章　公民批评与国家秘密的法律保护

国家秘密是政务信息的组成部分。政务信息是国家机关在行使权力的过程中形成、获取和使用的信息,包括政府信息以及其他国家机关的信息。政务信息的内容范围是极其广泛的,它包括有关国家机关、社会团体和公民个人的信息,包括国家机关所掌控的有关政治、军事、外交、经济、科技、文化等方面的文件、资料或数据。它涉及法律法规的内容及形成过程,也涉及具体公权决定的内容、依据以及制作过程。它包含国家权力行使的所有情况。在任何性质的国家里,政务信息都包含有不宜公开、需要保密的部分。本章讨论批评权与国家秘密的法律保护之间的关系。

第一节　公民批评的信息基础

信息是统治的需要。统治不仅需要一定的强力,而且需要一定的信息以有效地行使强力。只有比较充分地了解统治对象的信息,了解可以行使强力的条件,才能够有效地进行统治。没有一定的信息作为基础,统治就会失败。在这一意义上,可以说,信息就是一种权力。

权力斗争的重要内容是围绕信息的斗争。专制统治历来是有知者对无知者的统治,了解信息的人对不了解信息的人的统治。一切的专制权力都是建立在垄断信息、压制信息的基础之上的。"民可使由之,不可使知之"①。专制统治者只有垄断信息、压制信息,才能够向被统治者编造有关统治的幻想和假象。垄断信息与编造假象,是少数统治多数、一人统治全体

---

① 此语源自《论语·泰伯第八》。学术史上对此句的含义有不同的解释。参见黎业明:《论近现代学者对"民可使由之不可使知之"的诠释》,《学术研究》2007年第4期。笔者以为,不论孔子的原意是什么,对这句话的使用已经超越其原意,被普遍用来指称不合理的愚民政策的特征。

的最大秘密所在。这种统治术维系了中国两千多年的封建统治,是中国封建社会的政治传统之一。它不仅是中国封建统治的特征,而且是所有的专制统治的特征。在日常政治法律实践中,官僚体系倾向于尽可能地封闭信息,制造神秘,强化权威。在神秘、权威的氛围的保护下,官僚在谋取着他们的部门利益和个人利益。马克思曾一针见血地指出官僚政治的特征:"官僚政治的普遍精神是秘密,是奥秘。保守这种秘密在官僚政治内部靠等级制,对于外界则靠它那种封闭的同业公会性质。因此,公开的国家精神及国家信念,对官僚政治来说就等于泄露它的奥秘。"①

与封建统治的家天下不同,民主的本质是权力的公共性。它使得权力不是某一个人的,也不是某一群人或特定社会阶层的,而是公共的。这带来了公共领域与私人领域的划分,公共权力的运作是一个公共领域,而私人的与公共利益无关的事务属于私人领域,由此提出了**公共领域的公开化**与**私人领域的隐私化**两个相反相成的原则。公务行为发生于公共领域。没有永远不可以公开的公务行为和政务秘密。在公共领域中,国家工作人员不是一个私人,而是一个"公仆",是为了制定、执行和适用法律而存在的,而现代社会中的法律是民主的和公开的,因此公务行为及相关信息也应当是公开的,为民众所公知。

从民主的实行条件来看,公共治理应当建立在公民直接或间接的同意的基础之上。同意应当是真实的和明智的。真实和明智的同意则需要公民充分地掌握和了解有关政府和社会的各种行为和信息。如果不了解国家机关行使公共权力的必要信息,公民就不能够准确地判断政府施政的功过得失,就不能够有效地制约国家机关的公权行为。如果不了解有关社会的信息,公民就难以意识到他们所面临的公共问题,就不能够制定明智的法律和政策或对所制定的法律和政策表达明智的意见。在这种情况下,公民也可能以明示或默示的方式表示同意,但是这种同意是不真实、不明智的。麦迪逊曾言:"知识永远统治无知。人民如欲成为自己的主人,必须使自己具备知识所赋予的权力。如果人民没有掌握充分的信息,或者没有获得充分信息的手段,一个民主政体不过是一出闹剧或一出悲剧,或者二者兼具的序幕前奏而已"②。

民主政治如要避免沦为一场可笑或可悲的戏剧,必须使人民能够获得

---

① 《马克思恩格斯全集》第三卷,人民出版社 2002 年版,第 60 页。
② Gaillard Hunt, ed., *The Writings of James Madison*, Vol. 9, New York: G. P. Putnam's Sons, 1909, p.103.

可以使他们成为"主人"的充分信息,赋予和保障他们获得这种信息的充分手段。这必然要求国家机关信息的公开。在公共领域中,表达自由的实质是公民进行民主自治事业的自由,是对在这场自治事业中被选举被委托从事公共事务的国家机关及其官员的行为进行批评和监督的自由。没有政务信息的公开,公民批评就失去了重要的信息来源,就失去了它的大部分的民主价值,民主政治将受到实质上的损害。列宁曾说,没有公开性而谈民主性是很可笑的。①

民主意味着国家机关行为必须为人民所了解、掌握,政务信息必须向人民公开、开放。政务信息的公开是原则,政务信息的保密是例外。除了严格界定的保密部分,政务信息都应当是公开的。政务信息的公开对于国家机关而言,是一种义务。它应当主动地公开一定范围的政务信息。

信息也是一种权利。公民、法人和其他组织都有权自由地获取和合法地利用所有公开的政务信息。除此之外,公民个人还有权请求政府公布和提供有关信息。对政务信息的知情权是一种公法上的请求权,当公民行使该项权利时,国家机关负有满足的义务。有的国家在宪法上明确规定了公民的知情权。有的国家通过宪法解释等方法从宪法相关规范(例如表达自由规范)中引申、推导出这一权利。在宪法上没有明确规定的情况下,普通法律可以根据宪法的精神创造和保障这一权利。

中国宪法没有明确规定知情权。想为知情权奠定宪法基础的学者建议全国人大常委会通过宪法解释方法将知情权列入宪法基本权利,亦即从《宪法》第35条"言论、出版、集会、结社、游行、示威的自由"中阐释出这一权利。② 到目前为止,尚无此宪法解释。

除了第35条言论自由规范,《宪法》第41条"批评和建议"等监督权也可以作为基础规范,从中阐释出知情权来。考虑到这里的知情权是公法上的信息请求权,"批评和建议"等监督权规范可能是更适合的基础规范。行使监督权对政务信息有更强的需求。从学理上阐释言论自由,它本来就包括不受阻碍、通过通常渠道和方式获取信息的自由。从学理上阐释批评权利,它也本来就包括不受阻碍、通过通常渠道和方式获取有关国家机关和国家工作人员信息的权利。在宪法法理上,如果批评权规范可以推导出请求

---

① 《列宁全集》第六卷,人民出版社1986年第2版,第131页。
② 例如章剑生:《知情权及其保障——以〈政府信息公开条例〉为例》,《中国法学》2008年第4期,第149页。

国家机关公开或提供一定范围政务信息的知情权,就强化了批评权中的获取信息权。这种阐释丰富了批评权的内涵,使批评权在作为一种消极权利之外,还具有一定的积极性质。它要求国家机关在制定、执行和适用政务信息法制时妥善平衡公民批评与政务秘密的关系,排除公民搜集、获取政务信息的不合法不合理障碍,为公民批评权发挥应有作用提供必要的信息条件。

第二节 国家秘密保护对批评权的制约

一、国家秘密的民主正当性和民主悖论

政务信息法制是整个信息法制体系的组成部分。政务信息法制是调整国家机关之间以及国家机关与公民、法人和其他组织之间在政务信息的公开、保密等方面社会关系的法律制度,包括政务信息公开制度、国家秘密制度、工作秘密制度等。在这一制度中,核心的问题是国家机关控制信息权与公民获取信息权的关系。国家机关的控制信息权是一种公法上的权力,它决定政务信息的存在状态和流向,决定什么人可以接触、掌握和知道什么信息,它由政务信息公开权、国家秘密定密权、工作秘密确定权等权力构成。

国家机关控制信息权与公民获取信息权是相互对峙的两个方面,政务信息的保密与公开也是相互对峙的两个方面。制约公民获取信息权和政务信息公开的因素是多方面的。《政府信息公开条例》第14条至第16条规定,不予公开的政府信息范围包括以下方面:(1)依法确定为国家秘密的政府信息;(2)法律、行政法规禁止公开的政府信息;(3)公开后可能危及国家安全、公共安全、经济安全、社会稳定的政府信息;(4)涉及商业秘密、个人隐私等公开会对第三方合法权益造成损害的政府信息;(5)行政机关的内部事务信息,包括人事管理、后勤管理、内部工作流程等方面的信息;(6)行政机关在履行行政管理职能过程中形成的讨论记录、过程稿、磋商信函、请示报告等过程性信息以及行政执法案卷信息。总共有六个方面的制约因素和利益考量。任何一个方面都会截流一部分政务信息,缩减公民获取信息的范围,对公民行使批评权和其他监督权构成制约。

国家秘密的存在有没有正当性基础?它们是否与民主政治的原则相抵

触？美国联邦最高法院大法官道格拉斯在一份判决的协同意见书中说："根本而言，政府中的秘密是反民主的，它使得官僚主义错误永远存在。就公共问题作公开的争辩和讨论对国家生活的健康来说是至关重要的。对于公共问题的讨论应当是'无约束、强有力和公开的'"①。道格拉斯所指出的弊端固然可能存在，但是全面地看，国家秘密是可以建立在民主正当性基础之上的。这一基础就是，人民不想知道某些敏感事项，如果这样的知情不利于促进他们的最佳利益的话。这些秘密公开或泄露，或为敌国所掌握，本国的公共利益就会受到损失。即使在本国范围内，如果政府所控制的金融、证券秘密不适当地公开，也可能会引发经济生活的动荡和混乱；如果国家机关所控制的有关侦查案件的信息不适当地公开，就难以有效地侦破案件，维护社会稳定。在程序上，人民委托他们的代表制定有关保护国家秘密的法律，通过这种法律赋予特定机关、人员就一定事项设定秘密的权力。但是这一基础中隐藏着一个悖论。那就是，根本而言，只有人民及其代表机关才能判断自己的最佳利益是什么，而保密权力就意味着在某些事项上国家机关的判断代替人民的判断，且免于人民的监督。这是国家秘密的**民主悖论**。

在中国，国家秘密是一个具有宪法地位的概念。现行宪法规定了公民保守国家秘密的义务。它规定公民必须"保守国家秘密"（第 53 条），"有维护祖国的安全、荣誉和利益的义务，不得有危害祖国的安全、荣誉和利益的行为"（第 54 条）。这两项规定是中华人民共和国前三部宪法所没有规定过的新内容。宪法起草参与人许崇德教授解释说：这是因为"我国自 1978 底实行改革开放以来，对外交往日趋频繁。及至 1982 年草拟现行宪法时，对外开放差不多已有 4 年。成绩无疑是巨大的。但另一方面亦难免有人由于种种原因，在有意无意中泄露国家秘密和做出损害国家安全、荣誉、利益的事来。因此，宪法增写这样的内容，尽量防患于未然，是非常及时，也是完全必要的"②。看来，这种规定的初衷是提防外国人的。可以设想，在一个纯粹由人民构成的封闭共和国内，国家秘密是没有存在空间的，一切都充满阳光。现实情况比设想复杂得多了。保守国家秘密有现实必要性。保守国家秘密是公民的基本义务。宪法没有提及"工作秘密"。"工作秘密"是一个规定于《公务员法》等相关法律中的概念，保守工作秘密是公务人员而不是公民的义务。

---

① New York Times Co. v. United States, 403 U.S. 713 (1971) (J. Douglas, concurring).
② 许崇德：《中华人民共和国宪法史》，福建人民出版社 2003 年版，第 789 页。

在法律实践中,国家秘密是最强有力的拒绝信息公开的理由,当不公开信息者祭出这个理由,似乎一切都要服从和缄默。在政府信息公开行政诉讼中,以国家秘密作理由拒绝公开是常见的现象。①

二、定密权的内在特征以及对批评权的制约

国家秘密法制的核心权力是定密权。它是国家机关信息控制的一系列权力中的重要权力。定密权是行政权,定密行为是具体行政行为。定密权具有其内在特征,并构成对批评权行使的制约。

定密权的主体是具有法定资格和技术资质的组织和人员,定密判断具有很强的专业性。定密权的客体是暂时处于保密状态、接受审查、可能被确定为国家秘密的政务信息。定密权的内容是确定某一信息是否是国家秘密以及相应的密级和解密等事项。定密权的运行程序具有封闭性,对国家秘密的确定和鉴定以及相关的监督应当局限于一定范围的人员。定密权的运行结果是把关系国家安全和利益的政务信息确定为一定级别的国家秘密。当政务信息被确定为国家秘密,就具有了法律效力,就产生了保护它避免公开的义务和责任。

这些特征在一定程度上对批评权的行使构成了制约。最直接的制约是缩小了公民可批评的事项范围。公民批评需要依赖信息源,活跃的公民批评需要公民自由地获取、充分地掌握有关国家机关和国家工作人员的政务信息。国家秘密的存在就意味着截流了一部分信息,使其不能为公民合法地获取和掌握。国家秘密的范围愈是宽广,公民可批评的范围愈是狭窄。概括而言,由这些特征所塑造的国家秘密法制在两个方面制约了公民批评:(1)无从批评保密行政行为;(2)无从批评被保密行政行为确定为国家秘密的其他公权行为。

这些特征皆是在保守国家秘密、维护国家安全和利益的宗旨下产生的手段性特征,不应作绝对理解。定密判断并不是纯粹的专业技术判断,也需要借助一定的社会知识、根据一定的法律规定来作出。普通公民并非总是不能对定密判断的适当性、合法性作出评价。有时适当地开放运行程序可

---

① 杨伟东在北大法宝司法案例库中,以"标题"中含有"政府信息"一词进行检索,在此基础上以"全文"中含有"国家秘密"一词进行"结果中检索",共检索到行政类案件1 301件。经逐一筛选整理,去除无关案件,合并经一审、二审和再审案件,最终确定共有212起国家秘密类政府信息公开案件。参见杨伟东:《国家秘密类政府信息公开案件审查模式的转型》,《法学》2021年第3期,第182页。假设212起案件是从《政府信息公开条例》实行的2008年5月1日算起的,至检索时每年有相当数量的国家秘密类政府信息公开案件。

以在保守国家秘密的前提下更好地维护国家安全和利益,并兼顾其他重要的法律价值,例如批评权的价值。

三、定密权的滥用可能性与监督必要性

定密权是由人而不是神掌握的。凡人难免出现错误。定密权主体可能对应当定密的信息疏于定密,也可能对不应当定密的信息予以定密。对不应当定密的信息予以定密同时构成两个错误。其一,它本身就是一个错误;其二,它可能掩盖另一个错误。定密权滥用的最严重表现是以国家秘密之名来隐藏、掩盖违法失职行为、决策失误或工作中的缺点和错误。① 定密权可能是一种最有效的对抗监督的措施。当最后公开信息或者解除秘密时,已经时过境迁、物是人非,负有责任的当事人可能已经退休、移居他国,甚至去世,无从追究其法律责任。

具体而言,定密权的滥用和误用可能出于以下几个方面的原因:

(1)客观因素或主观认知因素。有学者分析,国内保密工作中存在定密过宽问题的根源在于定密的主观性,出现定密主观性问题的深层次原因在于国家秘密不易识别、国家利益不易取舍、个人理性不易化解以及意识形态影响的不易把握等。② 由于主观能力和业务水平的有限性,基于想象、臆测的危险因素来确定国家秘密,或者疏于发现潜在的危险而没有确定国家秘密。

(2)主观德性因素。工作责任心不强,不愿意投入精力和时间去仔细地研究、精确地甄别可确定为国家秘密的信息与不可确定为国家秘密的信息。③ 或者徇私舞弊,运用权力以追求本部门利益、个人、利害关系人的不

---

① 在美国,一个比较有名的相关案例是,美国一架军用飞机在测试秘密电子设备时失事,机上三名丧生的文职观察员的家属向美国政府申请公开事故调查报告和幸存机组人员的陈述,用作获得国家赔偿的证据。但是,美国空军部以失事飞机和相关人员"正在执行高度机密任务"为由拒绝公开。50 多年后解密的事故调查报告表明,报告事实上根本未涉及任何秘密的电子或军事设备问题,相反报告分析了军方失误在事故中的作用,指出发动机故障诱发事故,但若遵从技术指令事故可以避免,国家秘密只是不公开的借口而已。参见 United States v. Reynolds, 345 U. S. 1(1953), at 1 - 5;Erin M. Stilp, "The Military and State-secrets Privilege: the Quietly Expanding Power", *Catholic University Law Review*, Vol.55, 2006, pp.844 - 845,转引自杨伟东:《国家秘密类政府信息公开案件审查模式的转型》,《法学》2021 年第 3 期,第 180—181 页。
② 参见张正平:《定密的主观性及其克服》,《法商研究》2012 年第 2 期,第 84—86 页。
③ 这就涉及所谓确定"密点"问题。国家秘密的密点是决定一个事项定密的关键,具有可区分的特点,确定密点就是要筛选出真正具有国家秘密本质属性的关键的、最小化的信息内容,有助于保密管理更加精准。参见艾思:《国家秘密的密点》,《保密工作》2019 年第 10 期,第 40 页。

正当甚至不合法利益。

（3）文化观念因素。浸淫于官僚文化的传统观念和氛围,形成了偏向保密、抵触公开的思维模式和行为习惯。

（4）规章制度因素。不合理的制度给权力的滥用提供了条件甚至激励,例如定密权配置不科学、监督制约不到位就可能会导致定密权的滥用,惩罚疏于定密的行为而宽容不应定密而定密的行为,就会导致国家秘密的泛滥。

保密系统内部的监督是必要的,甚至是主要的。但是它有局限的,在很大程度上它是自我监督、一个小圈子内部的监督。在一定条件下可以辅之以外部监督,例如司法监督、公民监督。在中国,宪法规定公民对"任何国家机关和国家工作人员"有提出批评的权利。这自然包括定密机关、单位,保密行政管理部门以及它们的工作人员。

四、批评权与国家秘密保护的根本一致性

公民的批评权利与保密义务同是宪法的规定,它们具有根本的一致性。这种一致性就在于在民主意志之下共同的公共利益基础。

批评权的价值之一是通过公民批评对国家公权行为的监督,防止公共利益损失。国家秘密保护也是防止"国家安全和利益"受到损失。有关公权行为的某一信息,当公开它的公共利益超过了不公开它的公共利益,就应当公开;当不公开它的公共利益超过了公开它的公共利益,就应当保密。这里的公权行为包括通常的公权行为,也包括保密行政行为。

谁是公共利益的判断者？这个问题带来前文所说的"民主悖论"。由于民主悖论的存在,国家秘密应保持在最小必要范围内。人民应当有尽可能充分的机会做判断者,并通过适当的方式影响公共决策。公民的批评和建议是有关公共利益的民主意志和民主判断的基础和来源。就政务信息而言,公开为原则、不公开为例外。不公开需要比公开有更强的理由。在模棱两可的、可公开可不公开的情形下,应当公开。

国家秘密的保护是一种纯粹的手段,它本身没有民主价值。批评权不仅是一种有价值的手段,而且它本身就是目的,它是民主的构成要件。

第三节　从批评权看国家秘密法制的完善

有关国家秘密法制,学界已经做了一定的研究。本节侧重于从批评权的角度探讨现行国家秘密法制存在的不足以及可能的完善措施。

一、国家秘密的法定范围

国家秘密是一个法律概念。《保守国家秘密法》第 2 条有一个界定："国家秘密是关系国家的安全和利益，依照法定程序确定，在一定时间内只限一定范围的人员知悉的事项。"但是它的标准却比较含糊。第 8 条规定了定密的标准："涉及国家安全和利益的事项，泄露后可能损害国家在政治、经济、国防、外交等领域的安全和利益的，应当确定为国家秘密"，并列举了可以设为国家秘密的事项范围，其中第（7）项是兜底条款规定，据此国家保密行政管理部门可以自行确定应当保守的国家秘密事项。

保守国家秘密法及其实施条例均规定，不得将依法应当公开的事项确定为国家秘密。根据《国家秘密定密管理暂行规定》第 19 条规定，下列事项不得确定为国家秘密："（一）需要社会公众广泛知晓或者参与的；（二）属于工作秘密、商业秘密、个人隐私的；（三）已经依法公开或者无法控制知悉范围的；（四）法律、法规或者国家有关规定要求公开的。"这些规定相当于国家秘密的负面清单。但是这个负面清单也含糊不清，同时不够全面。

如何使定密行为精确化，涉及一系列复杂问题。仅从制度规定层面上看，就涉及多方面的问题。笔者建议，在制度层面，一个可行的途径是充实、细化国家秘密的法定负面清单。

从这个思路，讨论与批评权密切相关的两个问题。

（一）国家机关公文和技术标准的保密问题

在 2017 年王林生与国家保密局驳回复议申请行政纠纷上诉案中，王林生向国家保密局举报，认为中华人民共和国住房和城乡建设部将《城乡建设环境保护部印发〈关于城市私有出租房屋社会主义改造遗留问题的处理意见〉的通知》[（85）城住字 87 号]作为国家秘密进行管理违反保密法规定，请求国家保密局予以查处并告知查处结果书面。[①] 笔者无从查知住房和城乡建设部何时做出此定密行为，如果从该部成立的时间来看，应该是在 2008 年之后。本案中的《关于城市私有出租房屋社会主义改造遗留问题的处理意见》，现在可以在互联网上公开查阅。从内容来看，该文件包括有规范性内容，涉及公民财产权利义务。

近几年发生多起教育行政信息公开纠纷案件，原告诉求查阅自己的试卷或评分标准。在 2017 年闻某与江苏省教育考试院教育信息公开纠纷上

---

① 参见王林生与国家保密局驳回复议申请行政纠纷上诉案，北京市高级人民法院（2017）京行终 1888 号行政裁定书。

诉案中,闻某请求查阅自己的当年高考试卷,江苏省教育考试院以高考试卷不属于信息公开范围为由不予公开。理由是,教育部、国家保密局《教育工作中国家秘密及其密级具体范围的规定》(教秘〔2001〕2号)第3条第3项规定,国家教育全国、省级、地区(市)级统一考试在启用之后的评分标准属于秘密级事项。法院认为,由于评阅后的试卷包含评分标准,评分标准是国家秘密,教育考试院的决定合法。① 评分标准是专业技术标准,并不直接包含权利义务内容,但是依据技术标准给出的公民技术水平评定结果是权利义务安排或公共资源分配的根据。因此评分标准涉及公民的切身利益。

笔者建议,在生效国家机关公文中,涉及公民切身利益的规范性内容,以及影响公民切身利益的生效技术标准,应当纳入国家秘密的负面清单中。按照《政府信息公开条例》第21条第1项,行政规范性文件属于政府信息主动公开的范围。人们对行政规范性文件的范围有不同理解。通常认为,规范性文件与国家机关公文是两个不同的概念。国家机关公文是一个含义更广泛的概念。② 技术标准的执行结果应用广泛,或者作为对公民进行处罚的依据,例如《车辆驾驶人员血液、呼气酒精含量阈值与检验》,或者作为对公民进行公共资源分配的依据,例如高考评分标准,影响公民切身利益。

将它们排除在国家秘密的范围之外,对于公民批评有着重要的意义。如果要批评一个公共决定,根据其自身的依据或标准进行批评,才能有的放矢,切实可行。否则就好像推理缺少了大前提,结论也不是那么可靠。这对约束国家机关的公职行为也具有实际的意义,使公职行为不是那么随意、草率。在法律实践中流行一个说法:"大法不如小法"。由于国家大法比较抽象、粗疏,实际起作用的是各种各样的意见、决定、办法,甚至会议纪要。大法、小法都应当公开。

(二)违法信息的保密问题

对于国家机关和国家工作人员的公职行为,无论是已经查处的违法行为,还是涉嫌违法的行为,都不应确定为国家秘密。国家工作人员的违法或涉嫌违法的行为,也非其隐私权的客体。

这些行为是公民批评的重点对象。如果纳入国家秘密,可能暂时维护了国家机关的威信,但是不利于反腐倡廉。

笔者建议,保守国家秘密法可以引入"违法秘密"的概念,把所有意在掩

---

① 参见闻某与江苏省教育考试院教育信息公开纠纷上诉案,江苏省高级人民法院(2017)苏行终126号行政判决书。
② 按照《党政机关公文处理工作条例》第8条,公文包括决议、决定、命令(令)、公报、公告、通告、意见、通知、通报、报告、请示、批复、议案、函、纪要。

盖国家机关和国家工作人员违法失职行为、包含相关信息的国家秘密界定为"违法秘密"。"违法秘密"的定密者应当受到严厉的行政处分或刑事处罚。

在此方面,德国刑法的规定是具有启发意义的。该国刑法第93条第2款规定,"违反自由民主的基本秩序的事实以及违反与缔约国签订的限制军备条约的事实",不属于"国家秘密"。美国第12958号行政命令第1.8(a)条也规定,不得因以下目的或动机而确定国家机密:(1)为隐匿行政机关之违法、无效率或过失;(2)为避免个人、组织或机构之困扰;(3)为限制竞争;(4)为防止或延迟与保护国家安全利益无关之信息公开。①

二、公民的定密异议权和解密审查请求权

在王林生与国家保密局驳回复议申请行政纠纷上诉案中,国家保密局驳回王林生复议申请。《驳回行政复议申请决定书》称,保密行政管理部门对机关、单位进行定密监督,属于行政机关的内部管理行为,与公民、法人或者其他组织不产生直接联系,不属于行政复议范围。

国家秘密的确定机制是在保密系统内完全封闭运行,没有任何社会参与。对定密权只有内部的监督,排斥外部的定密异议权,不可对之提起行政复议和行政诉讼。之所以没有赋予普通公民对定密的异议权,全国人大常委会法工委组织编写的《中华人民共和国保守国家秘密法解读》曾作出解释:一是定密权是国家权力,不能赋予个人行使;二是国家秘密的保密性,决定其知悉范围的有限性;三是确定国家秘密的专业性,决定了只有保密业务主管部门才具有权威性。② 这几点解释是可以商榷的。对定密提出异议,不等于分享定密权,就如同对法院判决提起上诉,不等于分享法院的审判权一样。接受异议,启动审查机制,也不等于公开保密信息内容。确定国家秘密不仅是依赖专业知识的技术判断,而且包括依赖社会知识的价值判断。在这两个判断上,保密业务主管部门都可能犯错。③

笔者建议,可由保守国家秘密法赋予公民、法人对定密的异议权,即与定密信息内容具有直接利害关系的公民、法人可按照《行政复议法》的规定,对有关国家秘密确定行为向保密行政管理部门提起行政复议。行政复议决

---

① 参见国家保密局法规室编:《外国保密法律法规汇编》,金城出版社2009年版,第7页。
② 参见李飞、许安标主编:《中华人民共和国保守国家秘密法解读》,中国法制出版社2010年版,第101—102页。
③ 对这一解释的分析,还可以参见董皞、王凌光:《试论定密争议之解决——从高考评分标准被定密谈起》,《行政法学研究》2016年第3期,第114—115页。

定不受司法审查。

此外,虽然法律规定定密机关、单位可以根据情势变化主动解密无须再保密的信息,但是缺乏外力推动,这一工作难以开展。国家秘密有"惰性"。亦可以赋予与定密信息内容具有直接利害关系的公民、法人请求原定密机关、单位进行解密审查的权利。对审查决定可以向保密行政管理部门提起行政复议。国家秘密的监督机制仍然是在保密系统内部封闭运行的,不过需要从外部给一点推动力量。这兼顾了保密的需要和公民监督的需要。

定密异议权和解密审查请求权是《宪法》第41条规定的批评建议权的合理延伸。异议就是批评。解密审查请求就是建议。

三、政府信息公开行政案件中对国家秘密证据的司法审查

在政府信息公开纠纷行政诉讼案件中,当事人可能围绕这些问题发生争议:某一信息、资料、文件、物品属于依法应当公开的信息范围,还是属于国家秘密的法定范围?特定事项是否是已经被确定为国家秘密的事项?将某一事项确定为国家秘密是否符合法定的条件?公民认为,有关信息属于依法公开的范围或不属于国家秘密,而行政机关主张不属于依法公开的范围或属于国家秘密。法庭居中审判,成为关键的平衡者。有关涉案信息是否是国家秘密,法庭如何进行司法审查,是形式审查,还是兼顾形式与实质的综合审查?

在司法实践中,对信息事项是否属于国家秘密,司法机关仅进行形式审查,即判断有关信息是否是"国家秘密",并不进行实质审查,即并不判断这是不是符合法定条件、值得保护的国家秘密。从理论上讲,不论行政机关将什么事项确定为国家秘密,都在不予公开的范围内。

最高人民法院《关于审理政府信息公开行政案件若干问题的规定》(法释〔2011〕17号)第5条规定,被告拒绝向原告提供政府信息的,应当对拒绝的根据以及履行法定告知和说明理由义务的情况举证;被告能够证明政府信息涉及国家秘密,请求在诉讼中不予提交的,人民法院应当准许。该司法解释主要起草人、时任最高人民法院行政审判庭副庭长李广宇解释说:"法院在政府信息公开案件中对涉及国家秘密的政府信息的审查应当属于有限形式审查,而且应当主要集中在行政机关主张政府信息属于国家秘密是否有确实充分的证据支持。"所谓有限形式审查主要限于以下问题:行政机关提供的承载国家秘密的纸介质、光介质、电磁介质等载体是否具有国家秘密标志,国家秘密的保密期限是否已满或者提前解密。[①] 最高人民法院甚至

---

① 参见李广宇:《政府信息公开判例百选》,人民法院出版社2013年版,第381页。

表示人民法院可以不对行政机关的国家秘密主张进行司法审查:"公民所申请公开的政府信息是否属于国家秘密,行政机关在告知申请人时对涉密事项作出何种程度的说明,均属于行政机关裁量权的范围,人民法院应尊重行政机关的判断。"①如果申请人不像法院那样"尊重"行政机关的判断,而是提出异议呢？最高人民法院认为,这由保密行政管理部门鉴定:"政府信息是否属于国家秘密由法定机关确定,对政府信息是否属于国家秘密有争议的,由国家保密行政管理部门或者省、自治区、直辖市保密行政管理部门确定。因此,国家秘密确定权和国家秘密争议的裁决权具有专属性,……对涉案政府信息是否属于国家秘密持有异议,依法不属于行政审判职权范围。"②

（一）法院应否进行司法审查？

《行政诉讼法》第6条明确规定,人民法院审理行政案件,对行政行为是否合法进行审查。现行法律并没有将涉国家秘密行政案件排除在合法性审查范围之外。如果不对行政机关的国家秘密主张进行司法审查,此类案件的行政诉讼就没有任何意义。国家秘密鉴定机制并不排斥司法审查。当法院通过正常的司法审查无法确定有关主张是否成立,可以委托国家秘密鉴定。

（二）适用何种审查准则？

从已发表的学术研究成果来看,学者普遍倾向于综合性的形式与实质审查。郑春燕的观点最为具体、明确。她认为,中国的保守国家秘密法对于国家秘密采取的是复合形式的认定结构,即只有既符合形式要件,亦符合实质要件的事项,才能构成国家秘密。形式要件包括定密主体、依据、程序、标志。实质要件包括保密的必要性、非公开性及保密的不可滥用性。法院在定密主体的权限、定密依据方面实行全面、严格的司法审查强度,针对保守国家秘密法规定不详的定密程序,以及具有高度专业性、政治敏感性的实质要件,法院在审查时可分别遵从最小司法审查强度与中等司法审查强度。③

笔者认为,我们需要先厘清司法审查的对象和性质,再判断应适用的审查标准。

这里要讨论的问题不是对行政机关作出的不予公开或提供信息的行政决定的司法审查。如果是这一对象,那么可以讨论相关审查应是形式审查

---

① 参见蔡某某诉江苏省公安厅信息公开纠纷案,最高人民法院(2017)最高法行申2213号行政裁定书。
② 参见高某某诉天津蓟县政府信息公开纠纷案,最高人民法院(2016)最高法行申1351号行政裁定书。
③ 参见郑春燕:《政府信息公开与国家秘密保护》,《中国法学》2014年第1期,第151页。

还是实质审查。更不是对定密机关、单位做出的定密行为的司法审查。按照现行法律,对这种行为不可提起行政诉讼,且其不受司法审查。而是对支撑行政决定的证据——有关信息是国家秘密的证据的司法审查。这一审查是证据审查。

在政府信息公开行政诉讼中,行政机关担负着证明政府信息涉及国家秘密的义务。行政机关提交的证据材料可以分为两种情况。第一种情况,行政机关向法庭提交了国家秘密载体本身。第二种情况,行政机关没有提交国家秘密载体本身,而是提交了用以证明当时申请人所申请的信息是"国家秘密"的其他证据。

那么,司法审查的标准是什么呢?《行政诉讼法》第69条规定,行政行为证据确凿,判决驳回原告的诉讼请求;第70条规定,行政行为主要证据不足,判决撤销或者部分撤销。这些规定实际上确立了采信国家秘密证据材料的标准:证据确实、充分。这两个标准分别指向证据的真实性、证明力。

笔者以为,还应当添加一个标准,即**无明显违法性**。作为行政行为证据的国家秘密的合法性是行政行为合法性的条件之一。国家秘密的合法性是合法的国家秘密确定行为赋予的。但是国家秘密确定行为不是政府信息公开纠纷案司法审查的对象。在政府信息公开行政案件中,法院可以审查国家秘密有无明显的违法性。如有明显的违法性,则不能裁判行政行为合法。如无明显的违法性,则可裁判行政行为合法。这一标准来源于公务员不能执行明显违法的决定或命令的义务。《公务员法》第60条规定,公务员执行明显违法的决定或者命令的,应当依法承担相应的责任。如果以所申请的政府信息涉及"国家秘密"为由作出不公开决定,而所依据的国家秘密明显违法,则作出决定的公务员应当承担法律责任。法院也应裁决这样的不公开决定违法。

无明显违法性可以是形式上的,也可以是实质上的。形式上的明显违法性,例如没有国家秘密标识;定密机关没有法定资格,也没有获得授权。实质上的明显违法性,例如把依法应当公开的信息确定为国家秘密,明显涉嫌掩盖违法失职行为。只要"国家秘密"的违法性是明显的,法院就不应支持行政机关以"国家秘密"为理由拒绝信息公开。

第十一章 公民批评与司法价值的法律保护

《宪法》第41条规定,公民对"任何国家机关和国家工作人员"有提出批评的权利。这里的"**任何国家机关和国家工作人员**"包括司法机关,也即法院和检察院,以及司法工作人员。有关司法工作人员的概念,《刑法》第94条的界定可资借鉴:指有侦查、检察、审判、监管职责的工作人员。显然,公民有权利批评司法机关和司法工作人员。但是司法价值也需要得到妥当的维护,例如司法权威、司法机关依法独立行使职权、司法公正等。中国共产党十八届四中全会决定既提出保证人民依法享有广泛的权利和自由,又提出规范媒体对案件的报道,防止舆论影响司法公正。在现实中,公民对司法现状发表批评性意见,司法机关以种种理由和方式加以回应,有可能造成冲突。妥善处理这种冲突,形成适当的平衡,不论是对于促进公民批评还是对于维护司法公正,都具有十分重要的意义。

第一节 公民批评与司法价值的张力

从内容来看,公民对司法的批评可以分为抽象的和具体的两种情况。前者包括在一般的、宏观的层面上描述司法运作的总体状况,评论司法制度,剖析弊端,提出改革的意见建议。后者指针对具体的司法机关、司法工作人员、司法行为或具体案件的批评。通常引发冲突的是具体的批评。具体的批评又主要可以分为两种情况:(1) 针对具体司法行为的传播和评论;(2) 针对具体案情的传播和评论。

第一,针对具体司法行为的传播和评论。公民和媒体关注、传播司法机关和司法工作人员的司法行为,例如立案、侦查、审查起诉、提起公诉、审判等行为,特别是可能对这些行为,尤其对裁判结果,发表评论。在现实中常见的情况是,被判败诉或自认为受到不公待遇的当事人,或者是他们的支持者,批评法院、法庭和审判人员及其司法行为。例如,在庭审过程中批评法庭或审判人员;在上诉状上写有"侮辱性"语言;在公共媒体上批评法院、法庭或审判人员,或者打电话、发微信或短信"辱骂"审判人员;寄送"带有侮辱性语言的锦旗"给法庭,等等。负面的、批评性的评论往往会引起司法机关或司法工作人员的不满,批评的内容被司法机关认定构成"诽谤"或"侮辱",批评者被施以罚款或拘留。

第二,针对具体案情的传播和评论。公民、媒体传播他们所了解到的具体案件信息以及案件当事人的情况,特别是能够引起公众关注的刑事案件的有关信息和情况;对案件应当如何定性或定罪、处罚或量刑进行评判,发表意见。如果一个案件引发高度的关注,可能会形成"舆论审判"。甚至有的案件当事人炒作舆论,形成对自己有利的舆论意见。

人们通常担心,公民批评、舆论监督会影响到如下司法价值:(1)正常的诉讼秩序。诉讼秩序是司法机关和当事人按照诉讼法律规定展开的一系列活动所形成的有条不紊状态。公民批评可能会影响到诉讼活动的正常进行,影响到司法机关和司法工作人员正常履行职务。(2)司法的特别是法官的依法独立判断。很多人担心,一边倒的公民批评所形成的舆论压力可能会导致司法机关和司法工作人员屈服于民意,影响他们对案件的依法独立判断。(3)司法权威。司法权威包括相互联系的两层含义:司法机关的权威、司法工作人员的权威。对司法行为的错误批评、对司法机关和司法工作人员的诽谤和侮辱都可能会降低司法权威。

所有可能受到公民批评影响的司法价值都可以归结于司法公正。正常的诉讼秩序和法官的依法独立判断是司法公正的制度条件。司法权威是司法公正的产物,同时也有利于人们对案件处理结果公正性的认可。司法公正是法律规定在具体案件的处理中得到严格的实施和充分的体现。

也许有人会把案件当事人受到公平审判的权利列入受影响的司法价值清单。实际上,这一权利已包含在司法公正的价值之中。案件当事人受到公平审判的权利是程序性权利。司法公正不仅意味着案件当事人的程序性权利得到实现,而且意味着其实体性权利得到实现;不仅意味着案件当事人的合法权利得到实现,而且意味着其合法义务也得到实现,例如在无具体被害人的刑事案件中,罪犯得不到应有的惩罚是违背司法公正的。仅仅重视保护刑事被告人的权利是不够的,还应关注的是相关法律规定及其所代表的公共利益是否在案件中得到了实现。

批评权利和司法公正都是现代民主法治社会珍视的基本价值。批评权是宪法规定的公民基本权利。司法机关依法独立行使职权,是宪法的明文规定(第131条、第136条),司法公正蕴含在《宪法》第130条、第140条等条款之中。自由、公正、法治是社会主义核心价值。

实际上,批评权利与司法公正的关系也具有一致和相互促进的一面。批评权利不仅本身是一项基本权利,也是维护公民其他自由和权利的重要手段;追求司法公正,也致力于保护公民的各项合法自由和权利。在这一方面,二者是一致的。当司法活动受到外在势力的不当干预,公共舆论可以批评干预,支持司法机关依法独立行使职权。如果没有批评权利,支持司法机关依法独立行使职权的舆论压力就不可能形成。对司法行为的报道和批评可以起到监督司法机关是否滥用权力的作用。独立而公正的审判有助于保护批评权利,可以在一定程度上给受到侵害的批评权利提供法律救济。

批评权利、司法公正,既然都是价值,在制度建设中都应当得到关怀。在它们可能存在张力之处,施以适当的平衡。如果限制是不可避免的,应当在综合考虑的基础之上,选择成本最小的限制,促进它们最大限度的共存共荣。下面几节我们从制度的层面讨论批评权利与司法价值的有关问题和平衡方案。

第二节 公民批评与诉讼秩序

司法机关的职责是根据法律对案件当事人的行为进行评价,但是它们的行为本身又成为人们评价的对象。特别是败诉当事人或者怀疑自己遭遇司法不公的人们更会对司法行为表示不满,表达批评意见。这可能被司法机关指责为诽谤或侮辱司法,施以惩罚,形成新的案件。那么公民批评的界限在哪里?

一、从一个案例说起

方红卫是浙江省衢州市经营卷烟零售的个体工商户,2019年8月从黑龙江大庆市购入国产卷烟37条,分4个包裹快递至衢州。由于没有准运证明,在金华市金东区某分拨中心,包裹被金华市烟草专卖局查获,烟草专卖局对其作出罚款3 000余元、责令改正违法经营卷烟行为的处罚决定。方红卫认为烟草专卖局在他未到场的情况下开箱检查涉嫌越权执法、收集证据程序违法,当年11月向金华市婺城区人民法院提起行政诉讼。法院审理认为,烟草专卖局有权在金华市辖区依法对运输烟草专卖品的活动进行检查、处理,虽然未通知涉事方到场即开箱检查存在程序瑕疵,但查处过程公开透明,由快递人员在场见证,查获内容符合客观事实,行政处罚决定并无不当,驳回方红卫的诉讼请求。方红卫向金华市中级人民法院申请再审,请求撤销一审判决。2021年9月金华市中级人民法院审查后驳回再审申请。方红卫不满意此结果,向该院行政裁判庭寄送有"浑浑噩噩 乱用法律"语言的锦旗。该院收到锦旗后,开出拘留决定书:"(方红卫)行为已构成对法院审判人员及其他工作人员侮辱,情节严重,依据《行政诉讼法》第五十九条第一款第七项、第三款规定",对方红卫拘留10日。为他制作锦旗的衢州某广告公司也被罚款1万元。金华市中级人民法院行政裁判庭一庭庭长冯少华表示,"方某某制作锦旗的行为是对法院工作人员的侮辱,扰乱了诉讼秩序,而为其制作锦旗的公司明知该侮辱行为是针对国家司法机关,仍为其制作亦属不当行为。"①

这是一起由败诉的再审申请人寄送"带有侮辱性语言的锦旗"给法庭所引起的司法拘留案件。当时,再审案件已经结束,裁定已经发生效力。原案件是行政诉讼案件。司法拘留决定依据的是《行政诉讼法》第59条。

那么,如何在法律上对关涉司法行为的公民批评予以定性和处罚呢?实际上对于这一问题,不仅相关诉讼法,而且治安管理处罚法、民法、刑法都有所规定,我们首先需要区别不同的规则。

二、区分三种规则:诉讼秩序规则、工作秩序规则与名誉权规则

至少有三种不同的规则可以适用于针对司法行为的公民批评所引起的法律问题:诉讼秩序规则、工作秩序规则与名誉权规则。需要把它们区别开来。

(一)诉讼秩序规则

具有可适用性的诉讼秩序规则主要是行政诉讼法、民事诉讼法、刑事诉讼法的有关规定,包括《行政诉讼法》第59条,《民事诉讼法》第110条、第111条,《刑事诉讼法》第199条,具体内容恕不赘述。行政诉讼法和民事诉讼法所规定的罚款、拘留等措施是以法院直判程序来实施的,相关措施只需要院长批准即可。

---

① 参见陈贞妃、朱鸣、胡珮婷:《不服判决向法院寄送侮辱性锦旗》,《浙江法制报》2021年10月9日,第3版,https://zjfzb.zjol.com.cn/html/2021-10/09/content_2767855.htm? div =-1。另一起曾引发媒体广泛关注的是程某侮辱司法案。2015年,程某一审败诉后,以"原审判决厚颜无耻"作为上诉的事实和理由,写在上诉状中,并拒绝纠正。江苏省南京市秦淮区人民法院对其司法处罚:拘留10日,罚款8万元。参见赵兴武:《上诉状中辱骂法官且拒不悔改 拘十日罚八万》,《人民法院报》2015年12月18日,A3版。

这些规定应放在诉讼法的语境下来作系统解释。这三部诉讼法的目的和任务都是保证人民法院通过诉讼活动查明事实,正确适用法律,及时审理案件,保护公共利益和公民、法人、其他组织的合法权益。这些规定的价值在于维护正常的诉讼秩序,核心是法庭秩序或庭审秩序。

司法机关及人员的权威、尊严是诉讼秩序的构成要素,是其必要的组成部分。在这些规定中,对诽谤、侮辱司法工作人员的惩罚实际上是对诉讼秩序的维护。在诉讼秩序中,司法工作人员不是作为私人,而是作为公务人员,代表法律出现在诉讼过程中的。

(二) 工作秩序规则

具有可适用性的规则主要是治安管理处罚法和刑法中的有关规定,包括《治安管理处罚法》第 23 条、《刑法》第 290 条。这些规定所要维护的是国家机关,包括司法机关的工作秩序。

(三) 名誉权规则

这方面的规则主要是民法典中有关名誉权的规定,例如第 1024 条、第 1025 条、第 1026 条等条款的规定,以及《刑法》第 246 条有关侮辱罪、诽谤罪的规定。这些规定保护的客体是公民的名誉权。

这三种规则的区别见表 11-1。

表 11-1 有关公民批评司法的三种规则之区别

规则类型	主要法律渊源	保护的客体	适用程序(主体和方式)
诉讼秩序规则	《行政诉讼法》第 59 条;《民事诉讼法》第 110 条、第 111 条;《刑事诉讼法》第 199 条,等等	正常的诉讼秩序,核心是法庭秩序(包括作为诉讼秩序之构成要素的司法工作人员尊严和权威)	一般适用法院直判程序;对构成扰乱法庭秩序罪的,适用刑事公诉程序
工作秩序规则	《治安管理处罚法》第 23 条;《刑法》第 290 条,等等	国家机关正常的工作秩序	公安机关行政处罚程序;通常的刑事公诉程序
名誉权规则	《民法典》第 1024 条、1025 条、1026 条;《刑法》第 246 条,等等	公民的名誉或名誉权	受害人提起民事诉讼;通常的刑事诉讼程序

诉讼秩序规则与名誉权规则不同。前者旨在维护正常的诉讼秩序。后者旨在保障公民的名誉权。前者主要通过法院直判程序来实施,后者通过通常诉讼程序来实施。

诉讼秩序规则、工作秩序规则虽然都保护着公共秩序,但是性质是不同的。前者的保护客体是正常的诉讼秩序,后者的保护客体是国家机关的工作秩序。诉讼秩序是司法机关和案件当事人在其他诉讼参与人的参与下,依法定程序开展诉讼活动所形成的有条不紊状态。司法机关的工作秩序是司法机关依照法律和其他规则进行内部活动所形成的有条不紊状态。这两种规则的实施程序也不同。前者主要通过法庭直判程序实施,后者通过行政程序或刑事诉讼程序实施。

最高人民法院发布的《人民法院落实〈保护司法工作人员依法履行法定职责规定〉的实施办法》(法发〔2017〕4号)第11条对诉讼秩序规则、工作秩序规则作了区分。这一实施办法中行为区域、内容与公权机关角色的关系,可以表示如下:

表 11-2 行为区域与公权权限的关系

行为发生的区域	行为内容	人民法院角色	公安机关角色
法庭内部	违反法庭规则的行为	直判	不介入
法庭之外的人民法院其他区域	扰乱办公秩序的行为	采取临时性处置措施,收缴、保存相关证据,及时移送公安机关处理	由公安机关作出处理决定
人民法院周边	扰乱公共秩序,并可能影响人民法院办公秩序的行为	商请公安机关依法处理	由公安机关采取强制措施和作出处理决定

三、区分不同类型的批评

(一)诉讼内的批评与诉讼外的批评

诉讼内的批评是指发生在诉讼的时空范围之内,可能影响诉讼秩序的批评。例如诉讼当事人在诉讼过程中,案外人在庭审旁听过程中,针对司法行为发表批评性言论。诉讼外的批评是指诉讼当事人或案外人在诉讼活动的空间之外或时间之外针对司法行为发表的批评。对于前者,具有可适用性的规则是诉讼秩序规则;而对于后者,应适用名誉权规则。换言之,只有当正常的诉讼秩序遭受扰乱时,才可以对侮辱、诽谤司法工作人员的行为适用诉讼秩序规则。对于发生在诉讼的时间或空间范围之外的批评,司法工作人员如诉求名誉侵害赔偿,应依据名誉权规则提出民事诉讼或刑事自诉。

不能因为公民批评的对象是司法工作人员的司法行为,就径直适用诉讼秩序规则,由法院直判决定。主要有两个理由。第一,系于司法行为的公共利益与系于司法行为的私人名誉利益具有区分的可能。公民批评具有这种可能性:虽然影响司法工作人员名誉,但是有助于推动司法诉讼的正常进行,督促司法工作人员正常履行职务。第二,民法典和刑法中有关处罚侮辱、诽谤的一般规定既然可以适用于对于其他类别国家工作人员的职务行为的批评,也应当可以适用于对司法工作人员职务行为的批评。只要公民批评不是发生在诉讼过程之中,司法工作人员不应享有多于其他类别国家工作人员的名誉保护。

(二)针对司法机关的批评与针对司法工作人员的批评

根据诉讼秩序规则,诽谤、侮辱司法工作人员可构成应受惩罚的行为,但是没有规定诽谤、侮辱司法机关构成应受惩罚的行为。这就有必要区分针对司法机关的批评与针对司法工作人员的批评。

如果批评没有针对具体、特定的个人,而是针对司法机关作出的,应界定为针对司法机关的批评。如果批评性言论是针对具体、特定的个人作出的,应界定为针对司法工作人员的批评。批评对象是否是特定的、具体的个人,是区分标准。如果把针对司法机关的批评都看作针对司法工作人员的批评,那么所有针对司法机关的批评都会成为针对司法工作人员的批评,也就扩大了现行诉讼秩序规则的适用范围。

虽然司法机关是由相关人员构成的,但是并不意味着针对司法机关的批评一定是针对司法机关组成人员的批评。司法机关是法人,它并没有感受诽谤、侮辱的自然能力。它是公法人,应在更大程度上承受公民对它的批评。司法机关不是民事主体,不应享有名誉权。

四、界定批评性言论中的诽谤、侮辱

诽谤可以解释为故意编造有关司法行为的虚假事实,或者明知是虚假事实而加以传播,或者不顾事实真假与否,为了达到扰乱诉讼秩序的目的,而加以发表或传播。

侮辱与诽谤的不同之处在于,诽谤具有误导他人认识的作用,而侮辱则不具有,社会上的其他人一般不会相信侮辱的内容是真实的。侮辱的目的是降低社会公众对侮辱对象的尊重,降低其尊严,表达着藐视或轻蔑的情绪。侮辱可以主要分为两个方面:人身攻击;贬低人格。亦即,侮辱性言辞可以分为两个类型:直接辱骂;贬义的比喻。直接辱骂是对人身赤裸裸的攻击;贬义的比喻是通过比喻把人贬低为非人。

侮辱性言辞易于与评论相混淆。评论是根据一定的标准对人或行为的评价。它们的区别主要在于以下方面：第一，侮辱性言辞旨在表达行为人对于侮辱对象人格的负面情绪，评论旨在表达行为人对于侮辱对象品行的具有一定根据的判断。第二，侮辱性言辞并不需要人们相信它的真实性，而评论则希望人们相信其适当性。评论意见本身无所谓真假问题，只有真诚与否的问题，即评论人是否相信其评论是对的、适当的；以及适当与否的问题，即评论是否符合常理常情。在一个民主社会中，不符合常理常情的意见也应当允许其存在，其可能的危害应通过自由讨论而不是惩罚来防止。第三，侮辱性言辞是无法驳斥的，即无法通过表达一个相反的言论来消除其可能的危害。评论是可以反驳的。一个评论若不适当，是可以通过不同的评论来消除其可能的危害的。第四，保护评论的自由，可以促进意见的多样化，而不同意见的存在和相互之间的论辩，可以加深人们对于某一问题的认识和理解。而保护侮辱性言辞除了给被侮辱者带来名誉损害和精神痛苦，并不能促进意见的多样化和加深人们对相关问题的认识和理解。

五、公民批评违反诉讼秩序规则的判准

进行上述的区分和界定之后，现在可以来归纳公民批评违反诉讼秩序规则的判准。如果适用诉讼秩序规则来处罚针对司法行为的公民批评，那就意味着，只有公民批评扰乱了正常的诉讼秩序，才应适用这种规则。具体而言：第一，批评者实施了诽谤或侮辱司法工作人员的行为。第二，批评行为发生在诉讼已经开始、尚未完结的过程之中。如果发生在诉讼开始之前，或已经完结之后，一般不可能会扰乱诉讼秩序。诉讼过程包括从立案到结案的整个过程。第三，批评行为发生在诉讼正在进行的场所。发生在诉讼正在进行的场所，特别是庭审场所，则可能扰乱正常的诉讼秩序。第四，批评者的诽谤、侮辱行为损害了司法工作人员的尊严、妨碍了其有效履行职务。公民批评对诉讼秩序轻微的影响，不应构成"扰乱"诉讼秩序。

本节开头所举的案例中，送锦旗的行为发生在诉讼过程已经结束之后，锦旗上的言辞针对的是"行政庭"，而非具体的司法工作人员。"浑浑噩噩　乱用法律"更接近评论，而不是侮辱。"浑浑噩噩"是对相关审判庭业务水平的评价，"乱用法律"是对其司法决定合法性的评价。这种评价旨在使人们相信其内容是适当的。如果这种评价是不当的，是可以驳斥的。

六、对法院直判程序的监督与制约

对诉讼中诽谤、侮辱司法工作人员的行为，一般是法院通过直判程序处理的。由司法工作人员所在的法院作出决定,报本院院长批准即可。如果被处罚者不服,可以向上一级法院提请复议。

对这类案例适用直判程序具有一定的道理。第一,直判程序可以及时迅速地恢复被扰乱的诉讼秩序,保障诉讼过程的正常进行。适用通常的诉讼程序则需要耗费更长的时间,可能会影响到原案诉讼的正常进行。第二,诽谤、侮辱往往是当着司法工作人员的面进行的,不需要公安机关调查取证。

但是直判程序有严重的缺陷。第一,在直判程序中,同一法院或同一司法工作人员集多种不同角色于一身,既是利害关系人,又是审判者;也就不存在通常诉讼程序中不同角色相互监督和制约的机制。第二,直判程序还剥夺了被处罚在直判决定作出前陈述、申辩的权利。第三,直判程序直接违背了一个人不能做自身案件的法官这一自然正义准则。这些缺陷使得直判程序具有被滥用的风险。

现在对于直判程序唯一的制约就是直判决定作出后当事人可以提请上级法院复议。这是必要、可行的措施,但是还不够充分。可以考虑,直判决定由法院的审判委员会在讨论后作出,在讨论过程中可以以某种方式倾听拟受处罚者的意见。

第三节　公民批评与法官独立判断

诽谤、侮辱司法往往是被判败诉或认为自己遭遇司法不公的案件当事人或他们的支持者所实施的行为。与特定案件没有利害关系的其他人更加感兴趣的是案件本身,他们通过媒体传播具体的案情,对案件如何定性和处理发表意见建议,评论案件的审理进程,特别是司法机关对于案件的决定。也有案件当事人或其利害关系人主动诉诸媒体曝光案件,或炒作舆论。这些舆论活动被认为可能会影响司法机关和司法工作人员对案件的依法独立判断。司法机关严格依法独立行使职权,包括对案件的依法独立判断,是司法公正的重要制度条件。这就需要讨论,如何认识和在制度上处理舆论与司法的关系。

一、限制论及其理由

在实证法层面上,有关通过大众媒体传播案情或评论司法行为,中国法律除了规定不得披露国家秘密、商业秘密,不得侵犯案件当事人、司法工作人员的民事权益外,并无其他的内容上限制。这些禁止性规定是为了保护其他权利或合法利益,而不是为了保障法官的依法独立判断。

在理论上,可否为了保障法官的依法独立判断而对舆论活动作内容上的限制,有两种基本观点:一种是自由论,即不施加限制;另一种是限制论,即应当施加限制。① 具体层面上,存在着各种各样的制度构想。我们作一个类型化处理,有助于弄清自由论与限制论之间以及不同限制论之间的区别。

在传播案情方面,我们可以把制度构想分为两类:

(1)自由传播。在不侵犯国家秘密、商业秘密和当事人民事权益的条件下自由地传播所获得的案情的信息。

(2)不得自由传播。即使不侵犯国家秘密、商业秘密和当事人民事权益也不得传播所获得的案情的信息。

在评论案件方面,也可以把制度构想分为两类:

(1)自由评论。可以对当事人应得的法律结果进行分析、判断或预测,或者对裁判结论进行批评。

(2)不得自由评论。不得对当事人应得的法律结果进行分析、判断或预测,或者对裁判结论进行批评。

对于传播和评论的限制,可以区别不同的诉讼进程来实施。诉讼进程可以分为三个阶段:(1)立案之前;(2)立案之后、结案之前;(3)结案之后。

我们用 X 代表自由传播,用-X 代表不得自由传播;用 Y 代表自由评论,用-Y 代表不得自由评论。这样组合起来就有了下列的这张表格:

---

① 限制论是一种流行的观点。法学者多对舆论或媒体影响司法持有负面的看法和评价,或多或少地主张对舆论活动、传媒报道或评论施加限制。马长山、陈柏峰等学者分析了多个影响性案件中舆论或传媒对司法的"不良影响"。参见马长山:《公共舆论的"道德叙事"及其对司法过程的影响》,《浙江社会科学》2015 年第 4 期;陈柏峰:《传媒监督的法治》,法律出版社 2018 年版。《中共中央关于全面推进依法治国若干重大问题的决定》要求"规范媒体对案件的报道,防止舆论影响司法公正"。有关限制措施的建议各种各样。一种有代表性的对策建议是:"为了防范传媒失范行为的发生,在案件审理过程中,传媒应仅限于报道案件事实,不宜发表对案件事实的倾向性评论。对案件事实的定性以及规范评价,这是司法的职权,传媒要起的只是舆论监督作用,而不应代替司法对涉及的案件事实抢先做出主观判断,更不应越位对涉案的当事人之法律责任及大小先下结论。当然,在案件裁判之后,传媒对案件及涉案人员的法律责任等问题可以自由发表评论,也可以对法院裁判进行批评甚或指责,只要恪守新闻职业准则,不违反法律规范,就不容司法干涉。"参见彭新林、王磊:《论传媒与司法的冲突及其解决》,《学术交流》2018 年第 1 期,第 109—120 页。还有人建议,应当建立法制报道新闻从业者准入制度,设立专门的机构监管法制新闻报道活动。参见杨晓丽:《新闻舆论对刑事司法的影响》,《政治与法律》2018 年第 3 期,第 159—160 页。

表11-3　有关公民批评司法的制度构想

诉讼阶段	制　度　内　容			
立案之前	(a)X,Y	(d)X,-Y	(g)-X,Y	(j)-X,-Y
立案之后结案之前	(b)X,Y	(e)X,-Y	(h)-X,Y	(k)-X,-Y
结案之后	(c)X,Y	(f)X,-Y	(i)-X,Y	(l)-X,-Y

　　一个制度方案就是由上述若干要素构成的。举例来说,(a)(b)(c)组合就是一种制度方案,它表示在任何诉讼阶段都可以自由地传播和评论;(d)(e)(f)组合是另一种制度方案,表示在任何阶段公民、媒体都可以自由传播,但是不得自由评论;(g)(h)(i)组合意味着在任何阶段都不可以自由传播,但是可以自由评论;(j)(k)(l)组合意味着在任何阶段都不得自由传播和评论。再比如,(a)(e)(i)组合也是一种制度方案,表示在立案之前可以自由地传播和评论,在立案之后结案之前可以自由传播但是不得自由评论,在结案之后不得自由传播(例如必须按照判决书所认定的事实来传播案情),但是可以自由评论,等等。算起来,一共可以有 4×4×4＝64 种制度方案。在这些制度方案中,(a)(b)(c)组合最为自由,(j)(k)(l)组合最为严厉,其他制度方案都在这二者之间。自由论通常主张(a)(b)(c)构成的制度方案。目前没有限制论主张(j)(k)(l)组合的制度方案。限制论所主张的各种制度方案就落在了上述最自由和最严厉的两种方案之间。

　　限制论认为,舆论会影响、妨碍法官的依法独立判断。舆论对案件的判断与司法判断不一致,而舆论的判断往往是错误的。例如舆论所传播的案情往往是不准确的、臆测的或道听途说的,司法要求案件事实建立在合法有效的证据基础之上;民众抓住一点就发表议论,媒体机构也因为讲求新闻时效而不能报道全面事实,而司法需要依照程序审理案件,在全面审查有关事实和法律问题的基础上作出裁判;舆论对案件的评论主要从道德或情感出发,而不像司法裁判那样以法律为依据;舆论追求超越法律的实质正义,司法追求法律之内的实体正义和程序正义。还有,限制论把舆论的特点归结为俗众的、非理性的或感性的、道德的或情绪的,把司法的特点归结为专业的、理性的、严谨的或冷静的。总之,其认为,舆论对案情的错误传播和从道德、情感出发作出的评论,会形成某种不适当的氛围和压力,误导或扭曲法官对案件事实问题和/或法律问题的把握和判断。

二、舆论会影响法官的依法独立判断吗？

限制论的结论假设了两个**前提**：(1) 法官必然会接触有关特定案件的言论；(2) 当他们接触有关言论的时候，必定会受到影响。这两个前提都是可质疑的。

第一，尽管身处自传媒的时代，但是接触有关特定案件的言论并非不可避免。对于法庭而言，在公共媒体上发表的有关特定案件的言论都属于远距离的言论，不可能对法庭审判秩序造成直接、即刻、无法避免的干扰。可能造成直接干扰的是公民、媒体近距离的言论活动，例如对庭审情况的采访、摄录和直播活动①，以及法院周边的围绕案件诉求举行的集会、游行、示威活动。对于近距离的言论活动，必须加以控制。在预计无法控制时，不宜批准这种活动。对于远距离的言论，是可以做到不接触的，例如不去关注相关的公共媒体。司法职业道德也要求法官应当把结论建立在法庭展示的证据和对法律的真诚理解之上。

第二，即使接触了媒体上的言论，法官也未必会受到影响。美国学者彭伯(Don R. Pember)在《大众传播法》一书中介绍一系列实验和调查的结论。这些结论表明，案情的公开报道一般不会对陪审员的判断造成影响，或即使有影响，也远不像人们想象的那样大。该书总结说，社会科学尚没有证实，对案情的倾向性报道会对刑事司法制度造成损害。② 人的判断，特别是专业人员的判断以及经过较长时间思考形成的判断，不是会那么轻易地受到影响。

在普通法法系，传媒对案件的过分、倾向性的报道和未审先断的评论主要是通过对陪审团判断的可能影响而损害公平审判的，并因此形成了以保护陪审团不受外界影响为主要内容的一系列制度措施。中国司法审判并不实行陪审团制，陪审员在审案中所起的实际作用也较小。可能受到媒体言论影响的法庭人员主要是法官、证人、鉴定人等。至于法官自身，应如英国已故丹宁法官所言："从职业性质来说，一位训练有素的法官不会受到他在报纸上读到或在电视上看到的任何东西的影响"③。对一些广受舆论关注

---

① 有研究采用实验方法发现，庭审直播促使当事人在庭审中更加谨慎，有助于减少所有主体在庭审中的极端情绪和行为；具有较多直播经验的法官和诉讼代理人则不会受到直播的过多影响。结论是庭审直播没有对审判公正性造成干扰。参见唐应茂、刘庄：《庭审直播是否影响公正审判？——基于西部某法院的实验研究》，《清华法学》2021年第5期。

② Don R. Pember, *Mass Media Law*, Brown & Benchmark, 1996, pp.361–362.

③ [英]丹宁勋爵：《法律的正当程序》，李克强、杨百揆、刘庸安译，群众出版社1984年版，第48页。

的案件可以不采取陪审制。如果实行陪审制,则也应当从未受舆论影响的公民中挑选陪审员,并使之与舆论暂时隔绝开来。舆论何时会影响到法官的判断？一般是法官在事实的认定和法律的适用上游移不定、无法把握的时候。在这种情况下,如果接触公共媒体上有关特定案件的言论,专业素质不高的法官就容易受到影响。

三、舆论会影响法官的裁判结果吗？

舆论本身很少能够影响法官的依法独立判断。但是,舆论意见,特别是比较一致的意见或要求,却可能导致法官改变真诚判断,影响裁判结果。

这种影响是司法制度和司法政策造成的。第一,司法制度原因。在中国,传媒对未审结案件的报道可能引起领导的高度重视,因而给法官造成压力。不难看出,这种压力并不是法官能够拒之于门外的来自传媒的舆论压力,而是法官所不能抗拒的来自更高层权威人物的压力。此种压力是由司法制度的缺陷所致。① 在有些国家,较低级别法院的法官由公民选举产生。这可能导致一些法官为了取悦选民、寻求连任,在广受关注的案件中放弃独立判断的职守而追逐媒体言论的主流意见。如果法官遴选制度不够合理,或者说如果没有适当的职位和身份保障制度,裁判结果就有可能受到媒体言论的影响。第二,司法政策原因。如果司法政策要求法官在作出裁判时考虑非法律因素,例如民意、社会稳定、社会效果等因素,而媒体言论又被看作测算这些非法律因素的标尺,那么法官就可能曲迎媒体言论,作出符合主流舆论的裁判。实际上,如果没有制度的压力（司法政策的压力也通过制度传递下来）,法官一般不会理睬媒体言论。也就是说,真正影响法官依法独立判断的,并非媒体言论,而是司法制度。

四、如何防止舆论扭曲裁判结果？

舆论一般不会影响法官依法独立判断,但是可能会影响裁判的结果,这种影响往往是透过司法制度的缺陷施加的。所以即使舆论的评论是错误的,也不应苛责并施加规制于舆论。我们不能指望舆论变得正确,但是有理由要求司法制度的完善。

---

① 有学者通过实验的方式发现了"政治"因素在把民意压力传导到司法上的作用。参见李奋飞:《舆论场内的司法自治性研究：以李昌奎案的模拟实验分析为介质》,《中国法学》2016年第5期,第279页。

在制度上,已经采取一定措施防止领导干部干预司法活动、插手具体案件处理。例如中共中央办公厅、国务院办公厅颁行《领导干部干预司法活动、插手具体案件处理的记录、通报和责任追究规定》(中办发〔2015〕23号),最高人民法院也制定了《人民法院落实〈领导干部干预司法活动、插手具体案件处理的记录、通报和责任追究规定〉的实施办法》(法发〔2015〕10号),等等。

对于舆论的可能消极影响,可行的避免方法不是限制公民或媒体发表通过合法渠道获得的有关案情的信息以及作出评论,而是**司法的自我限制**,即限制法官、律师向外界透露有关的案情。《中华人民共和国法官职业道德基本准则》规定,法官不得向当事人或者其代理人、辩护人泄露或者提供有关案件的审理情况、承办案件法官的联系方式和其他有关信息;法官在职务外活动中,不得披露或者使用非公开的审判信息和在审判过程中获得的商业秘密、个人隐私以及其他非公开的信息。最高人民法院和高级人民法院建立新闻发布制度后,禁止法官自由接受媒体采访,原则上重大事项统一由新闻发言人发布;法院其他工作人员因工作需要接受媒体采访,应由新闻宣传部门统一管理,严格履行审批手续。未经批准,人民法院的法官和其他工作人员一律不应擅自接受记者采访,或在媒体上就重大敏感问题发表议论。司法的自我限制既能够在一定程度上避免舆论干扰、维护独立审判,保障诉讼当事人的权利,又能够充分地保障公民批评,可以称得上是一种"两全其美"的对策。

律师不同于案件当事人和普通公民,而是国家许可的、具有执业资格的特定专业人员。由于这样一种身份及其内在的更加尊重法治的义务,其言论自由可以受到更多的限制。当事律师可以在法律的范围内向当事人说明案件情况、提供法律意见,但是不应向外界透露案件情况、预测和评论案件的裁判,更不应当通过煽动、炒作舆论或者教唆他人煽动、炒作舆论的方式影响或寻求改变案件的裁判结论。律师努力的场所是审判庭,而不是舆论场。《律师法》第40条规定,律师在执业活动中不得煽动、教唆当事人采取扰乱公共秩序、危害公共安全等非法手段解决争议。这是必要的。非当事律师也应当谨慎发表对正在进行的案件的评论。

向外界公布准确信息也是营造健康舆论的重要条件。2009年最高人民法院出台《关于司法公开的六项规定》和《关于人民法院接受新闻媒体舆论监督的若干规定》(法发〔2009〕58号),后来又采取了一系列深化司法公开的举措。这些措施产生了良好的社会效果。公开的合法公正、说理充分的裁判文书是司法沟通舆论甚至教育舆论的最好文本。

第四节　公民批评与司法权威

公民批评与司法权威的张力是许多论者关注的问题。维护司法权威被当作限制公民批评的重要理由。在本章第一节"公民批评与司法价值的张力"、第二节"公民批评与诉讼秩序"中，有关限制、惩罚公民的措施实际上有一个共同的理由，即维护和促进司法权威。例如在如何惩罚诽谤、侮辱司法工作人员的问题上，司法工作人员的权威被认为是司法公正的基础，应受到特别的保护。再如，在如何限制传播和评论案情的问题上，限制论认为，如果允许公民、媒体对包括裁判结论在内的司法行为持有负面的批评，将会导致公众对司法机关和司法工作人员产生怀疑和不信任，甚至滋生蔑视、愤恨等情绪，这不利于推动生效裁判的顺利实施。许多人甚至建议，在刑法中增设蔑视法庭罪，惩罚范围包括在公共媒体上诽谤、侮辱司法机关和司法工作人员的行为。[1] 如何认识和在制度上处理公民批评与司法权威的关系，这里分三个问题来讨论。

一、司法工作人员名誉权受特别保护的问题

维护司法权威，是否意味着司法工作人员的名誉权应受特别的、多于其他国家工作人员名誉权的保护？笔者认为，公民有权批评司法工作人员的职务行为，就像有权批评其他国家工作人员的职务行为一样。司法工作人员不应享有多于其他国家工作人员的名誉权保护。笔者在早年的一部著作《舆论监督与名誉权问题研究》中提出，为了获得更多的真实信息和促进公民自由表达意见，应对政府官员的名誉权作较多的限制，包括法官在内的政府官员如果诉求名誉损害赔偿，首先必须证明涉讼言论是虚假的，其次必须证明言论者传播虚假言论出于故意或重大过失，等等。[2] 也就是说，司法工作人员不应享有名誉特权。

在普通法法系，法官具有很高的制度地位和社会地位。他们对于法官

---

[1] 21 世纪以来，有关增设"蔑视法庭罪"的公开建议绵延不绝。较早的例如 2005 年就有人提议设立惩罚范围宽泛，并实行客观归罪原则的蔑视法庭罪。参见《人民司法》编辑部、江苏省无锡市中级人民法院：《维护司法权威保障法官权益——法官权益保障研讨会》，《人民司法》2005 年第 9 期，第 15 页。据报道称，2019 年有全国人民代表大会代表在十三届全国人大二次会议上提议增设蔑视法庭罪。参见夏菲妮：《增设蔑视法庭罪和袭警罪》，《四川法治报》2019 年 3 月 2 日，第 2 版。

[2] 参见侯健：《舆论监督与名誉权问题研究》，北京大学出版社 2002 年版，第 83—131、158—168 页。

名誉的看法和处理可供参考。美国联邦最高法院1964年纽约时报公司诉沙利文一案的判决是具有划时代意义的判例。这一判决所确立的宪法性规则是,作为原告的公共官员如果不能证明被告的言论批评出于明知为非或不顾真实与否之轻率的"实际恶意"(actual malice),则不能获得名誉权的损害救济。它也涉及司法人员的名誉权问题。判决认为,"较之于事实上的错误,损害官员名誉并不构成更多的根据以压制在别种情况下可以自由道出的言论。当事关司法官员时,本院一直认为,对法庭尊严和名誉的考虑并不能构成惩罚批评法官或其判决的藐视法庭行为的正当根据。参见 Bridges v. California(1941)。……即使言论是'部分真实的'和'错误的',也是如此。参见 Pennekamp v. Florida(1946)。只有存在着妨碍司法的明显且即刻的危险,限制言论才不失为正当。……如果法官被视为'意志坚强,有能力在逆境中前进的人'[参见 Craig v. Harney(1947)],那么当然其他政府官员也应当被如此看待。……对官员的职务行为的批评,并非仅仅因为降低了他们的官誉,就丧失了宪法的保障。"①这段判决意见表明,对法官名誉权的保护并不多于对其他公共官员名誉权的保护。

二、司法机关"名誉权"的问题

在中国,为了维护司法权威,一些法院曾经起诉媒体侵害其名誉权,并有胜诉的案例。② 也有法院认为,法院作为国家审判机关,是拥有相应人格权的民事主体。③ 在中国民法中,包括法院在内的国家机关是否享有名誉权,并无规定,笔者认为,司法机关并不享有私法上的名誉权。

对这个问题,笔者也曾在《舆论监督与名誉权问题研究》一书中作了探讨。基本观点是,国家机关名誉问题,主要是一个公法性质的问题,可以考虑以公法方面的规定来代替在私法上赋予国家机关名誉权的做法;在公法方面,可以考虑以刑事或行政方面的措施处罚那些严重危害现实秩序的针对国家机关的批评性言论。以公法措施处罚针对国家机关的批评性言论,

---

① New York Times Co. v. Sullivan, 376 U.S. 254(1964).有关案情及其评析,可参见 Harry Kalven, Jr, "The New York Times Case: A Note on 'The Central Meaning of the First Amendment'", *Supreme Court Review*, 1964, pp.191-221; Anthony Lewis, *Make No Law: The Sullivan Case and the First Amendment*, New York: Random House, 1991; Laurence H. Tribe, *American Constitutional Law*(2nd ed.), New York: The Foundation Press, Inc., 1988, pp.861-872.
② 例如深圳市福田区人民法院诉《民主与法制》杂志社名誉权纠纷案(1995年)。
③ 赵兴武:《上诉状中辱骂法官且拒不悔改 拘十日罚八万》,《人民法院报》2015年12月18日,A3版。

可以考虑以下几个构成要件：(1) 这种言论只有在对国家机关工作秩序或社会秩序已经造成或极有可能造成真实而非虚构的危害时，才可予以限制或处罚；(2) 批评者具有通过言论煽动或产生立即非法行为以破坏既存秩序的目的，或者说，具有如此之故意；(3) 对既存秩序所产生或可能产生的破坏必须达到明显而严重的程度；(4) 对于这种言论的危害，除非限制和惩罚言论，无法阻止或避免；(5) 决定言论的社会危害性的主要因素不是言论的客观环境，而是其实际内容，客观环境是判断其危害性大小的参考因素。① 诽谤、侮辱司法机关应否受到惩罚，同样是一个公法问题，可以运用这些标准去判断。此不赘述。

三、增设藐视法庭罪以惩罚公民批评的问题

中国刑法没有规定藐视法庭罪，但是有第 309 条扰乱法庭秩序罪。1997 年修订刑法，为保障司法秩序，设立专节规定妨害司法罪，其中有扰乱法庭秩序罪。2015 年《刑法修正案（九）》修订扰乱法庭秩序罪，在罪体中增加"侮辱、诽谤、威胁司法工作人员或者诉讼参与人，不听法庭制止的行为"。惩罚的范围仅限于在法庭诉讼过程中发生的此种行为（直接藐视法庭行为）。② 在这种背景下，如果再设立藐视法庭罪，其惩罚范围就必然扩展至在法庭之外、并没有扰乱庭审秩序而仅仅被认为损害了司法权威的行为（间接藐视法庭行为），包括公民的批评性言论。

有关增设藐视法庭罪的建议往往以普通法法系国家法律上的藐视法庭罪为借鉴对象和论据。我们来考察一下普通法法系国家藐视法庭罪的旨趣及其变化。

英国法上的藐视法庭罪是一个古老的罪名。但是在 20 世纪以来，该罪的内涵和适用范围日益缩小。在英国的 R 诉格雷（R v. Grey）③一案中，首席法官罗素勋爵在判词里说："任何旨在使法庭或法官遭受轻视或有意降低他的权威的行为或公开发表这样的言论都属于藐视法庭的行为。这是藐视之一种。其次任何有意图妨碍或干预司法的行为或公开发表这样的言论也是藐视法庭的行为。前者属于哈德威克大法官描述为'中伤法庭或法官'的那

---

① 参见《舆论监督与名誉权问题研究》，北京大学出版社 2002 年版，第 151—152 页。
② 陈兴良将此罪罪体特征归纳为时间地点的特定性、保护客体的复杂性、行为类型的多样性，提出："如果只是侵害了司法工作人员或者诉讼参与人的人格权、名誉权等人身权利，但没有侵害法庭秩序的，则不属于本罪的行为。"参见陈兴良：《扰乱法庭秩序罪的修订：以律师为视角的评判》，《现代法学》2016 年第 1 期，第 20—22 页。
③ R v. Grey, 2 Q.B. 36（1900）.

一类藐视,见关于列德与赫根生[Re Read and Haggonson, 2 Atk 291, 469 (1742)]一案。这一类藐视有一项重要的限制。那就是法官和法庭都是可以批评的。如果有人提出合理的论点或建议,指出一项司法措施违法或违反公共利益,任何法庭不能也不会视为藐视法庭。"①在1936年的安巴德诉特立尼达和多巴哥总检察长(Ambard v. Attorney-General for Trinidad and Tobago)②一案,枢密院推翻原判,原判认为某报社论批评法庭量刑不当构成藐视法庭罪。枢密院在判词中引述前案罗素勋爵对"藐视法庭"的定义,指出任何批评司法行为违反法律或公共利益的合理言论或抗议,即使是错误的,也不构成藐视法庭罪。判词说,人人都可以批评法庭内的公开行为,包括"有权利说错话","如果只有准确地知道法律规定的人才能批评法庭的决定而不虞被控,谁又能有什么保障呢?"③1968年的R诉大都会警察局局长(第2号)[R v. Commissioner of Police of the Metropolis(No.2)]④一案也与错误批评这个问题有关。御用大律师霍格在《笨拙》杂志发表了一篇文章,批评上诉法院和法官胡乱判案,并说他们的错误判决已经被贵族院推翻。实际上,上诉法院根本未曾作出霍格所说的判决。霍格先生被控藐视法庭,而管辖法院即是受批评的上诉法院。法官丹宁勋爵在判词中表明:"我们永远不会运用审判权维护自己的尊严。我们的尊严必须建立于一个比这更稳固的基础之上,才可以维护。我们也不会用我们的权力压制说话反对我们的人。我们不怕批评,亦不以批评为忤,因为还有一个更重要的问题,那就是言论自由本身。……昆田·霍格先生批评了法庭。不过当他这样做的时候,他在行使属于他的一项无可置疑的权利。当然,他的文章有错,但错误并不足构成藐视法庭罪。我们必须尽量维护他的权利。"⑤从这些判例中,可以看出,只要不是有意侮辱法官或法庭,即使错误的批评也不构成藐视法庭罪。这些先例也没有对批评作出对象上或时间上的限制。1981年,英国议会通过了《藐视法庭法》,承认这些判例中的法律原则。

美国继承了英国普通法传统中的藐视法庭罪,但是也作了改革。1940

---

① 该案中,批评者因为对法官进行人身攻击而受罚。有关案情及引文,参见黄金鸿:《英国人权60案》,(香港)商务印书馆1990年版,第215—216页。

② Ambard v. Attorney-General for Trinidad and Tobago, AC322 (1936).

③ 有关案情及引文,参见黄金鸿:《英国人权60案》,(香港)商务印书馆1990年版,第221—222页。

④ R v. Commissioner of Police of the Metropolis (No.2), 2 Q.B.150 (1968).

⑤ 有关案情及引文,参见黄金鸿:《英国人权60案》,(香港)商务印书馆1990年版,第217—18页;[英]丹宁勋爵:《法律的正当程序》,李克强、杨百揆、刘庸安译,群众出版社1984年版,第31—32页。

年布里奇斯诉加利福尼亚州(Bridges v. California)①案对使用藐视法庭罪惩罚批评司法的言论的做法进行了限制。案中的亨利·布里奇斯(Harry Bridges)是美国西海岸某工会的主席。在致劳工部部长的一封电报中,他批评法官在有关该工会的案件中所作的判决是"荒谬和不公的",并威胁说如果实施判决就会引发一场罢工。在他同意报社披露此电报之时,重新审判的动议正在考虑之中。因此,州法院援引先例,认为布里奇斯的言论意在胁迫法官,损害法院的权威和司法公正,判定他犯有藐视法庭罪。而联邦最高法院以 5 比 4 的多数推翻了原有罪判决,大法官布莱克在其主笔的判决中认为,在法院看来,宪法第一修正案即标志着美国法律在藐视法庭罪方面同英国普通法传统的分离:只有存在着针对正常司法秩序的一种"极其严重的"实际恶意和一种"迫在眉睫的"危险,法院之惩罚出版物言论的行为才不失为正当。然而,此案所欲惩罚的言论并未达到此种程度。至于州法院据以作出有罪判决的维护和提升法庭威信这个理由,最高法院认为,"对所有公共机构发表评论,尽管有时令人讨厌,但这是一项珍贵的权利。对言论的压制,无论多么有限,若仅仅是为了维护法院和法官的尊严,其结果都可能并不是增长人们对法院的尊敬而是招致怨恨、怀疑和藐视"②。实际上,出版物言论对法庭秩序极少可能构成一种"明显且即刻的危险"(clear and present danger)。所以,该案作为一个新的司法先例,使以此罪名处罚舆论批评的做法成为不可能。其后的事实表明了这一点。

例如 1946 年彭尼坎普诉佛罗里达州(Pennekamp v. Florida)③案,美国最高法院再度适用"明显且即刻的危险"标准,一致同意推翻州法院的有罪判决,认为被告批评地方法官在审理某刑事案件中滥用权力的言论并无不当,并且表明"在那些难以确定批评是否影响了审判独立的两可案件(borderline cases)中,公众之评论自由的重要性大大地超过有关影响未决案件之可能倾向的考虑。讨论自由应当被赋予与公正、秩序良好的司法活动相并存的最宽广的空间"④。次年克雷格诉哈尼(Craig v. Harney)⑤案的判决也是如此,主笔大法官道格拉斯(Douglas)指出,"激烈的言辞本身未必够得上藐视法庭罪的处罚","它所点燃的火焰对于司法必须构成一种即刻的,而非

---

① Bridges v. California, 314 U.S. 252 (1941).
② Bridges v. California, 314 U.S. 252, 260 (1941).
③ Pennekamp v. Florida, 328 U.S. 331 (1946).
④ Pennekamp v. Florida, 328 U.S. 331, 347 (1946).
⑤ Craig v. Harney, 331 U.S. 367 (1947).该案的起因是,一家报纸抨击某法官对一桩民事案件的审理行为是"对正义的亵渎",因而被指控犯有藐视法庭罪。

仅仅是一种可能的威胁。这种危险不是遥远的,甚至不是有可能存在的,而必须是立即就要发生的。"① 尤其值得注意的是,最高法院在本案中明确指出蔑视法庭罪的内涵:"有关蔑视法庭罪之法律的创设目的并非在于保护可能对公共舆论潮流敏感的法官。法官应当是意志坚强,有能力在逆境中前进的人"②。最高法院所处理的最后一个出版物评论司法行为引起的蔑视法庭案是1962年伍德诉佐治亚州(Wood v. Georgia)③案,下级法院作出的有罪判决同样被推翻。

自1941年以来,联邦最高法院一直不允许以蔑视法庭罪惩罚媒体之批评法院和法官的言论,而且,由于言论与出版自由为基本人权,最高法院的法律意见通过宪法第十四修正案亦适用于各州法院。这已构成一个牢固的司法先例。所以,现在无论在联邦法院,抑或在州法院,蔑视法庭罪作为对抗媒体之批评的一个工具实际上已失去作用。④

总结域外的这些情况,可以看到,普通法法系国家对蔑视法庭罪的适用范围作了很大限缩,向公民和媒体批评作了倾斜。法律的关注点从注重维护司法机构和法官的尊严转移到注重维护司法活动的正常运作上。

不妨建议,对于中国有关公民批评与司法权威之间的矛盾,解决方案应当着重保护司法活动的正常秩序,不可仅仅基于对司法权威的维护而对公民和媒体批评施加限制。只有公民和媒体批评对司法活动的正常秩序构成一种现实的、重大的危险而且难以用其他方法加以避免时,才可以对之施加限制。在目前可用扰乱法庭秩序罪以惩罚发生在法庭审判过程中的"侮辱、诽谤、威胁司法工作人员或者诉讼参与人,不听法庭制止的行为"的情况下,没有必要增设蔑视法庭罪来惩罚仅仅损害司法权威而没有扰乱诉讼秩序的批评性言论。

司法权威是维护诉讼秩序、促进司法公正的手段。它附丽于诉讼秩序之上,其基础是司法公正,是司法机关及司法工作人员依法独立公正行使司法权的自然结果。没有司法公正,就没有司法权威。没有司法公正,就应允许一定范围的批评。如果仅仅是为了保障司法权威而压制公民批评,可能适得其反,反而会损害司法权威。在较少司法权威的地方,就会有较多的公民批评,而压制公民批评,则会使得司法权威更少。包容批评,努力让人民群众在每一宗司法案件中感受到公平正义,才能够真正树立司法权威。

---

① Craig v. Harney, 331 U.S. 367, 376 (1947).
② Craig v. Harney, 331 U.S. 367, 392 (1947).
③ Wood v. George, 370 U.S. 375 (1962).
④ Barron and Dienes, *Handbook of Free Speech and Free Press*, Boston: Little, Brown & Co., 1979, pp.512, 516-517. 即使下级法院以此罪处罚出版物批评审判的言论,但其判决均为上诉法院所推翻,见 Marc Franklin, *The Dynamics of American Law*, The Foundation Press, 1968, p.733. 但是法院仍可以继续惩罚媒体的其他行为,如拒绝作证。

第十二章　网络空间中的批评权利

本章所称的网络,即信息网络,通常主要是指计算机互联网和移动通信网。信息网络的发展深刻地改变着社会的方方面面,也改变着我们这个国家的公民批评机制。人们把信息网络作为表达和传播信息的主要渠道,利用这一渠道表达其利益诉求,对国家机关或国家工作人员提出批评,要求制定、修改或废止某项法律或政策。网络汇集了广泛、生动、活泼的民意。本章旨在探讨网络技术发展对于公民批评的意义,网络空间公民批评的实践形态,以及相关法律规定对于公民批评权利保障的作用。

第一节　技术赋权:权力还是权利?

把公民批评权利放在网络背景下来考虑,首先面对的一个问题是,信息网络技术的发展是有利于还是不利于保障公民的批评权利,是削弱还是加强国家对公民批评的控制权力?

梅罗维茨认为,电子媒介把政治人物的个体特征展示给广大人民,淡化了他们的神秘色彩,降低了其神圣地位,从而使人民有可能质疑政治人物。这样也使得政治人物与普通人的关系变得平等。[1] 梅罗维茨是在西方媒体制度的背景下作此番议论的。通过广播传播声音或通过电视传播音像,可能会使政治人物在人们的心目中变得不再像身居深宫的皇帝那样神秘,甚至可能将政治人物与其职位剥离开来(政治人物不过是通过某种方式占据了权力职位的人)。天依然很高,但是"皇帝"已不再遥远。

然而也有些学者担心,网络技术虽然创造了一些自由空间,但是也更容易为国家所控制。例如在印刷媒介主导的时代,信息传播主要依赖纸张、印

---

[1] 参见[美]约书亚·梅罗维茨:《消失的地域:电子媒介对社会行为的影响》,肖志军译,清华大学出版社2002年版,第151页。

刷机械,这些传播媒介尽管也可以由国家控制和管理,国家却无法彻底垄断这些传媒技术的使用,因为印刷技术的掌握比较容易,个人和社会团体可以在国家控制之外印制材料和手册。由于网络技术具有高度的复杂性和公共性,只能依赖国家公共信息技术系统而存在和发展,国家对网络技术具有最终控制权。个人和社会团体虽然可以很自由地在网络上发表言论,但国家可以通过封锁网站、过滤信息等方式,消除不利于政治统治的舆论,个人和社会团体却难以在国家网络系统之外独立建立庞大的网络技术系统。也就是说,在网络时代,个人和社会团体所拥有的是在由国家控制的网络技术空间发表言论的权利,而这种权利是完全可以通过技术手段予以约制的。[①]

还有学者从政治社会学的角度出发,认为在条件具备的情况下,互联网能够在国家与社会之间同时进行赋权和改造,促进国家与社会的互动,提升治理的结构和水平。[②]

笔者认为,在基本原理上,这个问题可以从马克思主义唯物史观的角度去认识。网络信息技术作为现代生产力的重要组成部分,与其他生产力要素一起,在最终意义上决定了社会的经济结构和政治结构。生产力的每一次重大发展,都会推动社会经济结构和政治结构的发展。在历史的总体景观上,生产力的发展对于政治结构中的国家与民众、统治者与被统治者都是双向赋权的过程,既加强了国家统治的技术手段和统治力量,也推进了民众的自由民主意识,加强了人民的自治能力和制约国家的力量。从历史发展的一般进程来看,生产力特别是科学技术的重大发展,以及这种发展所带来的社会结构和意识的变化,总是会给传统的国家统治带来挑战,而受国家统治的普通民众却乐见其成,政治法律制度向着更多自由和民主的方向发展。就此而言,科学技术包括网络信息技术,似乎更亲近于人民,更多地服务于人民。

同时,这个问题不是一个纯技术的问题。技术固然可以改变许多事物,但是它不是在自然的真空中,而总是在一定的社会环境和政治结构中运行的。社会环境和政治结构对于技术的发展和运用具有反作用,甚至可以在一定的历史条件下决定技术的社会政治功能。同一项技术在不同的社会环境和政治结构中具有不同的服务作用和社会政治功能,呈现出复杂多样的特点。因此,我们考察网络信息技术的社会政治功能,特别是注意使它发挥

---

① 参见娄成武、张雷:《质疑网络民主的现实性》,《政治学研究》2003年第3期,第4—6页。
② 参见郑永年:《技术赋权:中国的互联网、国家与社会》,邱道隆译,东方出版社2015年版,第15页。

良性的赋权功能,不能不注意技术运作的社会基础和制度环境。

第一,网络论坛的良性的赋权功能,能否得到维护和保障,取决于网络论坛有没有深厚的社会基础作为支撑。特别是,一个具有阅读和讨论能力的公众,无论是对于公共领域还是对于网络公共论坛来说,都是必不可少的。网络论坛的发展与这样一种公众群体的培育、成长是相辅相成、相互促进的。我们注意到,在当代中国,由网络论坛所聚集起来的一个规模巨大,具有一定的阅读、分析和批评能力,能够对公共事件作出迅速反应并形成舆论的网民共同体已经形成。上网是他们生活的重要组成部分,他们积极参与网络讨论,几乎没有什么公共事件能够逃避他们的关注。许多事件经过他们的关注和讨论而成为公共事件。可以说,网络技术的发展在一定程度上改变了当代中国的社会结构,形成了介于家庭和生产这些私人领域与国家公权力领域之间的公共舆论空间。在这里,一起看起来很普通的个案,经过讨论,挖掘出了所蕴含的公共意义。就这些事件所形成的舆论是真正的"公众舆论",因为它是由许多网民自由参与讨论所形成的。

第二,网络论坛的良性运作还有赖于一定的政治结构和法律制度,包括从法律上适当地规定网络论坛与政府的关系,形成合理的网络治理模式。

哈贝马斯认为,资产阶级公共领域的衰败与其制度有关。他认为,19世纪中叶后,资本主义社会与国家之间的界限变得模糊,公共领域与私人领域出现了融合趋势,文化批判的公众转变为文化消费的公众,报刊等传播机构逐步商业化,从社会交往的一种机制演变为提供信息和娱乐服务的企业组织,其批判功能不断受到损害。这些媒体已经产业化,形成了垄断地位,破坏了公共领域中的自由对话交流。① 不难看出,资产阶级公共领域转型的根本原因是自由资本主义转变为垄断资本主义,服务于垄断资产阶级利益的政治统治无法阻止公共领域由分散的言论渠道向集中化的言论渠道变化。尽管一些资本主义国家试图对传统媒体市场结构的集中化趋势加以控制,例如在媒体治理结构上引入社会力量、在媒体报道方面实行公平原则,但是收效甚微。现在,数字时代的到来、网络信息技术的发展从技术的角度在一定程度上改变了言论传播的结构,带来了多元化、大众化的言论传播渠道,但是没有改变传播媒体所有权结构的集中化趋势。网络中立原则的弹性和含糊使它难以有效制约公共论坛的所有者和管理者依据自己的偏好来调整和控制言论渠道和内容。

---

① 参见[德]哈贝马斯:《公共领域的结构转型》,曹卫东等译,学林出版社1999年版,第五章"公共论坛社会结构的转型"。

中国具有使网络论坛服务于人民、发挥良性社会政治功能的政治法律基础和条件。《宪法》第 2 条规定,人民依照法律规定,通过各种途径和形式,管理国家事务,管理经济和文化事业,管理社会事务。网络途径和形式应属于这一条所说的人民治理的途径和形式之一。"全过程人民民主"为网络论坛发挥民主功能奠定了坚实的理论基础。为了使网络论坛更好地发挥这种功能,应对网络领域及活动实行分类治理,区分市场领域和公共论坛、市场交易活动和言论交流活动;对不同的领域和活动实行不同的治理原则和规范体系,让市场的归市场,言论的归言论。现在网络公共论坛是形成人民意志的主要场所,有关网络论坛及其言论交流活动的法律制定权原则上应属于全国人民代表大会及其常务委员会,实行法律保留和优位原则,以规范和保障公民对公共事务发表言论,包括对国家机关和国家工作人员提出批评和建议。

第二节 网络空间中公民批评的形态

网络使公民有更便利的途径和平台发表批评性言论,给批评权的行使提供了更好的技术条件,增长了公共论坛上批评性言论的总量。批评性言论在网络信息的汪洋大海中激起了或大或小的浪花,或悄无声息,没有造成一丝涟漪。激起了浪花的批评性言论获得一定的关注,形成一定的舆论压力,推动问题的解决。网络空间中公民批评的形态大致具有这样的演变过程:(1)一则批评性言论出现在网络论坛;(2)引发一定网民的关注和更多的相关批评性言论;进一步地(3)引发网络上具有影响力的人物的关注;再进一步地(4)引发官方媒体关注,形成了舆论,产生了压力;(5)推动有关国家机关给予回应和解决;最后(6)舆论消散。一则批评性言论能够发展到哪一步,取决于问题的严重性、形势和政策需要、社会价值倾向、民众心理特征等许多因素。只有少数的批评性言论能够发展到最后一步。大多数言论止步于起始阶段或中途。

一、网络批评的言论类型

网络批评性言论,根据其批评的对象和内容,可以概括为若干类型,比如批评对象可以分为国家机关和国家工作人员,批评的内容可以分为揭露事实和发表评论。当然,在现实中经常可见某种混合的形态。一个关注网络媒体的人会经常看到公民批评性言论,会见证一波接一波的舆论事件。

网络是信息的汪洋大海，事件有大有小。全面地统计一定时期的相关舆论事件是不可能的，也是不必要的。这里为了说明这些类型，仅举出进入21世纪以来的引发较大舆论事件的网络批评性言论。①

第一种类型是，公民或相关当事人在网络上公开揭露国家机关的违法违纪行为，诉说其造成的不公和损失，呼吁舆论关注，希望形成舆论压力以促使负责国家机关回应和满足要求。

> **案例**：2009年2月12日，王帅在天涯论坛发出"河南灵宝老农的抗旱绝招"的帖子，揭露当地政府违法征用农民土地的行为。此前，王帅以多种方式向多个国家机关举报，皆未得到回复或处理。此帖被多个门户网站转载，引发广泛关注。3月6日，在上海工作的王帅被灵宝市警察以涉嫌诽谤罪采取刑事拘留措施，押回灵宝。3月13日王帅被取保候审。对王帅的遭遇和反映的事件，传统媒体也纷纷跟进报道；网民对灵宝市政府和警方的质疑、批评铺天盖地。4月16日晚，灵宝市委、市政府向人民网等发去《关于对"王帅发帖事件"处理情况的答复》，承认了公安机关执法有过错，市委、市政府负有领导责任，并调整征地补偿标准。4月17日，灵宝市公安局局长宋中奎等赴上海向王帅道歉，表示已作撤案处理，并将783.93元国家赔偿金交给王帅。

第二种类型是，公民通过网络公开举报国家工作人员违纪违法或犯罪行为，或公开批评国家工作人员违反公序良俗，亦即所谓"网络反腐"。

> **案例**：2021年4月7日，一段实名举报视频在微博上@了河南省纪委监委的官方微博"清风中原"，并在网络上流传，引发热议。视频中，一名自称是"河南省隆庆祥服饰有限公司总裁姜书敏"的女子，举着自己的身份证，"实名举报郑州中院原院长于东辉索贿500万元财物"。视频中，举报者还播放了一段通话录音，说明被举报者进行索贿的事实。2021年12月2日，河南省商丘市中级人民法院公开宣判，以受贿罪判处被告人于东辉有期徒刑14年。

第三种类型是，网络用户依据网络上公开的信息，分析某国家工作人员

---

① 对这些批评性言论及相关舆论事件的描述，参考了许多网络资料，主要是传统媒体的网络化形态中的新闻报道。因来源较多，这里的概括具有综合性质，恕不一一列举来源了。

的财产状况或社会关系内容,挖掘其腐败线索,指出其违法违纪嫌疑。

案例:2012年8月26日,在有36人遇难的延安特大交通事故现场,原任陕西省安全生产监督管理局局长、党组书记杨达才面带微笑的照片被拍下并上传网络。这种微笑状引发网民批评。有网民注意到,杨达才在事故现场佩戴的手表是著名品牌。随后网民依据公开的其他网络图片分析杨达才佩戴过多块名表、多架名牌眼镜和多条名牌皮带,呼吁有关机关调查,形成公共舆论事件。2013年9月5日,西安中级人民法院判决杨达才犯受贿罪、巨额财产来源不明罪,数罪并罚,判处有期徒刑14年。同时一款依据这一事件设计的网络游戏《杨达才教你戴手表》在网上出现。

第四种类型是,公民对国家机关的工作和国家工作人员的人品、政绩、表现等方面进行评价。

案例:2006年8月15日,重庆市彭水县人秦中飞写了一首名为"沁园春·彭水"的词,并通过手机短信和QQ发送给多位朋友。词曰:

马儿跑远,伟哥滋阴,华仔脓包。看今日彭水,满眼瘴气,官民冲突,不可开交。城建打人,公安辱尸,竟向百姓放空炮。更哪堪,痛移民难移,徒增苦恼。官场月黑风高,抓人权财权有绝招。叹白云中学,空中楼阁,生源痛失,老师外跑。虎口宾馆,竟落虎口,留得沙沱彩虹桥。俱往矣,当痛定思痛,不要骚搞。

据说,前三句嵌进了前任县委书记、现任县委书记和县长的姓名,语含讥刺;后面的内容则涉及当地的公共事件。9月1日,词作者被警方以涉嫌诽谤罪采取刑事拘留措施。9月11日,被正式逮捕。10月24日,县公安局宣布无罪释放。

这四种情况代表了网络批评性言论主要的类型。第一种和第二种类型主要是向公众揭露新的事实,分别指向国家机关和国家工作人员。第三种类型是依据已有公开事实分析、推断新的事实。第四种类型不在于揭露事实,而在于对一定的人和事进行评价。在法律上,前三种情况可能被指控为编造或歪曲事实,构成诽谤;如果情况属实,则有可能被指控为泄露国家秘密或工作秘密,或者散布个人隐私。第四种情况可能被指控为涉嫌诽谤,或使用侮辱性言辞,构成侮辱。

二、网络批评的基本特征

(一) 参与度

网络所提供的表达渠道是宽阔的、开放的,所容纳的信息是巨量的。它以网站为基本载体,以电子公告板、博客、微博、微信、跟帖或评论等为表现形式。任何一个人只要具备基本的上网条件,都可以在社交媒体上注册,成为用户,发表言论。上网条件包括购置必要的设备、掌握一定的网络技术、具备一定的表达能力。终端设备可以是电脑,也可以是手机,绝大部分社交媒体都可以使用手机登录。这些条件对于大部分的城市人口和部分的农村人口来说,并非高不可攀。现在许多民众在遭遇了执法不公或司法不平时,首先想到的一个救济方式就是"上网!",把有关事实上传到公共网络上。

在参与度方面存在若干问题。一是弱势群体缺乏接触网络的条件、使用网络的技术以及通过网络表达的能力。这使得他们缺少了表达渠道,在遭遇不公时更容易忍气吞声或采取极端行为。二是上网群体年龄轻,非网民多为老年人。三是从地区来看,农村地区非网民占比高于城市地区非网民占比。使用技能缺乏、文化程度限制、设备不足和年龄因素是非网民不上网的主要原因。公民素质和批评能力的普遍提升仍然是民主建设的基础工程。

(二) 传播度

一旦重要的言论或信息出现在网络上,便能够借助网络迅速传播,引起很多人的注意。只需要几项简单的技术和短暂的时间,一篇言论就可以从一个网站转帖到另一个网站。而在传统媒体上,一篇言论从一家报刊到另一家报刊,从一家电视台到另一家电视台,则需要花费更多的成本和更长的时间。迅疾的传播速度使信息变得丰富了,观点交流更方便了。

决定一则批评性言论吸睛指数的主要是这样的几个因素:

(1) 真实。批评性言论所揭示的或依据的事情是真实的。夸张或虚假的事实叙述可能会在一开始引人注意,但是在反转后会遭到怀疑,连真实的部分也失去说服力。见证了许多舆论事件、经过网络生活历练的批评者也会想到,在面对强大的公权力时,保证事实真实是说服他人、保护自己的根本条件。

(2) 真切。批评者越来越意识到,以真切、生动的方式呈现事实,有助于吸引人们的注意。包含画面、声音、文字的视频方式最为真切,其次是只有声音或图画,最后是单纯的文字。

（3）真诚。对于倾诉自身遭遇的批评者而言，呈现真实个人信息是表示真诚的主要方式，例如实名甚至手举身份证件，公布身份证号码或手机号码。对于其他批评者来说，客观、理性、公允的表达有助于表示真诚。

一则批评性言论能够得到迅速传播和广泛关注，还取决于所揭露的问题的严重性、形势和政策需要、社会价值倾向、民众心理特征等许多因素。

(三) 和谐度

一个人如果对法律政策、国家机关或国家工作人员的行为有看法，特别是遭受不公，而无处表达和倾诉，会产生一定的心理负能量。类似的负能量积累多了，就会造成情绪压力。一个社会难免有矛盾和冲突，也需要有"排气阀"。互联网是有史以来最好的社会"排气阀"。它可以使"一些问题从最外层边缘冲破阻力，在公共论坛中找到阵地，在一定程度上消解了求助于非法的表达途径的可能性"①。这是有利于社会和谐的一面。

另一方面，网络的普及可能会助长群体极化现象。"群体极化"(group polarization) 这一概念是美国法学学者桑斯坦提出的。他说："群体极化的定义极其简单：团体成员一开始即有某些偏向，在商议后，人们朝偏向的方向继续移动，最后形成极端的观点"；"在网络和新的传播技术的领域里，志同道合的团体会彼此进行沟通讨论，到最后他们的想法和原先一样，只是形式上变得更极端了。"②桑斯坦所说的是西方国家的情况。这种情况在国内的网站上也显出端倪。有些人在争辩的过程中可能会趋于极端，成为坚定的批评者，似乎政府一无是处；也有些人在争辩的过程中趋于另一极端，成为坚定的维护者，认为政府不管做什么都是对的。

网络是一个"众声喧哗"的地方。在一个舆论事件中，人们七嘴八舌地议论，是民主社会的正常现象。但是也确实有一些不和谐的声音。例如一些人在对国家机关或国家工作人员提出批评时使用侮辱性言辞，不同观点的人相互攻讦，表现出情绪化和不理智。在一定程度上，网络放大了"仇官"的情绪。侮辱性言辞是情绪的表达，无助于增进人们对事实的了解和观点的多样。对个人造成伤害的侮辱性言辞构成侵权，但是应当谨慎区别侮辱性言辞与正常的评论。

---

① 参见陈剩勇、杜洁：《互联网公共论坛：政治参与和协商民主的兴起》，《浙江大学学报（人文社会科学版）》2005 年第 3 期，第 11 页。

② ［美］凯斯·R.桑斯坦：《网络共和国——网络社会中的民主问题》，黄维明译，上海人民出版社 2003 年版，第 47 页。

第三节　网络平台的言论管理逻辑

一、网络平台与用户的关系

在传统媒体时代,公民的实际身份是受众,他们很少能够成为媒体上的表达者。在网络时代,公民的实际身份是网民,或者用法律术语说,网络用户。相对于受众身份,这是一个巨大的进步。但是网络用户只是一个使用他人网络服务的用户,即使所使用的是自媒体,也要服从于网络资本的市场逻辑。网络用户在网络上的发言,直接面对的不是国家机关,而是网络服务提供者。网络用户处在网络平台的管理之下。

当公民使用网络时,网络服务提供者都会要求接受一个标准化的服务协议。接受协议是使用网络的前提条件。协议由网络服务提供者单方面拟定,都规定网络服务提供者可以单方面随时修改。这种协议一般都会包含以下内容:第一,网络服务提供者发现或者收到举报投诉网络用户存在违反使用规则的信息和行为,有权不经通知对相关内容采取删除、屏蔽等措施,并对用户实施限制使用、封禁账号直至注销等处罚措施。第二,网络用户独自承担因违规行为而产生的一切法律责任,并有义务赔偿因此给网络服务提供者造成的一切损失。

在网络服务提供者的管理工具箱里,有许多措施,例如删除、屏蔽、断开链接等处理措施,也有限制使用账号、封禁账号直至注销等处罚措施。它们可概称为管理措施。当它们针对言论时,可称为禁言措施。

二、制度环境下网络平台的言论管理逻辑

网络平台运营于制度环境,其成本与收益受到制度规定的影响。网络服务提供者是市场主体,其行动逻辑是以最小的运营成本追求最大的经济利益。网络服务提供者依法对其所运营的网络的管理、所承担的义务以及可能的责任,都构成成本因素。降低成本或避免更多的成本,以获得尽可能多的经济收益,是网络服务提供者作为市场主体的追求。网络用户的言论能否得到生存,直接取决于这一逻辑。

第一,批评性言论的命运决定于其对网络服务提供者而言的收益和成本关系。

当网络用户的言论能够给网络平台带来收益或者不妨碍其收益,它就

允许言论存在;当妨碍其收益时,就不允许其存在。一则批评性言论也许是真正有利于公共利益的,这正是《宪法》第41条的规范目的。但是在通常情况下,一则有利于公共利益的批评性言论并不会给网络服务提供者带来多少预期的经济收益,而一旦有违法或侵权风险,其带来的预期损失会很大。合规性审查的重点并不是网络言论是否合规,而是它是否违规。因此,网络服务提供者通常关注的不是批评性言论是否有利于公共利益,而是是否会给自己带来预期损失风险。

第二,批评性言论的预期成本的决定因素并非其实际的违法性,而是其违法风险。

批评性言论是否违法,有时并不是很容易判断的。根据判断的难易程度,可以划分三种情形:具有明显的合法性、具有明显的违法性、法律性质难以判断。

判断的依据之一是实体法律规范。法律规范愈是模糊,愈难以清晰判断某一言论是否合乎法律。例如《民法典》第998条规定,认定行为人承担侵害除生命权、身体权和健康权外的人格权的民事责任,应当考虑行为人和受害人的职业、影响范围、过错程度,以及行为的目的、方式、后果等因素。如何考虑这些因素,在多大程度上考虑这些因素,法律的规定含糊不清。又,什么是第1025条、第1026条规定的"公共利益""合理核实义务"?即使做了大量的研究,也未必能够做到准确地把握;即使自以为把握准确,也未必能够说服别人。

另外,法律规范的复杂性也会增加判断的难度。法律法规已经创造了庞大、纷繁复杂的言论规范,而且每一清单一般都会包含一项开放性的规定。除此之外,规章和规范性文件在扩充着规范的数量和范围,各种政策的、道德的、价值的、精神的等标准都被作为言论规范的标准。在规范之中,存在禁止性的、限制性的、提倡性的、鼓励性的等各种类型,它们之间的界限不仅在文本上而且在实践中都浑然不清。

判断的依据之二就是有关言论内容的常识。一个人自以为掌握了法律的原理,把握了法律的含义,然而言论是纷繁复杂的,在把一般性的言论规范适用于具体案件时,也不一定能够作出准确的判断。到底某一具体言论是否包含违法内容,例如它是否捏造事实,散布谣言,或构成侮辱性言辞,网络服务提供者并不会做相关的调查,一般只是依据常识作出判断。在涉嫌侵害民事权利的情形下,有关判断的材料是权利人提供的通知和网络用户的反通知,但是对它们的判断依据仍然是常识。

在这里,需要区别两种不同的判断难度:(1)对言论内容是否涉嫌诽谤、泄露隐私的判断；(2) 对言论内容是否构成抄袭的判断。一篇作品是否涉嫌抄袭另一篇作品，一般只需要将两部作品放在一起比较，就可以得出一个初步的判断。但是一则批评性言论的事实是真实的还是虚假的，即使权利人提供了初步证据、网络用户提出了反驳的证据，也是很难判断的。因为到底事实是什么，是不知道的。

对言论内容是否构成侮辱性言辞的判断，更是明显地依据常识了。也就是网络服务提供者依据自己的生活经验和社会认知加以判断。

网络服务提供者关注的是调查成本。为了准确地判断言论的法律性质，就需要投入成本。无论是研究法律的含义，例如调研司法类案对法律规范的理解，还是调查言论内容所涉及的事实，以及在社会公众中测试一定语境下的言辞是否构成侮辱性言辞，都是需要花费成本的。仅依赖常识作出一个迅速的判断，不做额外的研究和调查，是有助于降低成本的。在这一方面，网络服务提供者和它的具体工作人员是一致的。网络服务提供者付出了较少的运营成本，而具体工作人员减轻了工作压力。

因此，网络服务提供者并不关心言论是否真的合法或违法，关心的是它是否具有违法的风险。法律性质难以判断的言论就是具有违法风险的言论，这类言论将被采取删除、屏蔽、断开链接等措施。

第三，网络服务提供者疏于采取禁言措施，相较于错误采取禁言措施，更可能陷入违法风险和承担法律责任。

疏于采取禁言措施，是指疏于采取依法应当采取的禁言措施。根据《民法典》第 1194 至 1197 条、《网络安全法》第 47 条等规定，主要包括以下情形：(1) 在日常管理中没有注意到明显违法的言论，或虽然已经注意到了明显违法的言论，但没有及时采取措施；(2) 没有采信权利人通知中的初步证据，而没有采取措施；(3) 以为转送声明到达权利人后已过合理期限，未收到权利人已经投诉或者提起诉讼通知，终止所采取的措施。

疏于采取禁言措施，会带来哪些方面的法律责任？可能会带来民事、行政，甚至刑事的法律责任。更多可能是民事责任，网络服务提供者需要赔偿权利人（被侵权人）的财产损失、精神损害以及为制止侵权行为所支付的合理开支。

错误采取禁言措施，是指错误地采取依法不应采取的禁言措施。主要包括以下情形：(1) 在日常管理中把合法的言论错判为违法的言论；(2) 采信权利人通知中并不成立的证据；(3) 超过"合理期限"，未收到权利人已经投诉或者提起诉讼通知，但是仍然维持既有的措施。

错误采取管理禁言措施，需要承担法律责任吗？刑法、行政法、民法都没有规定相关的责任。换言之,法律没有规定网络服务提供者侵害网络用户的言论自由、批评权所应承担的责任。在民法上,网络服务提供者与网络用户之间的关系是协议关系。但是网络服务提供者的标准协议都会排除自己错误采取管理禁言措施的法律责任。网络用户如不同意协议,则无法使用网络服务。

因此,对于法律性质难以判断的言论,包括被投诉的言论,采取禁言措施,要比不采取禁言措施,更符合网络服务提供者规避风险、减少损失的目的。法律性质难以判断的言论通常会被采取禁言措施。

第四,在采取措施时,封闭整体言论而非仅仅其中具有违法风险的言论,有助于降低成本。

一篇言论可能包含数个事实、数个句段,被怀疑具有违法风险的可能只是其中某个事实或句段,遭到指控或投诉的也可能只是其中的一部分。但是在实践中,被采取措施的是整个言论。如果要作细致的区分,把具有和没有违法风险的两个部分区分开来,对具有违法风险的部分采取具有针对性的屏蔽措施,会花费更多的时间和精力。只要出现一句具有违法风险的表述,就对整个言论采取措施,是简单粗暴的,但是对网络服务提供者来说,是省时省力的,是有助于彻底消除风险的。

这种只顾一点、不顾其余的方式,也就牺牲了言论之中其他有价值的部分。对网络用户来说,这损害了他表达事实和公平意见的权利。对于公众来说,也无法了解到有关某一公共问题的事实和意见。民法典授权网络服务提供者对涉嫌违法的言论所采取的删除、屏蔽、断开链接等措施都是针对整篇言论的措施。这些措施的实施必定造成整篇言论无法阅读、观看或传播。

网络服务提供者不会顾及言论写作的规律。这种规律就是无人能够做到百分百的真实而可能存在一些细节上的偏差。即使网络服务提供者认为整体事实是真实的,只是存在细节上的失真或具有失真的可能,也会对整篇言论采取措施。网络服务提供者所考虑的是自身利益的绝对安全。

网络服务提供者也基本上不会考虑比例原则。比例原则通常包括三个原则:目的性、适当性、均衡性原则。网络服务提供者通常只考虑拟采取的措施是否能够达到防止损害发生的目的。这一目的是与其经营目的相一致的。至于相关措施是否是所有能够达到目的的措施中对言论权利影响最小的一种,所要达到的目的是否严重地影响了公民的言论权利,并不在其关心范围之内。

三、"漏网之鱼"的原因

尽管网络服务提供者依据上述逻辑管理其平台上的言论和信息，但是我们仍然能够在网络上看到批评性言论，仍然有一些"漏网之鱼"。这一现象，可从两个方面解释其原因。第一，技术的原因。得益于网络技术的先进，即人们可以快速地转发有关言论。一篇批评性言论在被网络服务提供者采取措施之前，就已经被迅速地转发、扩散了。网络服务提供者所采取的措施只是亡羊补牢。也得益于网络技术的落后，即网络人工智能的自动审查技术还不能发现所有的批评性言论。第二，人员的原因。也就是得益于那些不怎么尽职的网络平台信息管理人员以及那些无知、不了解民法典等相关规范的被批评者。

第四节 网络平台言论管理规则之完善

即使我们还能够在网络上看到一些批评性言论，但是我们所看到的只不过是我们应该看到的其中一部分，甚至是很小的一部分。另一部分甚或更大的一部分沉没在网络服务提供者的管理措施之下，死于其得到广泛关注之前。毕竟不是由于法律，而是得益于技术，才能保障合法言论，可谓法律的失败。对于法律上判断合法与违法言论的实体性问题，我们在前面章节作了探讨。这里探讨网络平台信息内容管理法律规则，主要限于《民法典》第1194至1197条所规定的网络平台信息内容管理法律规则（行政法层面相关规则的完善问题，容下一章再作讨论）。

一、网络平台言论管理法律规则的反思

这些规则源于2006年《信息网络传播权保护条例》，适用于网络上著作权侵权责任。2009年《侵权责任法》第36条扩大了这些规则的适用范围，从著作权侵权扩大至人格权侵权。民法典继承了这些规则，作了细化，补充了网络用户反通知的规定，基本精神没有改变。从源头来看，这些规则借鉴了美国法中的红旗规则和避风港规则。当他人在自己网络上实施的侵权行为显而易见，像红旗一样飘扬时，网络服务提供者不能视而不见，应当及时采取制止措施。当被告知有人在自己的网络上实施侵权行为，网络服务提供者也应当采取制止措施，当其及时采取了制止措施时，就进了"避风港"，不必承担侵权责任。在美国，这两种规则规定于1998年国会制定的《数字

千年版权法》(Digital Millennium Copyright Act)。它们适用于网络上著作权侵权责任。

民法典以及以前的侵权责任法并没有界定这些规则的适用范围,按照文义解释,可适用于网络上发生的所有侵权行为。在实践中,这些规则一般用来处理三类问题:(1)网络侵犯他人经营权的行为;(2)网络侵犯他人著作权特别是网络信息传播权的行为;(3)网络侵犯他人人格权的行为。实际上对适用范围作了很大拓展。

这些网络管理规则用来处理公民批评性言论涉嫌侵犯批评对象人格权,并不合适,至少存在以下四个方面的问题:

第一,涉嫌侵犯人格权的言论不会像红旗那样飘扬,判断网络用户涉嫌侵犯他人著作权与判断公民批评性言论涉嫌侵犯他人人格权,具有根本的区别。

就红旗规则而言,一篇抄袭作品对照原创,其抄袭特征的确可以像红旗那样飘扬。获得原创是不困难的。不管原创作品是网络服务提供者自己获得的,还是权利人提供或其他人提供的,都不难以电子形式获得原创作品。原创作品既然已经出版或发表,也就是发表在先,那么权利人也难以伪造一部原创作品。然而,运用红旗规则来判断网络言论是否包含虚假事实,就非常困难。真实的事实是难以获得的。网络言论所指控的事实都是过去发生的事实,过去发生的事实成为历史,是无法复原的,它不可能像过去出版的原创作品一样完整真切地留存下来。即使是仍然可以听到当时的录音或看到当时的视频,也难以完整复原当时的历史场景和所有细节。也就是说,网络服务提供者不可能像获得原创作品一样获得网络言论所指控的事实的原始真相。而且,权利人也完全可以编造事实,声称他所提供的证据就是真相。

第二,法律没有规定侵害言论自由、批评权应当承担责任,避风港规则使得网络服务提供者仅需要考虑如何避免向权利人承担责任的风险,造成利益失衡。

对一篇作品,错误判断构成抄袭而采取管理措施,可能会造成经济损失和带来民事责任。例如一个网络用户发表了一篇原创作品,就享有著作权,其中包括财产权。把原创作品错判为侵权作品而采取管理措施,侵害了著作权,就产生民事责任。对一则批评性言论,错误判断其构成侵权而采取管理措施,侵害了批评者的言论自由、批评权,然而并不会产生民事责任。著作权是民事权利,而言论自由、批评权是宪法权利。网络服务提供者侵害民事权利应承担民事责任,然而侵害宪法权利并不会。

一篇原创性的批评性言论,也构成著作权法意义上的作品。如果不违法,也享有著作权。但是按照著作权法,错误地怀疑这一作品构成人格侵权而采取措施,并不构成对其著作权的侵害。对这种行为可以追究违约责任,然而网络服务使用协议通常都会排除网络服务提供者的这种责任。

在避风港规则下,网络服务提供者只会考虑批评性言论侵害他人人格权的风险。其所考虑的是,如果批评性言论侵害他人人格权,对权利人的精神损害以及为维权付出的合理开支,都会带来经济赔偿责任。

第三,现行管理规则没有赋予网络用户与权利人对等的程序性权利,致网络用户于程序上的不利地位。

例如,(1)权利人的通知会导致采取管理措施,而网络用户的反通知对于阻止管理措施没有任何意义,网络服务提供者只是将反通知转交权利人。网络用户没有任何制度手段可以制约网络服务提供者采取管理措施。反通知转交给权利人,反而会使得权利人在采取正式法律行动之前掌握了网络用户的证据,增强了胜诉的概率。(2)按照《民法典》第1196条规定,权利人仅需要向有关部门投诉或向法院起诉就可以维持管理措施。"有关部门"是什么部门?向有关部门投诉是一个正式的法律行动吗?为什么向有关部门投诉就可以维持管理措施?法律规定含糊不清,内在道理不明朗。(3)没有规定,投诉结果或起诉结果对于管理措施意味着什么。

第四,究其根本,这些规则是处理市场上私主体之间关系的规则,并不能适用于处理公共事务,满足保障和促进公共利益的需要。

在网络共和国,网络用户展现了三种形象:市场经营者、文化消费者、公民。(1)当网络用户以营利为目的通过网络发表作品、发布商品信息时,他们展现的是市场经营者的形象。(2)当网络用户通过网络寻求娱乐时,他们展现的是文化消费者的形象。(3)当网络用户针对国家机关和国家工作人员发表批评性言论、针对法律政策发表意见建议、针对公共事件进行评价的时候,表现了一种与公共事务有关的公民形象。在美国《数字千年版权法》所预设的规则适用场景中,网络用户更多地表现为一种与版权相关的文化消费者形象,在网络上听歌、看电影、打游戏、阅读下载作品等。[1]

一则正确的网络批评性言论因其没有或甚少经济价值,本身不会给批评者带来经济利益或只带来很少的经济利益。但是它具有公共价值,有助于保障或促进公共利益。这些管理规则所期望达到的利益平衡是网络服务

---

[1] 参见薛军:《民法典网络侵权条款研究:以法解释论框架的重构为中心》,《比较法研究》2020年第4期,第133页。

提供者、网络用户、权利人之间的私人利益平衡,并不包括公共利益。批评者主观上是具有保障或促进公共利益的愿望的,或者在客观上行为具有保障或促进公共利益的效果。希望批评性言论从网上消失的权利人所考虑的是他的人格利益。网络服务提供者所考虑的是它作为市场经营者的经济利益。后两者所考虑的都是私人利益。例如一个网络服务提供者在面对一则真假难以判断的批评性言论时,并不会为了公共利益而花费调查成本,去弄清真假之后,再去决定采取或不采取管理措施。当它发现言论有侵权风险,而自己有承担责任的风险时,就会采取管理措施。对它而言,这是一个理性的选择。权利人则可以利用这些管理规则使得批评性言论从网上消失一段时间,甚至永远消失。

《民法典》第899条、第1025条、第1036条要求在认定言论侵权责任时考量公共利益。这种要求主要是指向公权主体,即法院和法官,并非针对民事主体。根本的问题在于缺失有关网络公共论坛的管理规则,不适当地扩大了原本适用于著作权侵权责任的管理规则的适用范围,把它们用于公共论坛的管理。

二、网络平台言论管理法律规则的改进

网络服务提供者是民事主体。在法律中,民事主体可以被动地服务于公共利益,例如限制其权利滥用,或通过征收或征用施加公益负担,但是很难要求它主动地追求公共利益。法律的作用在于通过塑造适当的制度环境,引导民事主体在追求私人利益的同时在客观上促进公共利益。法律是一只看得见的手,通过市场这只看不见的手而起作用。这一方面的主要手段就是赋权,赋予私人一定的权利,激励他以符合公共利益的方式追求私人利益,或者制约他人滥用权利的行为。

在基本原则层面上,需要针对不同的活动领域区分和发展不同的网络管理制度,对不同类型的言论采取不同的管理方式。在实体法上,《民法典》第899条和第1025条、第1026条实际上区分了两种不同的表达行为:"为公共利益实施新闻报道、舆论监督等行为"与其他行为,对前者作了倾斜保护。与这一精神相一致,网络管理制度也可以采取区别对待的原则对"为公共利益实施新闻报道、舆论监督等行为"进行倾斜保护。显然,批评国家机关和国家工作人员的言论属于此类表达行为。如果对不同的言论或表达行为作出区分,就会给网络服务提供者带来判断的负担。什么是"为公共利益",什么不是"为公共利益",并不是可以清晰区分开来的。网络服务提供者的判断程序不如司法程序那么可靠,发生错误的概率会更高。错误的判断,无论是给予不是"为公共利益"的言论以倾斜保护,还是没有给予"为公共利益"的言论以倾斜保护,都有损于法律的目的。宪法区别规定言论自由与批评权,意在给予不同言论以不同保护。① 对民法典"为公共利益实施新闻报道、舆论监督等行为"的规定作合宪性解释,或许可以将之解释为包括"报道和批评国家机关和国家工作人员的行为"。这就是一个清晰得多的判断标准。

在具体规则层面上,需要更加精细化的规则来管理不同的网络言论。如果相关言论是报道和批评国家机关或国家工作人员的言论,网络用户在反通知中提出具有明显优势性的证据,足以反驳权利人的证据,并声明愿意承担可能的全部侵权责任,网络服务提供者应该停止实施管理措施。在侵权诉讼中,如侵权行为成立,法院可依据网络用户的声明来判决网络用户承担全部侵权责任,网络服务提供者不承担连带责任。如果网络服务提供者依然维持管理措施,在侵权之诉中,网络用户可以提出反诉,要求追加网络服务提供者为第三人,请求法院判决权利人和网络服务提供者承担恢复言论、赔礼道歉、消除影响的特别责任。可以考虑删除第 1196 条有关向有关部门投诉就可以维持管理措施的规定。权利人只有向人民法院起诉并得到受理,才可以要求维持管理措施。如权利人在合理期限内没有向人民法院起诉并得到受理,网络用户有权请求网络服务提供者恢复言论。

---

① 参见本书第一章第二节"特别的地位"。

第十三章 批评权利的国家义务

作为基本权利,批评权利对应着国家义务。批评权利的国家义务是指对批评权,国家应该承担什么义务,这自然就不包括国家为制约批评权滥用所承担的义务。没有国家承担相应的义务,批评权可能只是纸面上的基本权利,甚至不能落实为纸面上的普通法律权利。所谓的国家是指公权力系统,它们是义务的实际承担者。批评权利的国家义务是一个理论问题,也是一个制度问题。本章侧重探讨国家对批评权利所承担的义务体系,意在强调对批评权的落实。

第一节 国家义务体系

一、国家作为批评权利的义务主体

国家是批评权利的义务主体。经典宪法理论把基本权利放置于人民与国家的关系背景下来理解。在这一关系中,公民权利对应着国家的义务。在中国宪法上,批评权利作为公民的基本权利,同样对应着国家义务。国家有义务通过立法、执法、司法等公权行为去保障批评权利,并为批评权利的实现提供适当的制度条件和环境。

借鉴耶林内克的公民地位理论,可以进一步阐明国家作为批评权利的义务主体问题。耶林内克把个体公民与国家的地位关系界定为四种类型,即被动地位、消极地位、积极地位、主动地位。[①] 被动地位意味着公民对国家意志的服从,引申出公民遵守法律的义务和国家的公共权力。国家意志从何而来?耶林内克根据卢梭的公意理论,认为国家的意志作为一种公意,

---

① [德]格奥格·耶林内克:《主观公法权利体系》,曾韬、赵天书译,中国政法大学出版社2012年版,第126页。

其本质是个体意志的整合。这样就需要赋予公民在与国家关系中的主动地位,亦即参与国家意志形成的能力。从公民的主动地位引申出民主参政的权利。选举权、言论自由被认为是个体居于此种地位的典型权利。就中国宪法而言,还有批评权。批评权是基于公民的主动地位而享有的权利。可以推论,当公民居于主动地位时,国家处于相应的被动地位。从这一被动地位中,引申出国家对公民批评权利的义务。

国家是批评权利的义务主体,这一点可以得到中国宪法相关条款教义学阐释的支持。《宪法》第41条本身虽然只是规定对于公民的申诉、控告或者检举,有关国家机关必须查清事实,负责处理,但是它透露出的一种强烈意味就是,国家应当尊重和认真对待公民的批评和建议权利。第27条明确规定了"一切国家机关和国家工作人员必须依靠人民的支持,经常保持同人民的密切联系,倾听人民的意见和建议,接受人民的监督,努力为人民服务"。这一条是第41条的关联条款,它所规定的"一切国家机关和国家工作人员"的义务关联着第41条包括批评权在内的公民监督权利,其中"倾听人民的意见""接受人民的监督"更密切地关联着公民的批评权利。这两个条款的关联性体现了宪法的严密结构、制宪者的缜密思考和良苦用心。

国家作为批评权的义务主体这一观点并不排除在普通法律层面上可以在一定条件下设定社会组织或个人作为批评权的义务主体,亦不排除批评权在私法关系中的间接第三人效力。显然,这两个方面都有赖于国家充分履行它的义务——它的立法义务以及在个案中对法律规范作合宪性解释的义务。

国家作为批评权的义务主体这一观点亦不否认通过民主机制发挥作用是批评权发挥作用的根本途径。公民批评的直接诉求对象是国家机关,而最终诉求对象是人民。如何使得公民在合理的限度内自由地表达对国家机关和国家工作人员的批评,而不必担心来自国家机关的干预、处罚,并使批评性言论在人民中自由地流通,为人民所知,是批评权利制度建设的基本任务。

二、国家义务的体系

权利与义务相对,它们在功能上是对应的,权利的功能是通过义务来实现的,权利的功能体系引申出义务的体系。国内流行的基本权利教义学借鉴德国法学理论,认为宪法上的基本权利具有双重性质,既是"主观权利",又是"客观法"。作为"主观权利",个人可以向国家提出要求,国家必须按此要求作为或者不作为。它具有"防御权功能"和"受益权功能"。作为"客观法",则具有"客观价值秩序功能"。按照这种权利功能体系,国家承担着相应的义务。"防御权功能"和"受益权功能"分别对应着国家的不侵害义务和"给付义务"。"客观价值秩序功能"对应着国家的"保护义务",包括制度性保障义务、组织与程序保障义务以及其他各种排除妨碍的义务。①

这是一种对基本权利国家义务的体系化方法,强调了国家义务的逻辑关系。作为基本权利,批评权的国家义务体系基本上也可以如此建构。照此方法,批评权的国家义务可以划分为主观权利上的不侵害义务、给付义务以及客观法上的保护义务。这一划分在逻辑上是合理而清晰的,但似乎不能很好地契合保障批评权的实践需要。

我们不妨从尊重和保障批评权的实践需要出发,根据中国宪法规定,来建构批评权的国家义务,并使用通常的汉语法学话语来表述。首先,批评权不应受到侵害,当受到侵害时应当得到救济。这是基于批评性言论内容自主性的需要。其次,批评性言论应当有表达的渠道,如果它指向特定国家机关,可以经由一定的途径传递给国家机关。这是基于批评性言论表达渠道畅通性的需要。再次,当批评性言论传递给国家机关时,在一定条件下应当得到回应和处理。这是基于批评性言论实效性的需要。批评性言论的自主性、畅通性、实效性可以概括尊重和保障批评权的主要需求,赋予和维系批评性言论的这三种性质是宪法批评权应有的基本功能。批评性言论的自主性是《宪法》第 41 条批评权规范的题中应有之义,《宪法》第 27 条可以引申出批评性言论表达渠道畅通性以及批评性言论实效性的基本要求。从这三种实践需要和基本功能可以引申出国家的三种不同内容的义务:救济保护义务、畅通渠道义务、回应处理义务。

第二节 救济保护义务

救济保护义务包括两个方面:不侵害批评权的义务;当批评权受到侵害时给予救济的义务。救济保护义务的核心,从正面来看是尊重和保护批评权,从反面来看是防止对批评权的侵害。侵害可以界定为施加不合理或不合法的限制,它可能是故意而为的,也可能是出于过失。保护不足可以界定为侵害吗?保护不足是没有给予应当且有能力给予的保护。保护不足表

---

① 参见张翔:《基本权利的双重性质》,《法学研究》2005 年第 3 期。

现为公权机关不作为，前提是它们有作为的积极义务。保护不足的问题可以转化为积极义务的问题来讨论。对于法律实施机关的不作为问题，可以通过法律规定积极义务，发展出明确的判断标准。但是对于立法机关的不作为问题，就很难规定明确的判断标准，它并非一个单纯的法律问题，还是一个政治问题。

一、不侵害批评权的义务

不侵害批评权是国家的最基本义务。历史表明，压制民众批评的最大力量来源于作为批评对象的国家机关和国家工作人员。"闻过则喜"是圣人的行为准则，这是常人难以达到的。国家机关和国家工作人员更喜欢听到的是对他们的赞美和感恩，而不是指责和批评。通常的行事准则是，不是去解决批评中的问题，而是解决提出问题的人。如果国家机关制定一项压制批评的法律，就会导致系统性的对批评权的侵害。如果法律实施机关压制了一项合法的批评，就会产生寒蝉效应。

不侵害批评权的国家义务不意味着国家可以无所作为。实际上，从人类规训权力的历史来看，为了防止权力滥用，人们发展出了纷繁复杂的监督和制约制度。[①] 民主、法治、分权等制度设计都包含有权力制约的意图。包括批评权在内的政治自由和权利也具有制约公权力的价值。批评权和其他基本权利一样，共享监督和制约权力的基本制度体系，依靠这一制度体系而受到保护。推动这一制度体系的形成和完善，在根本上有赖于人民作为国家治理主体的集体性力量。本书第五章所讨论的批评权法治化途径和原则都是为了防止国家公权力侵害批评权，落实国家尊重和不侵害批评权的义务。这里不再赘述。

二、救济批评权的义务

国家不仅应当尊重和不侵害批评权，而且应当救济受到侵害的批评权。《宪法》第41条规定，对于公民的申诉、控告或者检举，任何人不得压制和打击报复。这一规定可以扩展适用于公民批评。侵害不仅针对批评权，而且可能针对批评者，例如构陷批评者，实施打击报复。不是以批评者发表违法言论的理由，而是以其他名义和借口惩罚批评者，这种方式甚至可能导致更凛冽的寒蝉效应，具有更强的禁言效果。这是一个更严重的问题，但是限于主题，不在我们的研究范围内。这里所关注的是施加不合理或不合法的限

[①] 参见侯健：《三种权力制约机制及其比较》，《复旦学报（社会科学版）》2001年第3期。

制而造成的对批评权的侵害。

国家是救济批评权的义务主体。在现实中，侵害批评权的力量最终来自以下三个方面：国家机关、国家工作人员、社会上的其他主体。作为宪法基本权利，批评权对国家工作人员、社会上的其他主体具有一种间接效力。[①] 受批评的国家工作人员可能要求行政机关对批评者实施行政处罚，或者提起民事诉讼或刑事自诉，通过司法机关处罚批评者。国家机关是作出处罚决定的主体。在这方面，国家机关有义务依法作出决定，对相关法律规范作合宪性解释以及遵守比例原则，防止侵害批评权，这可以归属于国家所担负的不侵害的义务。如果国家机关的处罚决定侵害批评权，应承担救济的义务。"社会上的其他主体"主要是指掌握网络平台资源的社会公权力主体。它们可能压制合法的批评性言论而侵害批评权。我们可以要求网络平台完善自身的投诉机制，但是这种要求依然是通过国家的法律而施加给平台的，当公民通过平台自身的投诉机制得不到救济时，国家负有兜底的义务。所以不论侵害批评权的力量最终来源于何处，国家都负有总体上的救济义务。

救济批评权的义务的核心是赋予、保障并落实公民的救济请求权。救济请求权是一种主观性权利，当公民提出这种权利时，国家应当采取相应行动。这种义务可以分为两个层面：一是在宏观层面上，国家提供有关的制度供给；二是在微观层面上，当个体公民依法提出救济请求时，特定国家机关应当依法行动，审查请求，作出决定。我们需要讨论的是制度供给问题。经过改革开放以来的制度建设，中国已经建立了一套权利救济制度，广泛适用于不同类型的权利救济，特别是人身权、财产权和受教育权。但是从批评权救济的角度来看，这一套制度还需要完善。

（一）立法侵害批评权的救济

这里所谓的立法是指根据宪法和立法法的规定有立法权的国家机关制定的规范性法律文件，包括法律、法规、规章等形式。立法侵害批评权主要表现为立法抵触宪法批评权规范以及不符合宪法批评权的精神和原则，主要包括禁止了不应当禁止的内容、禁止性规定含糊笼统以及禁止的范围过于宽泛。试举一例。《计算机信息网络国际联网安全保护管理办法》第5条第8项规定，任何单位和个人不得利用国际联网制作、复制、查阅和传播"损

[①] 有关基本权利对私人的效力问题，国内学界作了很多的讨论，大多承认具有间接的效力。有学者认为，基本权利对社会公权力主体具有直接效力，参见李海平：《基本权利对社会公权力主体的直接效力》，《政治与法律》2018年第10期。

害国家机关信誉的"信息。当公民批评指向国家机关,不论批评是否属实,都会"损害国家机关信誉"。这一规定涉嫌违反《宪法》第41条批评权规范,至少不符合其精神和原则。由于立法具有普遍的约束力,立法侵害批评权是一种大规模的侵害。在立法侵害批评权的情形下,通过行政、司法途径救济批评权的作用将会十分有限。所以,应针对立法侵害批评权,建构适当的救济措施。

批评权是基本权利之一。并不需要制定专门适用于批评权的救济制度,而是要建构和完善可适用于基本权利的救济制度。宪法诉讼被认为是一种有效救济基本权利的诉讼制度。国内学者对中国建构宪法诉讼制度有比较充分的研究,此不赘述。当建构起这一制度,其适用范围理应包括作为基本权利的批评权的救济。

根据立法法和《法规、司法解释备案审查工作办法》,备案审查包括合宪性审查。① 备案审查能够发挥一定的救济基本权利的功能。社会团体、企业事业组织以及公民可以依照法律规定向全国人大常委会书面提出对法规、司法解释的审查建议。审查建议由法制工作委员会接收、登记,依法进行审查研究,必要时,送有关专门委员会进行审查、提出意见。在审查工作结束后,由法制工作委员会向提出审查建议的公民、组织进行反馈。现在做到了件件有反馈。② 但是严格而言,备案审查属于宪法监督,而不是宪法诉讼,其救济基本权利的功能是有限的。审查工作机构既无权审查全国人大常委会制定的法律是否违宪,更无权审查全国人大制定的基本法律是否违宪,而且公民在备案审查中能够发挥作用的制度空间非常有限,仅限于提出审查建议。更充分地救济包括批评权在内的基本权利,使其免于立法侵害,还有待于建立宪法诉讼制度。

(二)行政侵害批评权的救济

在行政执法实践中,由公安机关对公民批评涉嫌违法问题进行调查和处理。如认定言论违法,有两种处罚措施,可分别称为对言罚和对人罚。**对言罚**,即针对言论的处罚措施。例如没收、销毁载有违法言论的纸质材料;对网络违法言论,通知网络平台停止传输,采取消除等处置措施。**对人罚**,即针对批评者的处罚措施,例如罚款、行政拘留。它们可能并处,也可能单处。如果行政决定违法或不当,把合法言论作为违法言论处理,对批评者的

---

① 参见《立法法》第108条、《法规、司法解释备案审查工作办法》第20条。
② 对审查建议的反馈情况,参见全国人大常委会法工委法规备案审查室:《规范性文件备案审查理论与实务》,中国民主法制出版社2020年版,第175页。

处罚过于严厉,就侵害了批评者的批评权。在现行制度下,批评者对于对言罚,不可以提起行政复议或行政诉讼。批评者可以就对人罚提起行政复议或行政诉讼,实际效果也不理想。当批评者因为批评国家机关或国家工作人员受到违法行政处罚,除非引起舆论关注,极少能够通过行政复议或行政诉讼推翻处罚决定。解决行政侵害批评权问题,应当把批评权整体上纳入行政诉讼的救济范围,并完善相关的机制。

1. 把批评权纳入行政诉讼救济范围

《行政诉讼法》第2条规定,公民、法人或者其他组织认为行政机关和行政机关工作人员的行政行为侵犯其合法权益,有权依法提起行政诉讼。这似乎承诺了救济所有受到侵犯的权利,但是第12条规定了一个有限的受案范围,实际上排除了对政治自由和权利例如批评权的救济。法学界对行政诉讼受案范围有非常多的讨论,主流意见倾向于扩大受案范围。实践中对受案范围的界定,特别在是否扩大到公民政治权利问题上,尽管总体上非常谨慎,但是社会上仍然存在扩大受案范围以更充分保障权利的积极意愿,反倒是国家机关持消极态度。试举一例。曾经在审议《集会游行示威法(草案)》的过程中,有些委员、法律专家提出,集会、游行、示威申请人对人民政府维持不批准的复议决定不服的,应当允许向法院起诉。但是最高人民法院的意见是,"不要规定可以向法院起诉,请常委会再考虑"。修改稿吸取了一些委员、专家的建议,规定了可以向法院提起行政诉讼。但是在修改稿的审议过程中,最高人民法院坚持认为,根据中国目前的实际情况,最好不要规定可以向法院起诉。在分组审议时,有些委员建议删去修改稿中关于向法院起诉的规定,有些委员主张保留。法律委员会考虑,由于对这个问题的意见还不一致,建议暂不作规定,删去修改稿中关于向法院起诉的规定。最后,表决稿中删去了关于向法院起诉的规定。[①]

现在把批评权纳入行政诉讼救济范围,主要有以下理由:第一,适应自媒体时代公民民主意识、权利意识,特别是参与国家治理意愿日益增长的需要。在20世纪90年代初期,行政诉讼受案范围狭隘的问题并不突出,但随着中国经济社会的发展和公民民主意识、权利意识的增强,这一问题逐渐呈

[①] 有关情况,参见当时国务委员兼公安部部长王芳在第七届全国人民代表大会常务委员会第八次会议上所作《关于〈中华人民共和国集会游行示威法(草案)〉的说明》(1989年7月3日)、全国人大法律委员会副主任委员宋汝棼在第七届全国人民代表大会常务委员会第十次会议上所作《全国人大法律委员会对〈中华人民共和国集会游行示威法(草案)〉审议结果的报告》(1989年10月25日)和《关于〈中华人民共和国集会游行示威法(草案)〉(修改稿)几点修改意见的汇报》(1989年10月30日)。

现。狭隘的受案范围不利于满足公民已经增长的表达意愿的需要,不利于推进国家治理现代化。第二,符合党的建设全过程人民民主的方针。党的二十大报告指出,"全过程人民民主是社会主义民主政治的本质属性,是最广泛、最真实、最管用的民主",并要求"健全人民当家作主制度体系,扩大人民有序政治参与,保证人民依法实行民主选举、民主协商、民主决策、民主管理、民主监督"。① 全过程人民民主需要全方位的制度保障,其中包括对批评权的救济。第三,符合宪法人权条款的精神和网络安全法的基本原则。2004年宪法修正案规定,"国家尊重和保障人权",其含义自然包括国家重视对公民基本权利的救济。《网络安全法》第12条规定,国家保护公民、法人和其他组织依法使用网络的权利,保障网络信息依法有序自由流动。网络是公民批评的主要平台。救济批评权,纠正错误处置批评性言论的行政行为,符合这第12条的规定。第四,批评者仅可以对对人罚提起行政诉讼,不足以保障批评权和发挥批评权的价值。批评权的核心是有关批评性言论的权利。如果批评性言论被错误处置,就损害了批评权的核心。

在制度层面,可以考虑修改《各级人民代表大会常务委员会监督法》,将其扩展为一般意义上的监督法,纳入社会监督的内容,落实《宪法》第41条包括批评权在内的各项监督权利以及《宪法》第27条有关国家机关义务的规定,并规定公民可以对行政机关侵害其批评权的处罚决定提起行政诉讼。这一新监督法中赋予公民提起行政诉讼的权利的条款通过《行政诉讼法》第12条第2款而将此类行政案件纳入人民法院行政诉讼的受案范围。②

2. 对处罚决定之法律依据的解释原则

在行政执法实践中,主要援引以下规定作为公民批评行政处罚的实体法依据:(1)《治安管理处罚法》第26条第4项。该条旨在规定可予处罚的寻衅滋事行为,在列举了三类寻衅滋事行为后,第4项作了一个开放性的规定:"其他寻衅滋事行为"。(2)《治安管理处罚法》第42条第2项规定"公然侮辱他人或者捏造事实诽谤他人"应受行政处罚。(3)《治安管理处罚法》第25条第1项规定"散布谣言,谎报险情、疫情、警情或者以其他方法故意扰乱公共秩序"应受行政处罚。(4)《计算机信息网络国际联网安全保护管理办法》第5条和第20条规定了违法言论的类型和处罚措施。《网络安全法》《全国人民代表大会常务委员会关于维护互联网安全的决定》也规

---

① 参见习近平:《高举中国特色社会主义伟大旗帜 为全面建设社会主义现代化国家而团结奋斗——在中国共产党第二十次全国代表大会上的报告》,2022年10月16日。
② 《行政诉讼法》第12条第2款:"除前款规定外,人民法院受理法律、法规规定可以提起诉讼的其他行政案件。"

定了违法言论的类型,在具体处罚方面则通过引致条款引致前述四个条款适用。其中,大多数行政处罚决定援引的是《治安管理处罚法》第26条第4项,其次是该法第42条第2项,再其次是该法第25条第1项,个别决定援引了《计算机信息网络国际联网安全保护管理办法》第5条和第20条。如果批评是针对国家机关的,通常会援引《治安管理处罚法》第26条第4项或第25条第1项;如果批评是针对国家工作人员的,也有援引该法第42条第2项作为依据的。

这些条款特别是《治安管理处罚法》第26条第4项的规定含糊笼统,禁止的范围过于宽泛,授予了公安机关极大的裁量权力。在一起案例中,上诉人(原审原告)由于批评性言论被指控"捏造歪曲事实"而受行政处罚。上诉人的上诉意见提出:"被上诉人行政处罚上诉人所适用的法律规定是《中华人民共和国治安管理处罚法》第二十六条第四项'其他寻衅滋事行为',首先,这项规定中的'其他'二字,指代不具体、不明确,且被上诉人也没有向法庭提供相关的司法解释和规范性文件作具体释明;其次,这个法条的前面三项规定'(一)结伙斗殴的;(二)追逐、拦截他人的;(三)强拿硬要或者任意损毁、占用公私财物的',没有一条明确规定了'捏造歪曲事实'行为属于寻衅滋事违法行为的情形,因此,被上诉人认为'捏造歪曲事实'是该法条第(四)项规定的'其他寻衅滋事行为'没有法律法规的明确规定作依据。"①

这就提出了如何解释这些条款的问题。公安机关倾向于对这些条款作扩大解释,受理行政诉讼的人民法院倾向于认可公安机关的解释。为了充分保护包括批评权在内的公民基本权利,对于法律法规的一般性条款和不确定概念应该采取如下解释原则:对于授予公权力的条款应当作限缩解释,对于授予私权利的条款应作扩大解释。特别是对于《治安管理处罚法》第26条第4项"其他寻衅滋事行为",应当通过司法解释或行政规范性文件的方式明确它所包括的具体行为种类。它所包括的具体行为种类应当与该条前三项列举的行为具有一致性、相似性和共同特点。②

3. 有关处罚决定之事实依据的证明问题

在因公民批评受行政处罚引发的行政诉讼中,存在**两个层面**的事实证明问题:一是原告是否存在发布批评性言论的事实;二是批评性言论中的事实是否属实。按照《行政诉讼法》,被告对作出的行政行为负有举证责任,

---

① 参见温泉诉贺州市公安局八步分局治安管理纠纷上诉案,广西壮族自治区贺州市(地区)中级人民法院(2019)桂11行终98号行政判决书所转述之上诉人上诉意见。

② 相关问题的讨论,参见章剑生:《兜底条款适用的法解释技术——季频诉宜兴市宜城公安派出所治安处罚案评析》,《法治研究》2021年第6期。

应当提供作出该行政行为的证据和所依据的规范性文件(第 34 条);原告可以提供证明行政行为违法的证据。原告提供的证据不成立的,不免除被告的举证责任(第 37 条);人民法院应当按照法定程序,全面、客观地审查核实证据。对未采纳的证据应当在裁判文书中说明理由(第 43 条)。

在行政诉讼实践中,一种比较普遍的现象是,事实证明的方式和义务分配不利于批评者。被诉机关通常只能证明第一层面事实的真实性,而不能充分证明第二层面事实的虚假性。其证明第二层面事实的虚假性的基本方式是,原告在接受询问的过程中不能证明事实是真实的,或者事实不是来源于国家机关。在一起上诉案件中,被上诉人(公安机关)认为,"上诉人……在网上大量发表未经查证属实的言论等。上述内容未经有关机关查证属实都是现行法律所禁止的。"①人民法院也持有此种观点:"在未有司法、纪检等法定国家机关通过法定途径作出认定的前提下,原告在博文中发布的……信息,均不属实"②;"上诉人在接受公安机关的询问时说其在前述视频中所述的关于其自己的事件的定性系其主观臆断,且上诉人未提供相关证据证实真实性;对其在视频中所述的关于其他人的事件,在发布前也并未核实过"③。这意味着,把证明第二层面事实真实性的义务分配给了原告,如果原告不能证明事实是真实的,那么就是虚假的。

按照《行政诉讼法》的规定,被诉机关负有证明两个层面的事实的义务,而人民法院也应该全面地审查行政机关是否能够证明这两个层面的事实。只有证明第一层面事实的真实性和第二层面事实的虚假性,才能成立行政处罚合法性的事实依据。

4. 对处罚决定的特别程序制约

公民批评引发的行政治安案件有一个特点,即如果公民批评的对象是一个地方的公安机关或其负责人,或者是公安机关的上级机关或其负责人,由该机关调查公民批评是否构成行政违法,由于公安机关的内部关系以及与上级机关的关系是领导与被领导的关系,案件承办人员在制度上和在事实上都不具有独立性。这并不利于案件的依法公正处理和对批评权的保障。

---

① 参见温泉诉贺州市公安局八步分局治安管理纠纷上诉案,广西壮族自治区贺州市(地区)中级人民法院(2019)桂 11 行终 98 号行政判决书。
② 参见吴中明诉常州市公安局钟楼分局五星派出所等行政处罚上诉案,江苏省常州市中级人民法院(2018)苏 04 行终 13 号行政判决书。
③ 参见魏荣芝诉三都水族自治县公安局治安管理纠纷上诉案,贵州省黔南布依族苗族自治州中级人民法院(2018)黔 27 行终 168 号行政判决书。

公安部曾注意到地方公安机关在办理侮辱诽谤案件中的这一问题，2009年发布了《关于严格依法办理侮辱诽谤案件的通知》。该通知要求："对于不构成犯罪但违反《治安管理处罚法》的，要通过治安调解，最大限度地化解矛盾和纠纷"；"对于调解不成的，依法给予治安管理处罚；对于可能引起较大社会影响的侮辱、诽谤治安案件，在作出行政拘留处罚决定前，应当报经上一级公安机关同意"。这一通知的本意在于保护公民的批评权利。

该通知所建立的报批制度还可以完善，并扩大适用于公民批评所引起的其他治安案件。第一，按照通知，报批制度仅适用于"可能引起较大社会影响的侮辱、诽谤案件"，而不是所有公民批评引起的侮辱、诽谤案件。"可能引起较大社会影响"这一条件不仅是一个极具弹性的规定，在实践中难以产生刚性约束力，而且本身就不合理。对于没有引起较大社会影响的案件，更应该加强对行政处罚决定的制约。第二，按照该通知，报批制度仅适用于"行政拘留决定"。如果作出其他的处罚决定，就无须报批。行政拘留是最严厉的行政处罚，但是其他种类的处罚也可能产生寒蝉效应。报批程序应当防止错误的决定，而不是仅防止错误的严厉处罚。第三，这一制度仅适用于公民批评引起的侮辱、诽谤案件，实际上如果处罚机关把案件定性为"寻衅滋事"案件（《治安管理处罚法》第26条第4项）或"散布谣言"案件（《治安管理处罚法》第25条第1项），就无须报批。因此这一制度应当扩展适用于所有公民批评引起的治安案件。

（三）司法侵害批评权的救济

司法本是救济权利的重要制度途径。当司法机关侵害批评权，通常仍是通过司法途径加以救济的。司法机关在涉及公民批评的案件当中，违法或不当行使公权力，疏于对拟适用的法律法规作合宪性解释，或违反比例原则，就有可能侵害批评权。司法侵害批评权的主要原因是，司法机关及其工作人员受到批评对象的直接或间接影响而不能依法独立公正处理案件。

法律规范是运行于一定的体制和程序环境之中的。法律实施环境影响着法律的实效，法律实施环境的不合理会放大法律本身的不合理或技术上的不完善；相反，合理的法律实施环境会减少法律本身的不合理或不完善所带来的影响。在公民批评引起的诉讼中，普遍的现象是，民事侵权行为被当作诽谤犯罪行为来处理，刑事自诉案件被当作公诉案件来处理，在应当由公诉机关证明的事项上运用推定或免除其证明责任。在这个过程中，似乎有一种高高在上的力量在指挥、协调着整个行动，迫使案件偏离正常的法律轨道。

由公民批评所引起的司法案件暴露出司法机关不能够依法独立行使职

权。中国法律规定了司法机关依法独立行使职权原则,人民法院、人民检察院依照法律规定独立行使审判权、检察权,不受行政机关、社会团体和个人的干涉;人民法院、人民检察院和公安机关办理刑事案件,应当分工负责,互相配合,互相制约,以保证准确有效地执行法律。但是这些规定在这类案件的追诉过程中难以发挥作用。

在司法实践中,由公民批评所引起的案件能否得到公正处理,在很大程度上取决于案件是否有机会得到曝光、外界的关注度和舆论压力。一些案件,由于外界强烈的关注和巨大的舆论压力,当地政法部门不得不作撤案处理。这说明,由于互联网的兴起和普及,民意表达的空间得到了拓宽,成为一种影响社会进程的重要力量。这是可喜的。但是仅凭这种外部的力量来规范案件的处理是不够的。第一,能够得到曝光的案件毕竟是少数的,公众所了解的公民批评引起的案件可能是冰山一角。第二,即使能够得到媒体曝光,由于公众对同类事件的关注会产生疲劳,不可能维持同样的强度,一些错误案件没有机会得到纠正。第三,公众关注和舆论压力对于案件的处理来说也是一种干预。从长远来说,这种干预并不有利于司法机关独立办案,反而可能会形成一种舆论干预司法的传统。

问题还要从内部的根源处去解决。也就是说,应理顺体制关系,保障司法机关依法独立行使职权。如何理顺司法机关的体制关系,法学界提出了许多建设性的改革方案。在实践中,中共中央办公厅、国务院办公厅曾印发《领导干部干预司法活动、插手具体案件处理的记录、通报和责任追究规定》(中办发〔2015〕23号),最高人民法院、最高人民检察院颁布了有关落实这一规定的办法,公安部颁行了《公安机关内部人员干预、插手案件办理的记录、通报和责任追究规定》(公通字〔2015〕17号)。只有通过改革完善司法机关依法独立行使职权的体制机制,公民的批评权才能获得切实的司法保障。

司法体制的改革是需要时日的。目前可以考虑在刑事诉讼程序方面作些努力,以使诽谤案件的审理等工作避免受到非法干预。公安部发布的《关于严格依法办理侮辱诽谤案件的通知》规定:"对于侮辱、诽谤案件,公安机关经过审查,认为具有严重危害社会秩序和国家利益的情形,需要追究刑事责任的,应当报经上一级公安机关同意后立案侦查;立案后需要采取强制措施的,应当在采取强制措施前报经上一级公安机关同意。"这一规定具有非常积极的意义。除此之外,还应在检察、审判方面采取相应的措施。第一,上级检察机关应当加强对下级检察机关有关公民批评的刑事公诉案件的批准逮捕、审查起诉等工作的监督,必要时可以要求下级检察机关将案件移送本院,由本院承担相关工作,如决定起诉,则向同级人民法院提起。第二,上级人民法院也应当加强对下级人民法院有关公民批评的案件审判工作的监督,必要时可以要求下级人民法院将案件移送本院审理,或者指定下级人民法院将案件移送其他法院审理。在当事人层面,第一,应加强对其申请回避权利的保障。驳回回避申请,应当说明理由。第二,可以考虑赋予民事、行政案件的原告以及刑事诽谤案件被告在一定条件下请求上级法院审理本案或指定其他法院审理本案的权利。

(四) 网络平台侵害批评权的救济

对待违法的批评性言论,就如同对待其他违法的信息一样,网络平台采取停止传输及消除信息等处置措施。有两种情形:(1)主动处置,即在日常的信息内容管理中发现法律、行政法规禁止发布或者传输的信息,依法主动采取处置措施(《网络安全法》第47条);(2)应要求处置,即应监管机关的要求采取处置措施(《网络安全法》第50条)。

如果批评者(网络用户)认为平台处置错误,在现行制度下缺少救济的途径和手段。网络用户在使用平台信息服务过程中,受到双重约束:一是国家法律制度的约束;二是平台信息服务使用协议的约束。国家法律制度没有赋予用户在这种情形下的请求救济权利。《网络安全法》第14条规定,任何个人和组织有权对危害网络安全的行为向网信、电信、公安等部门举报。举报的内容并不包括平台错误处置行为。平台信息服务使用协议是确定平台和用户双方权利义务的协议,虽通常称为"协议",其实是平台单方面制定的用户使用规则。这种规则通常会规定,平台拥有单方面处置违法信息的权力,用户负有接受处置结果的义务。[①] 如用户不接受这种规定,只能退出协议,注销账号。但是各主要网络平台的信息服务使用规则在规制用户行为方面大同小异。平台通常会建立投诉机制,但是这一机制主要用以防止出现违法信息和保护信息安全,对于纠正平台自身违法处置行为无能为力。

为防止网络平台侵害批评权,应建立和完善相应的救济机制。第一,应当通过立法对于网络平台信息服务使用协议和平台投诉机制提出一定的强制性要求,例如平台不得在协议中置入违法处置言论免责条款,平台应当完

[①] 例如一家大型门户网站信息服务使用协议规定:平台有权对用户使用信息服务的行为及信息进行审查、监督及处理,发现用户存在违反国家法律和政策、损害国家机关形象、侵害他人合法权益的行为及信息,有权随时中断或终止向用户提供协议项下的信息服务而无须对用户承担任何责任。参见《微博服务使用协议》,https://weibo.com/signup/v5/protocol。

善违法言论处置投诉机制,在此机制中平台最低应当负担告知、听取陈述和申辩、说明理由的义务,用户最低应当享有提出陈述和申辩、请求给予书面处置决定的权利。第二,完善对平台错误的主动处置行为的外部制约机制。平台根据《网络安全法》第 47 条对违法言论的处置是一种准政府行为,在一定程度上超出了私法的调整范围。可以借鉴《个人信息保护》第 58 条有关平台外部独立机构的规定,建立一定的外部独立机构处理网络用户对平台错误主动处置行为的投诉。第三,对于平台应监管机关要求采取的处置措施,在批评权纳入行政诉讼救济范围之后,可以以监管机关为被告提起行政诉讼。

第三节　畅通渠道义务

在民主制度下,国家应当为公民批评提供一定的渠道。《宪法》第 27 条第 2 款规定:"一切国家机关和国家工作人员必须依靠人民的支持,经常保持同人民的密切联系……"这种"密切联系"通过一定的渠道和平台来实现。这可以引申出国家的畅通渠道义务。

按照基本权利的客观法功能理论,这种义务总体上属于客观法上的积极义务,属于国家对基本权利所负有的制度性保障义务、组织与程序保障义务。此种义务不对应着个体公民的主观请求权,个体公民不能通过一定的法律程序强制国家履行此义务。它是国家在宪法上对作为整体的人民所负担的义务。就公民表达渠道而言,它们的多元与否、效能高低主要取决于科学技术水平、建设运作维护渠道的费用以及制度保障的力度等多种因素。制度保障是其中一个因素。

这种义务的基本内容是国家应当维护公共论坛的健全、通畅,以及开辟直通国家机关的渠道,以便人民表达批评性言论以及其他有关公共事务的言论。国家的这一义务是由所有类型的国家机关所担负的,其中全国人民代表大会及其常务委员会是主要的担负者,因为《宪法》第 2 条第 3 款规定的是人民"依照法律规定",行使管理权利。全国人民代表大会及其常务委员会担负着制定有关法律,特别是有关"各种途径和形式"的法律的义务。而每一类型国家机关则有义务在宪法赋予的职责范围内开辟直通渠道,以便人民针对其工作提出批评和建议。

借以表达公民批评的渠道可以划分为三类:社会性、参与性和机构性渠道。社会性渠道位于社会领域,由独立于或相对独立于国家机关的传媒体和表达平台所组成,例如传统媒体、互联网、适宜表达的公共场所等。参与性渠道由国家机关和承担公共行政职能的组织向社会延伸出去的、就特定事项征求意见的言论渠道组成,例如听证会、论证会、座谈会以及开放式参与。所谓开放式参与,是指国家机关公布立法草案、决策方案或待决事项,提供联系方式,以便公众反映意见和建议,参与讨论。机构性渠道是国家机关以及承担公共行政职能的组织开辟的用以接收公民意见建议的日常性渠道。社会性渠道是公共论坛。参与性渠道和机构性渠道是国家机关所开辟的直通渠道。

在制度实践中,流行着所谓"正常渠道""正当途径"的观点。例如在一份判决书中,法院称:"原告有举报的权利,但应当依法通过正当途径在指定的网站进行投诉,而事实上,原告擅自在网络公共平台上发布包含其个人凭空臆想、未经证实的虚假信息,且该信息点击量较大,严重损害了当地党政机关形象和公信力,侵害了他人名誉,造成了不良的社会效果,扰乱了网络公共秩序,构成了寻衅滋事。"[1] 把国家机关开辟的渠道称作"正当途径",似乎其他渠道是非正当渠道。这是一种政策思维而非法治思维,实际上限缩了批评权的行使渠道。

一、社会性渠道

社会性渠道本身就是一个渠道体系,例如电子和纸质媒体。随着传播技术的发展,这一体系所包含的渠道将会越来越宽广,提供的表达方式也越来越便捷。在这一体系中,社交类网络平台发挥着主要的作用。从批评权保障的角度来看,目前的制度建设需要注意以下问题:

第一,恰当调整网络平台的商业性质与公共义务的关系。网络平台作为一个市场主体,在运作的时候必然考虑自身的经济效益。当平台离商业近了,就倾向于重视能带来商业利益的用户,而轻视没有商业价值的用户。例如,虽然注册通常是免费的,但是平台普遍根据用户购买服务的多寡而将用户划分为不同的阶层。这就使得法律上平等的表达权在平台机制中变得不平等,使得表达权等级化。弱势群体是没有商业价值的,无力购买网络平台的更高级服务。平台的权力具有公共的性质,担负着公共论坛职能,宪法基本权利对其具有一定的直接效力。[2] 国家应当通过立法明确此类平台的

---

[1] 参见梁万茂诉黄梅县公安局治安管理纠纷案,湖北省武穴市人民法院(2019)鄂1182行初4号行政判决书。
[2] 参见李海平:《基本权利对社会公权力主体的直接效力》,《政治与法律》2018年第10期。

公共义务,防止对商业利益的追逐侵害公民的言论表达权利。

第二,在制度建设中有必要采取措施,促进政府和公众的互动。例如可以考虑在县级以上的行政区域中,整合国家机关网站中的公共论坛,使之成为此一区域公民集中讨论公共事务和表达意见建议的渠道。政府可以把从网络论坛上搜集信息作为决策输入过程中的常规步骤。

第三,现行制度需要注意培养弱势群体参与网络论坛的能力。提高弱势群体的表达能力,是一项牵涉多方面问题的事情。从长远来看,需要推进教育公平,使弱势群体的子女能够接受和其他阶层的子女一样良好的教育。从短期来看,还需要加大政府的投入,通过培训、宣传等手段缩短"数字鸿沟",并采取措施,促使信息服务经营者降低宽带使用价格和流量价格。

二、参与性渠道

参与性渠道的特点是围绕待决事项,议题集中;公民意见建议一般能够迅速、准确地传递给征求意见的国家机关。

综合法律规定和参与实践,参与性渠道主要有以下形式:听证会、座谈会、论证会、开放式参与等。听证会是指国家机关组织公民就特定事项通过申辩、质证等方式发表意见,具有较严格程序的会议。座谈会是指国家机关邀请相关公民或公民代表发表意见、程序性不强的会议。论证会是指国家机关组织有关专家就相关技术性或事实性问题进行论证的会议。开放式参与并非一个法律概念,它是对待决事项广泛征求意见类似方式的概括;在开放式参与中,任何人都可以对国家机关公布的立法草案、决策草案或待决事项发表意见建议,参与讨论。

国家机关有义务开辟公民参与渠道征求意见建议,这已经成为常识。这里需要论述的问题是,不同国家机关在开辟参与性渠道方面是否负有相同的义务?

在国家的权力架构中,可以把权力分为两类:一类旨在制定法律、政策等规范,可以称为规范制定权。在立法法所规定的立法体制外,许多国家机关依然可以制定在本地区或本系统内适用的规范。另一类旨在实施既定的规范,可以称为规范实施权。国家机关可能是多重权力主体,例如某一人民政府既是法律政策的执行者,同时按照立法法又享有制定地方政府规章的权力;最高人民法院既是审判机关,又制定司法政策和发布司法解释。不同的国家机关,同一国家机关行使的不同权力,甚至行使权力的不同环节,具有不同的开放性,负有不同的开辟参与性渠道的义务。

规范制定权是制定普遍、抽象的规范的权力。规范制定过程具有利益综合的功能。所制定的规范愈是上位规范,所涉及的利益愈是广泛和根本,利益综合愈是深刻和强烈。根据民主原则,一个国家机关在行使规范制定权过程中应当尽可能广泛地听取人民的意见建议,对不同的利益要求加以综合,与民众形成良好的互动关系。通过这种良好的互动,有效、有序地把公民的意见建议整合到法律体系之中,在人民意见建议与法律体系之间建立一种前者转换为后者、前者推动后者的机制。因此,国家机关在制定规范过程中具有更高的开放性,应当就所制定的规范这一事项开辟参与性渠道以供公民表达意见建议。

规范实施是把既定的规范适用于具体的情况。这是规范实施权的性质。由于受到既定规范的约束,自由裁量度相对较小。根据法治原则,规范实施行为应当符合规范的规定。在功能定位上,规范实施主体不是利益综合机关,而是执行机关。因此,相比规范制定主体,实施主体的开放性相对较弱,除非作出涉及特定或不特定多数人利益的决定,一般不需要开辟参与性渠道。

中国具有较为完善的公众参与制度,也有丰富的实践,但仍然有改进的空间。其一,在立法参与方面,立法法对公众参与立法作了原则性的规定,一些地方人大或其常委会制定了地方性法规制定听证办法。原则上所有的法律草案、地方性法规草案都可以公布,征求意见或供人们评议。征求意见时间应当具有足够长度,各种意见都应允许表达。其二,在行政参与方面,《行政法规制定程序条例》《规章制定程序条例》都规定有公众参与制度。行政机关作出影响广泛或涉及利益重大的决策时,例如在作出价格决策、城乡规划和决定重要工程项目时,应当实行一定形式和范围的参与。这种决策权介于规范制定权与管理权之间,兼具二者性质,开放性也介于二者之间。这种决策过程至少应当向受决策影响的利害关系人开放。重大决策公众参与的制度化仍需要加强,需要在制定《行政程序法》中予以考虑。其三,《最高人民检察院司法解释工作规定》(高检发办字〔2019〕55 号)、《最高人民法院关于司法解释工作的规定》(法发〔2021〕20 号)规定有公众参与制度。有一种担心是,这样做是否与它们应当有的公正超然角色相符合。实际上在这方面它们行使着规范制定权,而这些规范不仅涉及司法工作的机制和措施,而且涉及公民的权利和义务。司法解释起草过程应适当开放,注意参考来自不同渠道的公民意见和建议。这无碍于它们依法独立行使审判权和检察权。

三、机构性渠道

通过社会性渠道,公民自发地表达批评性言论和其他有关公共事务的言论。而在参与性渠道中,公民应开辟此渠道的国家机关邀请就特定主题表达意见建议。人们希望主动地表达意见建议,又可以直接通达有关国家机关。这就需要机构性渠道。直接向国家机关表达诉求,来源于古老的请愿诉冤的权利,体现着朴素的公正观念,现在又符合中国共产党的群众路线。机构性渠道受到重视。

机构性渠道是比较完善的,不仅行政机关,而且国家权力机关和司法机关,都开辟有机构性渠道。机构性渠道内的表达活动通常称为信访。2022年中共中央、国务院发布《信访工作条例》,全面吸收融合国务院《信访条例》内容,广泛适用于各级党的机关、各类国家机关以及群团组织、国有企事业单位的信访工作,有助于提高信访处理的制度化水平。机构性渠道主要有两种基本途径:(1)负责官员或部门直接受理来信或接待来访;(2)信访工作机构受理来信或接待来访,把相关意见、建议或要求传递给有权处理的负责官员或部门。来信的方式除了传统的走访和邮寄信件,更多采用的是通过网络发送信息。机构性渠道的意见建议主要针对国家机关及国家工作人员的日常工作。

第四节 回应处理义务

《宪法》第 27 条规定,一切国家机关和国家工作人员必须"倾听人民的意见和建议,接受人民的监督"。从这一条款中可以引申出国家机关对公民批评的回应处理义务。在具体制度的落实和展开中,回应处理的形态主要包括受理、调查、考虑、决定、反馈等一系列依法定职责而展开的程序和环节。由于不同国家机关的权力性质、功能及自由裁量度不同,其回应处理义务的内容也有所不同;对来自不同主体、不同渠道和不同内容的公民批评,即使同一国家机关也负有不同程度的回应处理义务。①

一、回应处理义务因意见主体不同而不同

(一)从公民批评到"人民的意见和建议"

《宪法》第 41 条规定,公民有权对任何国家机关和国家工作人员提出批评和建议。第 27 条规定,一切国家机关和国家工作人员必须"倾听人民的意见和建议,接受人民的监督"。这意味着,国家并不能保证公民的每一个

---

① 参见侯健:《论对公民表达的政府回应义务》,《法学》2013 年第 11 期。

批评性言论都会得到倾听,但是应当保证"人民的意见和建议"得到倾听。那么,公民批评如何成为国家机关和国家工作人员必须倾听的"人民的意见和建议"呢?

从主体来看,在《宪法》第41条中,批评权的主体是"**公民**"。宪法对公民有清晰的界定,即具有中华人民共和国国籍的人。

在《宪法》第27条中,意见和建议的主体是"**人民**"。宪法上的人民是一个复杂的形象,具有多重不同的含义:它是一个历史文化共同体,是一个伦理共同体,是一个政治意志的主体①;它还是一个被领导者和被教育者②。最重要的,它是一个主权者。宪法规定,国家一切权力属于人民。人民是主权的主体,是一切公共权力的最终的、唯一的正当来源。但是,人民是像神一样的存在。任何一个普通公民都不能声称他是人民或代表人民,他的意见和建议是"人民的意见和建议"。他只能享有权利而不能享有主权。但是他是人民的一分子和构成要素,在人民的结构中存在着部分与部分之间、部分与整体之间的联系机制,任何一个构成要素都可以通过行使权利,参与和推动联系机制的运作,把自己的意见和建议转化为人民的意见和建议。部分与部分之间的联系机制是公共论坛和结社制度,部分与整体之间的联系机制是代表机制。

人民不是一个天上的神,而是一个人间的神。它至少有三种存在形态:

一是生物意义上的人民。这是本源形态的人民。它并不经常出现,只在重大的宪法时刻出场。

二是言语意义上的人民,即舆论形态的人民。舆论形态的人民是人民的常态,是也应当是经常在场的。卢梭把"风俗、习惯,尤其是舆论"称为一切法律之中最重要的一种:它"既不是铭刻在大理石上,也不是铭刻在铜表上,而是铭刻在公民们的内心里;它形成了国家的真正宪法"③。

三是制度意义上的人民,亦即法律形态的人民。当人民的意志体现为法律,法律也就是"如朕亲临"的人民。这包括了卢梭所说的另外三种法律(政治法、民法、刑法)。法律形态的人民是持续在场的,即使在国家处于紧急状态时也是不能退场的。

本源形态的人民的出场是非常政治状态。而《宪法》第27条规定的是日常政治运转的原则,主要服从于和服务于舆论形态和法律形态的人民。其中的"人民的意见和建议"可作两个层面的解释。

---

① 强世功:《基本权利的宪法解释——以齐玉苓案中的受教育权为例》,载赵晓力主编:《宪法与公民》,上海人民出版社2004年版,第22—27页。
② 主要可参见《宪法》序言、第1条、第24条。
③ [法]卢梭:《社会契约论》,何兆武译,商务印书馆1980年第2版,第72页。

其一是呈现为舆论的人民意见和建议。"人民的意见和建议"是一个规范性的概念,它不等于通常的自然形态的舆论。自然形态的舆论通常具有压制性和偏颇性,一种声音压制着另一种声音,主流意见和建议也未必反映人民的真正意愿。这样,公民批评向"人民的意见和建议"发展,若可在一定程度上避免自然形态的舆论的缺陷,则需要有各种复杂的有关公共论坛的制度和机制来支撑。在制度原理上,至少需要具备两个条件:言论的自主性和完整性。自主性是指言论表达活动不受干扰,不受阻碍;在不同主体之自由共存的条件下每个人的表达自由都可以伸展;在平等的表达自由权的条件下,每个人都有机会充分施展自己的表达能力。言论的完整性,即每一个人如果愿意都可以把声音表达在公共论坛;公共论坛的言论状态比较完整地反映了人们的声音、要求、愿望。公共论坛是不偏颇的,并不偏爱某一些阶层的人,没有使某一些人过大的声音淹没了另一些人较小的声音。完整性涵盖了多样性,多样性往往是指公共论坛的言论状态多种多样,丰富多彩,与单一相对。[①] 完整性不仅指言论的种类,还指言论与人群的对应关系,与偏颇相对。完整性可以兼容单一性,即:在某一公共问题上人民所具有的高度一致共识,可以作为公共论坛的一个理想目标。完整性是一个更准确的概念。完整性通常体现为多样性。

在此方面,就公民批评而言,批评权制度也应当符合这两个基本原理,它们保障着公民批评发展为"人民的意见和建议"。当一种批评性言论及相关事项引起广泛的关注,形成公共关切和公共舆论,成为"人民的意见和建议",公民转化为人民,那么被批评的国家机关或被批评的国家工作人员所在的国家机关就不能无动于衷,就会产生对人民的回应义务。

其二是根据体现人民意志的法律而提出的意见和建议。个体公民根据法律规定提出的意见和建议,虽然没有引发广泛的关注而形成人民的舆论,但是它是体现人民意志的法律在特定事项上的应用和延伸,也应视为"人民的意见和建议"。毛泽东指出,人人起来负责,是走出历史周期率的根本途径。这启示着,个体公民根据法律所作的批评被视为人民的意见和建议,是人人起来负责的题中应有之义。

在此方面,就公民批评而言,个体公民批评国家机关或国家工作人员没有依法履行法定的职责,这种批评性言论又循着法定的直通渠道到达了有

[①] 西方学者通常主张将言论的多样性作为表达自由法制的一个调整目标。布拉西对此有较为深入的论述。参见 Vincent Blasi, "The Checking Value in First Amendment Theory", *American Bar Foundation Research Journal*, Vol.2, No.3, 1977, pp.521-649。

关国家机关,且此言论事项又属于这一国家机关法定职责范围内的事项,原则上该国家机关应当有所回应。在公民民主意识迅速增长和新媒体等资讯手段日益发达的形势下,应当把回应型政府建设作为政府建设的重要内容。

(二)从"人民的意见和建议"到公权行为

当公民批评转化为"人民的意见和建议",至少会发挥以下两个方面的直接作用:一是促进法律、政策和国家机关工作的改进和完善,二是监督法律、政策的实施,制约国家机关和国家工作人员的违法乱纪行为。

一定数量的公民就同一公共问题对有关国家机关或国家工作人员发表批评性言论,形成了一定的舆论。如要发挥对国家工作的促进作用,还需要处理几个方面的问题。

第一,判断此时的舆论体现了"人民的意见和建议",反映了人民的需求。

第二,对人民的意见和建议进行分析、归纳和整理。舆论通常是纷繁芜杂的,甚至相互冲突的,需要加以分析、整合。这至少需要做以下几方面的工作:

(1)理性化:排除意见和建议中的情绪因素和没有理由支持的部分;

(2)集中化:把零散的意见建议归纳为若干观点或主张;

(3)专业化:把日常用语转化为法律和政策语言。

第三,把整理后的人民意见和建议传递给有关国家机关。这就是政治过程的"利益综合"。阿尔蒙德和鲍威尔把政治过程分为利益表达(interest articulation)、利益综合(interest aggregation)、政策制定(policy making)、政策实施(policy implementation and adjudication)等几个阶段。他们认为,当某个集团或个人提出一项政治要求时,政治过程就开始了。这种提出要求的过程就是利益表达。而对利益表达加以分析、归纳和整合,以形成明确、有条理的政策主张,这就是利益综合。这里的政策既包括现代汉语里通常所谓的政策,也包括法律。政策制定就是对不同的意见和建议进行抉择,形成政策。最后是政策实施。① 利益综合是政治过程的一个必不可少的阶段。

在利益综合过程中,代表机制就发挥了重要作用。代表机制是"人民的意见和建议"的判断、整合和传递机制。据宪法文本和实践,中国有人民代表大会、中国共产党这两种代表机制,有的学者还加上了中国人民政治协商会议。② 在这"三位一体"中,中国共产党居于领导地位。在人民代表大会

---

① 参见[美]加布里埃尔·A.阿尔蒙德、[美]小 G.宾厄姆·鲍威尔:《比较政治学:体系、过程和政策》,曹沛霖、郑世平、公婷、陈峰译,上海译文出版社 1987 年版,第 210—225 页。

② 有关中国的"人民"代表机制的讨论,参见陈端洪:《宪法与主权》,法律出版社 2007 年版,第 147 页;高全喜:《政治宪法学纲要》,中央编译出版社 2014 年版,第 107—116 页;田飞龙:《中国宪制转型的政治宪法原理》,中央编译出版社 2015 年版,第 382—417 页。

机制中，人民的意见和建议可以转化为相关议案和人民代表的意见建议，再进一步转化为国家的法律、政策措施。中国人民政治协商会议是中国共产党领导下的政治协商组织，总体上属于政党代表机制。各党派、各团体的意见建议被综合进作为执政党的中国共产党的政策方案之中，再由中国共产党通过一定程序转化为国家的法律和政策措施。除此之外，根据《中国人民政治协商会议全国委员会提案工作条例》以及政协实践，人民政协可以将提案直接交给相关国家机关。

除代表机制外，国家机关还主动履行《宪法》第 27 条规定的义务，倾听有关自己职责范围的事项的人民意见和建议，通过一定程序把人民的意见建议转化为国家的法律和政策。

二、回应处理义务因公民表达渠道不同而不同

社会性渠道是公共论坛。参与性渠道和机构性渠道是直通渠道。在面对不同渠道的公民表达时，国家机关负有不同程度的回应义务。其一，对公共论坛上的公民批评、意见和建议，国家机关可通过一定的舆情监测机制，了解有关本机关职责范围内事项的舆情，通过一定的形式加以回应。特别是对于有较大影响的社会舆论事件，相关国家机关，特别是所涉及的主要国家机关，应当予以回应，说明情况，解释原因，回答质疑。对其中合法合理的要求，应启动处理的程序。但是舆情监测机制未必能够检测到所有的舆情，而且对于公民批评是否构成"人民的意见和建议"，很难通过立法规定清晰明确的判断标准。另外，再考虑到公共资源的有限性，在这一方面，应容许国家机关有较大的自由裁量权。其二，对于源于直通渠道的公民批评、意见和建议，原则上应当有所回应。直通渠道就是为倾听公民的批评、意见和建议而设置的，如果未加以回应，就不够合理。人的正常心理是：在发表意见之后总希望得到考虑，听到反响。无论结果是采纳还是不采纳，总比寂寂无声好。寂寂无声就会挫伤人们参与的积极性。同样，考虑到公共资源的有限性，回应义务也不是无限的。对不同公民有关同一事项的批评可以集中回应。对于同一公民的反复同一批评，可以设置回应终结程序。从个体公民角度而言，获得回应只是程序性的权利，而非实体性的权利。他可以请求国家机关回应，但是无权请求国家机关按照其意见或建议作出决定。

三、回应处理义务因权力性质不同而不同

国家权力可分为规范制定权和规范实施权。对公民批评性言论，不同的国家机关，同一国家机关行使的不同权力，甚至行使权力的不同环节，承

担不同的回应处理义务。国家机关在行使规范制定权的过程中承担更高的回应处理义务,在行使规范实施权的过程中承担较低的回应处理义务。规范实施权力并不是一种刻板的权力,实施主体也并不是按照既定程序操作的电脑。规范一般具有如下特征:一是规定一定的自由裁量幅度,以便实施主体应对纷繁复杂的具体情况及其变化;二是具有一定的抽象性、概括性和模糊性。这两种情况都会导致实施主体具有一定的自由裁量空间。在这一自由裁量空间内,实施主体可以倾听和考虑人民的意见和建议。公民批评通常针对两个方面,一是规范实施机关和工作人员的行为不符合法律和政策规定,二是他们的行为不合理或不公平。按照《宪法》第41条的规范意旨,公民批评不包括行政执法过程中行政相对人的申辩、申诉、请求行政复议等活动以及司法诉讼过程中当事人的起诉、上诉、申诉等活动。这些活动显然属于通常的行政执法或司法程序内的活动,归于相应程序法的调整。

这里需要特别讨论人民法院的回应处理义务。最高人民法院可以制定和发布司法解释、司法政策以及有关司法工作的其他规范性文件,这些实际上是规范制定权。规范制定权负有较高的回应处理义务。特别是有关司法解释的规范深刻地影响了公民的权利和义务,其制定过程应向社会适当开放,征求意见和建议,并予以回应。人民法院行使审判权,具有相对较少的开放性。人民法院在案件审理过程中对当事人和其他人通过诉讼程序之外的渠道所表达的意见、建议和要求应保持克制、沉默的态度。这是由司法的性质和特点所决定的。司法者需要以冷静、客观、中立的态度,独立、不受干扰地作出判断。同时,诉讼制度设计了双方当事人公平陈述和论辩的程序,如果法庭考虑或采纳一方当事人及其支持者在诉讼程序之外的意见和要求,对另一方当事人来说就是不公平的。在案件判决书生效之后,就可以多一些回应性。例如判后释疑就是一项很有意义的对当事人疑问的回应制度。甚至可以就一些广受质疑的影响较大的案件,对公众作出回应。在程序上区分立案与信访。对于信访中的申诉,则应纳入审判监督程序予以处理;对于当事人对生效判决的疑问,可实行判后释疑;对于人们对法院工作的批评、意见和建议以及对法官的投诉,则应有专门的处理和回应处理程序。

结　　语

1982年12月4日,第五届全国人民代表大会第五次会议全体会议表决通过新的《中华人民共和国宪法》。这次宪法修改从启动到出台,历时两年三个月,其中全民讨论宪法草案超过四个月。那是一个百废初兴、充满希望的年代。

在第41条,它规定,中华人民共和国公民对任何国家机关和国家工作人员有提出批评的权利。这一条款是重新勾画国家治理蓝图、规范政府与人民关系的重要一笔。它不仅是对两千多年封建专制传统下普通民众无批评权的否定,而且是对"文化大革命"中群众大批判运动的纠正。它所蕴含的理想批评模式超越了建立在民本主义基础上的臣民批评模式,又与西方主流政治法律思想推崇的以媒体批评为核心的精英模式有根本的不同。

它蕴含着一个朴实无华、立意高远的价值观,并在实践中得到检验和发展而富有生命力。在这一观念中,公民批评不仅是一项权利,是一种权力监督和制约机制,而且是一种重要的民主形式和要件。它甚至寓示了这样一种可能性:在一定条件下公民批评可以作为基本的形式和要件,构成一种民主模式。选举民主体现为数年一次的选举,协商民主体现为高层的沟通,参与民主(例如参与立法、执法、司法和社区事务)成本高昂、不易实行。而公民的批评权利是一种日常、便捷、普惠的法治化民主形式。它提供了民主意志赖以形成和存在的适当话语环境,它是其他民主形式的认识论基础之一。这种民主形式特别适合于中国的政治体制、大型国家和互联网时代(特别是自媒体的迅速发展)这样的社会、政治和技术背景,有着广阔的发展空间和前景。

然而,它又是非常脆弱、易于被滥用的权利,无论是行使它,还是限制它,都有可能超过正当、合理的限度。这既需要法治的保障,又需要法治的制约。不仅要通过法律充分地保障公民的批评权利,也要使公民的批评权利的行使受到法律的约束。在这一方面,宪法语气坚定、态度分明,又包含了许多复杂而微妙的平衡。它区别对待普通言论与批评性言论,区别对待公民批评与申诉、控告和检举。可以说,宪法本身就蕴含着解释适用批评权规范的若干方法论原则。

公民批评涉及一系列、广泛的制度规范和法律问题,例如公民批评权与国家工作人员名誉权、隐私权,公民批评与国家秘密,公民批评与寻衅滋事、公共秩序,公民批评与司法公正、司法权威等价值,等等;概括而言,涉及与私人合法权益的关系以及与公共利益的关系。批评权需要在错综复杂的关系中确定它的屏障与边界。在法律实践上,批评者与被批评者的对抗主要表现为20世纪90年代至21世纪初的名誉权纠纷案件,21世纪伊始至2010年前后的诽谤、侮辱治安和刑事案件,2010年以来的寻衅滋事治安和刑事案件。制定涉及公民批评权的制度规范,适用有关规范去解决公民批评所引起的法律问题,都需要把握宪法批评权的理论基础、价值观和方法论原则,需要作合宪性审查和控制。在制度规范方面,《民法典》第1025条、第1026条提供了很好的范例,许多司法裁决也注意到了公民批评的制度价值,并作了适当保护。当然,有关的制度规范和司法实践仍有许多方面需要改进。

改革开放以来,特别是在自媒体时代,公民的民主意识、权利意识和法律意识迅速增长,公民批评生机勃勃,信息网络汇集了广泛、生动、活泼的民意,也存在需要解决的困境和问题。在宪法基础上、在法治轨道上推进公民批评,明确权利边界,综合平衡各种相关价值,是实现宪法批评权宏远意图、构筑批评权制度体系的途径。这不可能一蹴而就,需要长期的一点一滴、一砖一瓦的努力。

"若批评不自由,则赞美无意义",这是网络上流行的偈语。据说出自法国剧作家博马舍的《费加罗的婚礼》,笔者查询了人民文学出版社2021年版的中译本,原意与此差别甚大。① 它在流传的过程中经过了加工改造,其意义已超越它的来源。没有自由的批评,就没有真诚的赞美。在许多值得赞美的国家制度设计中,宪法上的批评权应该算一件。

---

① 该译文为"没有谴责的自由就没有谄谀的颂扬",见[法]博马舍:《费加罗的婚礼》,吴达元、龙佳译,人民文学出版社2021年版,第187页。

参考文献

一、中文文献

(一) 马克思主义著述

《马克思恩格斯选集》第二卷,人民出版社1972年版。
《马克思恩格斯全集》第三卷,人民出版社2002年版。
《马克思恩格斯全集》第五卷,人民出版社1958年版。
《马克思恩格斯全集》第六卷,人民出版社1961年版。
《马克思恩格斯全集》第十卷,人民出版社1998年版。
《马克思恩格斯全集》第十二卷,人民出版社1998年版。
《马克思恩格斯全集》第十四卷,人民出版社1956年版。
《马克思恩格斯文集》第三卷,人民出版社2009年版。
《列宁全集》第六卷,人民出版社1986年版。
《毛泽东选集》第四卷,人民出版社1991年版。
《毛泽东选集》第五卷,人民出版社1977年版。
《邓小平文选》第二卷,人民出版社1994年版。
《习近平谈治国理政》,外文出版社2014年版。
《习近平谈治国理政》第二卷,外文出版社2017年版。
《习近平谈治国理政》第三卷,外文出版社2021年版。

(二) 专著和文集

蔡定剑:《宪法精解》,法律出版社2006年版。
陈柏峰:《传媒监督的法治》,法律出版社2018年版。
陈独秀:《独秀文存》,安徽人民出版社1987年版。
陈端洪:《宪治与主权》,法律出版社2007版。
陈戈、柳建龙:《德国联邦宪法法院典型判例研究·基本权利篇》,法律出版社2015年版。
陈志武:《媒体、市场与法律》,中国政法大学出版社2005年版。

高全喜：《政治宪法学纲要》，中央编译出版社 2014 年版。
侯健：《表达自由的法理》，上海三联书店 2007 年版。
侯健：《舆论监督与名誉权问题研究》，北京大学出版社 2002 年版。
胡锦光、韩大元：《中国宪法》，法律出版社 2018 年版。
黄金鸿：《英国人权 60 案》，(香港)商务印书馆 1990 年版。
黄薇主编：《中华人民共和国民法典释义》，法律出版社 2020 年版。
黄炎培：《80 年来：黄炎培自述》，文史资料出版社 1982 年版。
金耀基：《中国民本思想史》，法律出版社 2008 年版。
李飞、许安标主编：《中华人民共和国保守国家秘密法解读》，中国法制出版社 2010 年版。
梁启超：《先秦政治思想史》，东方出版社 1996 年版。
民法典立法背景与观点全集编写组编：《民法典立法背景与观点全集》，法律出版社 2020 年版。
逄先知、金冲及主编：《毛泽东传》，中央文献出版社 2003 年版。
全国人大常委会法制工作委员会刑法室：《中华人民共和国刑法：条文说明、立法理由及相关规定》，北京大学出版社 2009 年。
田飞龙：《中国宪制转型的政治宪法原理》，中央编译出版社 2015 年版。
王利明：《人格权法研究》，中国人民大学出版社 2012 年版。
王利明、杨立新主编：《人格权与新闻侵权》，中国方正出版社 2010 年版。
王利明主编：《中国民法典学者建议稿及立法理由·人格权编、婚姻家庭编、继承编》，法律出版社 2005 年版。
肖蔚云：《论宪法》，北京大学出版社 2004 年版。
徐迅主编：《新闻(媒体)侵权研究新论》，法律出版社 2009 年版。
许崇德：《中华人民共和国宪法史》，福建人民出版社 2003 年版。
许崇德主编：《中国宪法》，中国人民大学出版社 1996 年版。
张明楷：《刑法学》，法律出版社 2021 年版。
张翔主编：《德国宪法案例选释·第 1 辑·基本权利总论》，法律出版社 2012 年版。
张翔主编：《德国宪法案例选释·第 2 辑·言论自由》，法律出版社 2016 年版。
张新宝：《名誉权的法律保护》，中国政法大学出版社 1997 年版。
张新宝：《隐私权的法律保护》，群众出版社 1998 年版。
赵晓力主编：《宪法与公民》，上海人民出版社 2004 年版。

(三) 期刊及集刊论文
艾思：《国家秘密的密点》，《保密工作》2019 年第 10 期。

陈景辉：《法的内在价值与法治》，《法制与社会发展》2012年第1期。

陈珊珊：《论诽谤罪的价值抉择与检验逻辑——以彭水诗案为发端》，《中国刑事法杂志》2008年第1期。

陈剩勇、杜洁：《互联网公共论坛：政治参与和协商民主的兴起》，《浙江大学学报（人文社会科学版）》2005年第3期。

陈兴良：《扰乱法庭秩序罪的修订：以律师为视角的评判》，《现代法学》2016年第1期。

陈兴良：《寻衅滋事罪的法教义学形象：以起哄闹事为中心展开》，《中国法学》2015年第3期。

陈阳：《网络名誉权纠纷中"公益性言论"的司法认定》，《河南大学学报（社会科学版）》2019年第5期。

董皞、王凌光：《试论定密争议之解决——从高考评分标准被定密谈起》，《行政法学研究》2016年第3期。

杜强强：《基本权利的规范领域和保护程度——对我国宪法第35条和第41条的规范比较》，《法学研究》2011年第1期。

付立庆：《恶意散布他人捏造事实行为之法律定性》，《法学》2012年第6期。

顾成敏：《当代西方公民德性理论与我国公民精神的建构》，《北京科技大学学报（社会科学版）》2005年第3期。

郭铁成：《"不毁乡校"何以成绝响？》，《粤海风》2010年第2期。

何生根：《我国现行宪法第41条的权利属性》，《西部法学评论》2014年第1期。

侯健：《表达自由与行政法规制定权——以网络信息内容管理规范为例》，《新闻大学》2018年第2期。

侯健：《论对公民表达的政府回应义务》，《法学》2013年第11期。

姜峰：《言论的两种类型及其边界》，《清华法学》2016年第1期。

姜涛：《网络谣言的刑法治理：从宪法的视角》，《中国法学》2021年第3期。

姜瀛：《网络寻衅滋事罪"口袋效应"之实证分析》，《中国人民公安大学学报（社会科学版）》2018年第2期。

匡文波、武晓立：《重大公共卫生事件中网络谣言传播模型构建与信息治理——基于对新型冠状病毒肺炎的谣言分析》，《现代传播》2021年第10期。

雷丽莉：《从20起诽谤案件看公权力追究公民言论责任的路径》，《法治新闻传播》第5辑，中国检察出版社2010年版。

黎业明：《论近现代学者对"民可使由之不可使知之"的诠释》，《学术研究》2007年第4期。

李奋飞：《舆论场内的司法自治性研究：以李昌奎案的模拟实验分析为介质》，《中国法学》2016年第5期。

李新天、郑鸣：《论中国公众人物隐私权的构建》，《中国法学》2005年第5期。

李洋：《监督权的双重属性与重构——解读中国宪法第41条》，《西部学刊》2014年第4期。

梁上上：《利益的层次结构与利益衡量的展开——兼评加藤一郎的利益衡量论》，《法学研究》2002年第1期。

刘艳红：《网络时代言论自由的刑法边界》，《中国社会科学》2016年第10期。

娄成武、张雷：《质疑网络民主的现实性》，《政治学研究》2003年第3期。

卢恒飞：《网络谣言如何扰乱了公共秩序？——兼论网络谣言型寻衅滋事罪的理解与适用》，《交大法学》2015年第1期。

马长山：《法律的空间"穿越"及其风险——从两高办理网络诽谤刑事案件的司法解释出发》，《苏州大学学报（法学版）》2014年第4期。

马长山：《公共舆论的"道德叙事"及其对司法过程的影响》，《浙江社会科学》2015年第4期。

孟凡壮：《网络谣言扰乱公共秩序的认定——以我国〈治安管理处罚法〉第25条第1项的适用为中心》，《政治与法律》2020年第4期。

孟凡壮：《中国宪法学言论自由观的再阐释——与徐会平先生商榷》，《政治与法律》2018年第1期。

彭新林、王磊：《论传媒与司法的冲突及其解决》，《学术交流》2018年第1期。

秦前红、王雨亭：《论我国宪法言论自由条款在司法判断中的运用——基于295份名誉权纠纷判决书的分析》，《苏州大学学报（法学版）》2020年第1期。

曲新久：《论社会秩序的刑法保护与控制》，《政法论坛（中国政法大学学报）》1998年第4期。

《人民司法》编辑部、江苏省无锡市中级人民法院：《维护司法权威保障法官权益——法官权益保障研讨会》，《人民司法》2005年第9期。

史彤彪：《公民德性与法治转型》，《华东政法大学学报》2018年第3期。

孙万怀、卢恒飞：《刑法应当理性应对网络谣言——对网络造谣司法解释的实证评估》,《法学》2013 年第 11 期。

唐应茂、刘庄:《庭审直播是否影响公正审判?——基于西部某法院的实验研究》,《清华法学》2021 年第 5 期。

唐煜枫:《论诽谤罪成立之宪法限制》,《甘肃政法学院学报》2006 年第 2 期。

童兵:《从人民民主的高度推进舆论监督的意义及举措》,《中国人民大学学报》2008 年第 2 期。

王海波:《合寨村首创"村民自治":焕发乡村治理新活力》,《当代广西》2021 年第 12—13 合期。

王晖:《人之尊严的理念与制度化》,《中国法学》2014 年第 4 期。

王来金:《"民主"与"民本"概念辩证》,《社会科学》2000 年第 4 期。

王利明:《公众人物人格权的限制和保护》,《中州学刊》2005 年第 2 期。

王利明:《〈民法典〉人格权编的立法亮点、特色与适用》,《法律适用》2020 年第 17 期。

王锡锌:《政府信息公开语境中的"国家秘密"探讨》,《政治与法律》2009 年第 3 期。

王莘子:《国家秘密确定行为司法审查问题研究》,《中国法律评论》2019 年第 3 期。

谢吉:《到底是谁最早提出"第四级"?》,《国际新闻界》2012 年第 6 期。

薛军:《民法典网络侵权条款研究:以法解释论框架的重构为中心》,《比较法研究》2020 年第 4 期。

颜炳罡:《"乡村儒学"的由来与乡村文明重建》,《深圳大学学报(人文社会科学版)》2020 年第 1 期。

杨立新:《〈民法典〉对媒体行为及责任的规范》,《河南财经政法大学学报》2021 年第 2 期。

杨伟东:《国家秘密类政府信息公开案件审查模式的转型》,《法学》2021 年第 3 期。

杨晓丽:《新闻舆论对刑事司法的影响》,《政治与法律》2018 年第 3 期。

于志刚、郭旨龙:《"双层社会"与"公共秩序严重混乱"的认定标准》,《华东政法大学学报》2014 年第 3 期。

于志刚:《"双层社会"中传统刑法的适用空间——以"两高"〈网络诽谤解释〉的发布为背景》,《法学》2013 年第 10 期。

喻军:《论政府官员隐私权及其规制——以绝对隐私、相对隐私为切入点》,《政治与法律》2013 年第 5 期。

岳林：《论公共空间的隐私》，《思想战线》2020 年第 3 期。
张明楷：《简评近年来的刑事司法解释》，《清华法学》2014 年第 1 期。
张明楷：《网络诽谤的争议问题探究》，《中国法学》2015 年第 3 期。
张明楷：《言论自由与刑事犯罪》，《清华法学》2016 年第 5 期。
张翔：《财产权的社会义务》，《中国社会科学》2012 年第 9 期。
张翔：《基本权利限制问题的思考框架》，《法学家》2008 年第 1 期。
张新宇：《网络谣言行政规制及其完善》，《法商研究》2016 年第 3 期。
张正平：《定密的主观性及其克服》，《法商研究》2012 年第 2 期。
章剑生：《知情权及其保障——以〈政府信息公开条例〉为例》，《中国法学》2008 年第 4 期。
郑春燕：《政府信息公开与国家秘密保护》，《中国法学》2014 年第 1 期。
周汉华：《〈保守国家秘密法〉修改述评》，《法学家》2010 年第 3 期。

（四）报纸文章和网络资料

《不造谣不传谣！宁化一男子网上散布虚假信息被行政处罚》，搜狐网，https://www.sohu.com/a/574074302_121117081。

《网民错发交通事故死亡人数被拘　宿州砀山公安致歉》，人民网，http://society.people.com.cn/n/2013/0830/c229589-22751130.html。

《习近平在中央人大工作会议上发表重要讲话强调：坚持和完善人民代表大会制度　不断发展全过程人民民主》，《人民日报》2021 年 10 月 14 日，第 1 版。

《浙江官方批驳 G20 峰会预算 1600 亿元 11 大谣言》，环球网，https://m.huanqiu.com/article/9CaKrnJX365。

陈骥、牛风和：《渤海二号钻井船翻沉事故说明了什么？》，《工人日报》1980 年 7 月 21 日，第 1 版。

陈贞妃、朱鸣、胡珮婷：《不服判决向法院寄送侮辱性锦旗》，《浙江法制报》2021 年 10 月 9 日，第 3 版，转引自浙江在线，https://zjfzb.zjol.com.cn/html/2021-10/09/content_2767855.htm?div=-1。

马北北：《敢于向特权挑战的人——记北京市丰泽园青年厨师陈爱武》，《中国青年报》1980 年 10 月 16 日，第 1 版。

王玉宝：《肆意造谣　无耻之尤》，浙江在线，http://opinion.zjol.com.cn/rdht/201607/t20160720_1780575.shtml。

夏菲妮：《增设藐视法庭罪和袭警罪》，《四川法治报》2019 年 3 月 2 日，第 2 版。

杨立新：《隐私权、肖像权——公众人物必要的权利牺牲》，中国民商法律网，http://www.civillaw.com.cn/article/default.asp? id=16467。

赵兴武:《上诉状中辱骂法官且拒不悔改　拘十日罚八万》,《人民法院报》2015年12月18日,A3版。

二、英文文献

(一) 专著

Anthony Lewis, *Make No Law: the Sullivan Case and the First Amendment*, New York: Random House, 1991.

A. V. Dicey, *Law of the Constitution* (9th ed.), London: MacMillan, 1950.

Clinton Rossiter, *Seedtime of the Republic: The Origin of the American Tradition of Political Liberty*, New York: Harcourt, Brace & World, 1953.

C. W. Everett, ed., *The Letters of Junius*, London: Faber & Gwyer, 1927.

Daniel J. Solove, *The Future of Reputation*, New Haven and London: Yale University Press, 2007.

Don R. Pember, *Mass Media Law*, Brown & Benchmark, 1996.

Fredrick Seaton Siebert, *Freedom of The Press in England: 1476 – 1776*, Urbana: University of Illinois Press, 1965.

Gaillard Hunt, ed., *The Writings of James Madison* (Vol. 9), New York: G. P. Putnam's Sons, 1909.

Laurence H. Tribe, *American Constitutional Law* (2nd ed.), New York: The Foundation Press, Inc., 1988.

L. W. Levy, ed., *Freedom of the Press from Zenger to Jefferson*, New York: the Bobbs-Merrill Company, 1966.

Marc A. Franklin, David A. Anderson, Lyrissa C. Barnett Lidsky, Amy Gajda, *Media Law: Cases and Materials* (9th ed.), West Academic Publishing, 2016.

Marc Franklin, *The Dynamics of American Law*, The Foundation Press, 1968.

Marvin Meyers, ed., *The Mind of the Founder: Sourses of the Political Thought of James Madison*, Indianapolis: Bobbs-Merrill Co., 1971.

Nick Braithwaite, *The International Libel Handbook*, Boston: Butterworth-Heinemann, 1995.

(二) 期刊论文

David Lange, "The Speech and Press Clauses", *UCLA Law Review*, Vol. 23, 1975, p.90.

David S. Bogen, "First Amendment Ancillary Doctrines", *Maryland Law*

Review, Vol.37, No.4, 1978, p. 679.

Frederrick Schauer, "Fear, Risk, and the First Amendment: Unravelling the 'Chilling Effect'", *Boston University Law Reviewe*, Vol.58, 1978, p.685.

Harry Kalven, Jr, "The New York times Case: A Note on 'The Central Meaning of the First Amendment'", *Supreme Court Review*, 1964, pp.191-221.

Lewis D. Sargentich, "The First Amendment Overbreadth Doctrine", *Harvard Law Review*, Vol.83, 1970, p.844.

Potter Stewart, "Or of the Press", *Hastings Law Journal*, Vol.26, No.3, 1975, p.631.

Robert B. Mckey, "The Preference for Freedom", *New Yrok University Law Review*, Vol.34, 1971, p.1182.

Vincent Blasi, "The Checking Value in First Amendment Theory", *American Bar Foundation Research Journal*, Vol.2, No.3, 1977, p. 521.

William Prosser, "Privacy", *California Law Review*, Vol.48, No.3, 1960, p.383.

图书在版编目(CIP)数据

批评的权利：公民批评的法理与制度 / 侯健著. 上海：上海社会科学院出版社, 2025. -- ISBN 978-7-5520-4791-2

Ⅰ. D911.04

中国国家版本馆 CIP 数据核字第 2025WA4197 号

批评的权利——公民批评的法理与制度

著　　者：侯　健
责任编辑：陈慧慧
封面设计：黄婧昉
出版发行：上海社会科学院出版社
　　　　　上海顺昌路 622 号　邮编 200025
　　　　　电话总机 021 - 63315947　销售热线 021 - 53063735
　　　　　https://cbs.sass.org.cn　E-mail:sassp@sassp.cn
排　　版：南京展望文化发展有限公司
印　　刷：上海龙腾印务有限公司
开　　本：710 毫米×1000 毫米　1/16
印　　张：17.5
字　　数：308 千
版　　次：2025 年 7 月第 1 版　2025 年 7 月第 1 次印刷

ISBN 978 - 7 - 5520 - 4791 - 2/D・768　　　　定价：88.00 元

版权所有　翻印必究